Document   *Chantal Dupille*

Au cœur
de la pègre
américaine

Couverture réalisée par Jean-Claude (bloqueur)

Sur une idée de Chantal Dupille

c.d.

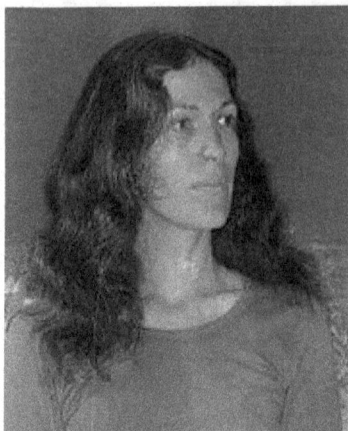

Chantal Dupille est née dans l'Oise, père bordelais et mère russe. Après avoir obtenu son diplôme de journaliste, puis sa licence de Lettres Modernes à la Sorbonne, elle se lance dans l'écriture d'un livre sur le mai 1468 des étudiants. Suivent trois autres ouvrages, publiés par Hachette Littérature et Balland. Parallèlement, elle réalise à 20 ans son premier reportage en vivant parmi les gitans d'Espagne. Puis elle devient journaliste, notamment à Noir et Blanc, aux Dernières Nouvelles d'Alsace (entre autres, Pages Jeunes) et à FR3 Alsace, où elle produit aussi plusieurs documentaires, en particulier sur l'accessibilité des villes aux personnes handicapées (« Mulhouse, ville en pentes douces »), ou sur les motards (« Les croisés de la moto »).

Son souci pour les plus démunis l'a conduite à accueillir chez elle des personnes en difficulté, à s'engager dans des associations humanitaires comme la Boutique Solidarité Fondation Abbé Pierre, à partager la vie des plus défavorisés (dans le cadre de reportages, de conférences ou de livres), à mettre en place et à animer un centre d'entraide à Marseille. Elle est mère de trois enfants, deux garçons et une fille. Aujourd'hui, Chantal Dupille administre plusieurs blogs (6.000.000 de visiteurs uniques) contre « l'intolérable, la désinformation, les guerres, le choc de civilisations, les crises provoquées », etc, ou pour les seniors et les jeunes, et elle a enregistré plusieurs vidéos sur daily motion, sous le pseudo eva R-sistons. Un site centralise tout : http://chantal-dupille.fr Elle milite pour une société plus juste, plus humaine, plus fraternelle, où chacun trouverait sa place.

Chantal Dupille a fait trois séjours aux États-Unis, deux mois en 1964, puis en 1981 et 1984, cette fois en s'immergeant au cœur des ghettos américains, particulièrement à New York. Toutes les portes lui ont été ouvertes, même les plus impénétrables grâce à la Police qui s'est mise totalement à sa disposition (consultation d'archives privées, accompagnement de patrouilles...) ; elle a aussi bénéficié de l'appui de missionnaires évangéliques, et d'intervenants locaux les plus variés. Le résultat : un reportage, un témoignage et un document choc aux accents parfois sociologiques. En raison de l'actualité incertaine, pour gagner du temps elle n'a pas présenté ce titre aux éditeurs, et s'en est occupée elle-même.

JOE, son cicerone dans le Bronx

Joe préfère ne pas se souvenir de tous les gens qu'il a blessés ou tués, et des séjours qu'il a effectués en prison. Tour à tour trafiquant de drogue, proxénète, gentleman-cambrioleur, chauffeur de taxi, chef de personnel, policier auxiliaire, missionnaire. Mari d'une seule femme et père modèle de trois enfants. Dieu reconnaîtra les siens !

A Thibaut,

en témoignage
d'infinie reconnaissance

ISBN 978-2-9517679-2-8

L'auteur remercie surtout la Police de New-York –
notamment les Sergents de la Gang Intelligence Unit –
ainsi que les Pasteurs Doug et Callarie, et bien sûr Joe.

1ère partie

1 - L'enfer de Dante

« Le moyen de circuler le plus économique et le plus rapide, c'est le " subway " (métro). Mais la pègre et les gangsters, tels qu'on peut les voir dans la célèbre série " Kojak ", ne se privent pas de sillonner ce réseau souterrain à la recherche de victimes. Attention au porte-feuille ! Le métro de New York est dangereux, c'est l'enfer de Dante ». Voilà ce qu'on lit dans un guide français des années quatre vingts sur la ville de New York, et partout on trouve ces mises en garde : « Evitez le métro, sauf si c'est indispensable ! ». Pourtant, mon mari et moi nous l'avons emprunté tous les jours, tel qu'il est, c'est-à-dire un vrai coupe-gorge, surtout quand les quais ou les couloirs sont déserts et mal éclairés... Devant nous, des petits malfrats ont saisi sac à main ou bijoux, à la sauvette, en un instant, à l'arrêt de préférence ; personne n'intervient, personne ne tente de rattraper le voleur, on est blasé, la pègre est partout, à chaque coin de rue, dans tous les quartiers, on n'y échappe pas, la paranoïa est générale, c'est New York, the Big Apple, la grosse pègre (traduction personnelle pour la grosse pomme). Les statistiques sont formelles : chaque an-née, dans le métro, il y a plusieurs meurtres et des milliers de délits, et chaque jour, une trentaine de vols à main armée et autant de viols ou de tentatives de viol ! Tout concourt, d'ailleurs, à rendre le métro new-yorkais peu engageant : les guichets, blindés, sont protégés par des vitres pare-balles ; les caissiers se terrent, prêts à actionner le bouton d'alarme ; les couloirs sont lugubres, parfois interminables, toujours inquiétants ; il arrive que les stations soient désertes, et de toutes façons elles sont humides, sombres, grises, sales, sinistres, comme les wagons d'ailleurs ;[1] les murs, couverts de graffitis,

---

[1] Depuis quelques années, le métro est en pleine rénovation : infrastructure, stations, wagons... Même les célèbres graffitis ont disparu ! Et la criminalité a bais-sé de 80%...

suintent ; les rats grouillent dans les ruisseaux nauséabonds qui se forment entre les rails... L'enfer de Dante !

Quand les New-yorkais sont obligés d'emprunter ce qu'ils appellent eux-mêmes « la jungle souterraine », ils sont astreints à de sévère consignes de sécurité. Leur survie est à ce prix ! Et quelles sont ces consignes ? Eviter les quais déserts ; se déplacer en groupe ; ne pas rester au bord d'un quai pour ne pas être poussés sur la voie ferrée après avoir été dévalisés ; dissimuler ses bijoux ; bien serrer son sac ; ne pas s'asseoir près des portières, ce sont les endroits préférés des malfaiteurs. En effet, nous l'avons constaté nous-mêmes, c'est au moment où les portes se referment qu'ils accomplissent leurs forfaits, prêts à sauter sur le quai, tandis que la victime se retrouve enfermée dans le convoi qui démarre ! Les voyous, d'ailleurs, ont une prédilection pour les vieillards, les infirmes, les femmes, qu'ils estiment à tort ou à raison plus vulnérables.

Lors de notre premier voyage aux Etats-Unis, en 1981, quand nous logions chez Teen-Challenge à Brooklyn, et que nous voulions aller à Manhattan, Teen-Challenge nous avait délégué deux jeunes « pour nous guider dans le métro » : c'étaient des armoires à glace !

Sécurité oblige, on croise un policier à chaque bouche de métro, des centaines d'agents patrouillent en permanence, parfois secondés par des molosses dressés à attaquer les malfaiteurs qui pullulent sous terre. Il y a même des équipes de choc, composées d'employés déguisés en touristes, en mendiants ou en vieillards pour surprendre les voyous en flagrant délit. Mais c'est insuffisant. Il faudrait un policier dans chaque wagon, sur chaque quai, dans chaque couloir vingt quatre heures par jour et trois cent soixante cinq jours par an. Une gageure !

En 1981, justement, les agents de sécurité venaient de recevoir des renforts inattendus et controversés, les Guardians Angels, vraie Police parallèle, authentique milice privée mais sans armes et pétrie de bonnes intentions. Les Gardian Angels étaient reconnaissables à leur béret rouge couvert de badges et à leur tee-shirt blanc orné d'un emblème original : un œil dans un triangle avec une aile de chaque côté, le tout disposé au-dessus d'un nuage où il est écrit « Safety patrol ».

Ces groupes de volontaires âgés de seize à trente ans, issus des classes sociales défavorisées et sans perspective de travail, sont apparus à New York en octobre 1978 sous l'impulsion de Curtis et de Lisa Silwa : Curtis, garçon de condition modeste, est lui-même à l'origine d'initiatives spectaculaires, notamment en matière de défense de l'environnement ; Lisa, sa femme, ancien mannequin, avait été marquée par l'agression de sa grand-mère dans le métro ; ensemble, ils décident de mettre en place une patrouille de sécurité appelée les Magnificent 13, composée de treize adolescents vivant comme eux dans le Bronx et résolus à rassurer les voyageurs par leur seule présence. Un an plus tard, les Magnificent 13, rejoints par des dizaines de volontaires formés aux arts martiaux, changent de nom et deviennent les Guardian Angels. Leur nombre ne cesse d'augmenter, ainsi que les subventions qu'ils reçoivent des commerçants, et dans les années 90, ils s'enorgueillissent d'être des milliers à patrouiller en groupe dans le métro des grandes métropoles américaines pour prévenir toute attaque, assurer la sécurité, venir en aide aux passagers agressés, imposer la tranquillité par leur seule présence. Fin 1980, les Guardians Angels auraient opéré, selon eux, cent quarante quatre arrestations rien qu'à New York, la loi américaine autorisant tout citoyen témoin d'un acte délictuel à arrêter l'auteur du délit, et ils auraient déjoué des centaines d'agressions, de tentatives de vol ou de viol. Forts de leur popularité, ils ont essayé d'exporter leur formule à Londres et à Paris, sans succès : les sous-sols européens sont plus rassurants que les réseaux américains, et la tradition d'autodéfense est moins ancrée dans les mœurs !

En tous cas, les Guardian Angels ont fort à faire dans le métro de New York. Toute une vie souterraine s'y est d'ailleurs peu à peu implantée, avec ses habitués, ses lois, ses méandres ténébreux, ses refuges, ses fêtes improvisées, ses bureaux, ses boutiques, ses fast-food, et même ses galeries d'art ! Il y en a pour tous les goûts et pour toutes les bourses, pleines, plates ou volées. Une foule bigarrée s'y presse, bruyante, provocante, ambiguë, artistes d'un jour, travestis d'un soir, malfaiteurs de toujours, gangsters petits et grands, vrais et faux mendiants, graffitis writers, clochards, camés, dealers, hippies et même obsédés sexuels... une vraie Cour des Miracles ! Le spectacle est permanent, et le risque toujours d'actualité. Pour s'en convaincre, il suffit de jeter un œil sur la manchette des quotidiens qui jonchent le sol, énumérant les faits sanglants de la veille : suicides réussis contre une rame ou sur le troisième rail, électrifié ; tentatives de meurtres ou de viols ; découverte de cadavres nus ou mutilés...

Des individus meurent chaque jour dans le labyrinthe souterrain de New York, mais des hommes y vivent aussi[1], dans l'indifférence générale ; existences précaires, disloquées, sans cesse menacées, sous les trains qui grondent, au milieu des vapeurs fétides, parmi les rats et les puces qui infectent les lieux, dans les tunnels-cavernes qui regorgent de canalisations suintantes. Ces hôtes méconnus ont de quinze à quatre-vingts ans, ils sont sans travail, sans toit, sans famille, sans soutien, sans repère, sans avenir ; ils errent dans les méandres obscurs à la recherche d'une galerie à l'écart, d'un recoin tranquille qu'ils éclaireront d'une bougie, d'une flaque d'eau tiède où laver leur linge, d'une fuite de canalisation leur permettant de se doucher, ou encore d'un trou qu'ils aménageront à leur façon avec des journaux, des bouts de carton, des chiffons, des débris de la société de consommation, pauvres trésors tantôt mendiés lors des sorties, tantôt butinés, comme la maigre pitance d'ailleurs, dans les poubelles, sur les marchés, dans les décharges improvisées.

D'où viennent-ils, ces hommes des cavernes modernes ? De tous les lieux de misère qui ne cessent de se multiplier... Il y a tous ceux dont la jeunesse a été volée, tous les enfants du malheur, les jeunes meurtris depuis la naissance, mal aimés, rejetés, floués par la vie, issus de familles alcooliques, monoparentales, éclatées ou simplement à problèmes ; il y a les adolescents en fugue, les hommes prématurément usés par une existence de privations et d'humiliations, les vieillards abandonnés par leurs proches ou par la société, bref tous les laissés pour compte du grand rêve américain. Ces hommes-taupes ont en

---

[1]   Il y aurait 100 000 sans abri à New York, dont cinq mille sous terre.

commun le désir de tenir un jour de plus, l'obsession de survivre encore et toujours, à n'importe quel prix, même au prix d'une existence chaotique, souterraine, à l'insu de tous, dans la solitude la plus totale – le premier voisin est à cent mètres ! – même au péril de leur identité d'homme, de leur dignité d'individu. Ignorés du public, abandonnés à leur sort, ils sont même exclus du champ d'activité des agents de sécurité, qui préfèrent les laisser moisir dans leurs cavités sordides plutôt que d'avoir à intervenir dans les tréfonds de la misère. C'est ainsi : New York ferme les yeux sur les chancres qu'elle engendre. Simple pudeur ? Honte d'elle-même ?

Lorsque nous sommes arrivés à New York, nous savions, mon mari et moi, que c'était une ville étonnante, mais très dangereuse, et qu'il ne fallait pas prendre le métro, surtout la nuit, à moins d'y être obligés. On nous avait d'ailleurs recommandé de ne jamais monter dans un wagon vide et, dans les couloirs, de suivre un groupe de voyageurs plutôt que de rester isolés. Mon mari, fort de ses connaissances en karaté et du couteau à cran d'arrêt qu'il s'était procuré pour l'occasion, partait à demi rassuré. Quant à moi, j'avais une arme particulière, la foi, puisque je venais de me convertir au christianisme vivant des premiers chrétiens. Plus tard, alors que nous avions vécu les plus imprudentes aventures au cœur de la jungle américaine, alors que nous avions parcouru des zones à haut risque et pénétré dans les quartiers les plus redoutables de New York comme celui de Bedford Stuyvesant, alors que nous nous étions retrouvés, seuls blancs, en plein Harlem, ou seuls étrangers, au milieu d'un parc de Chicago fréquenté par des bandes rivales se livrant une lutte sans merci pour la possession de celui-ci, plus tard, donc, mon mari reconnut que nous avions eu de la chance de nous en sortir indemnes, physiquement et matériellement, et que la protection divine que je demandais chaque matin avant d'entamer une nouvelle journée d'aventures, avait sans doute été plus efficace que ne l'auraient été, le cas échéant, ses prises de karaté ou son couteau à cran d'arrêt – qu'il n'avait d'ailleurs jamais utilisé et qu'il aurait manié avec moins de dextérité, certainement, que les membres de gang habitués à s'en servir !

En tous cas, la première chose que nous fîmes, en arrivant à New York, fut d'emprunter le métro tant décrié. Il nous apparut comme il était : sombre et menaçant, bien que son accès fût gardé par un policier aux allures de John Wayne qui tripotait machinalement sa matraque et son colt pendu à la ceinture. Trois Portoricains passèrent en nous bousculant et en lançant un regard insolent au sergent qui se contenta de maugréer. La routine ! Pour nous, la découverte. Les trois garçons, des membres de gang qui arboraient leurs couleurs sur le dos, Savage Skulls, descendirent l'escalier quatre à quatre et enjambèrent encore plus vite les tourniquets, sous le regard indifférent du préposé qui n'allait pas risquer sa vie pour quelques resquilleurs.

Nous prîmes la direction du Centre de Teen-Challenge, puisque nous disposions d'une seule adresse, donnée par Nicky Cruz lui-même. Le quai était presque désert, les rares usagers présents semblaient plongés dans leurs pensées, en réalité ils guettaient le moindre signe de danger, comme nous d'ailleurs. Soudain, mon mari me dit : « Regarde par terre » ! Je penchai la tête. A mes pieds, il y avait... une énorme flaque de sang, toute fraîche ! Le décor était posé. Nous venions de lier connaissance avec New York tel qu'on nous l'avait décrit. Et le métro, d'emblée, méritait sa sinistre réputation.

2 - La culture du colt

A New York, le sang fait partie du paysage urbain au même titre que les graffitis. Il peut gicler à tout moment, parfois sans raison, souvent de manière imprévisible, il est le risque quotidien des jeunes du ghetto qui apprennent à tuer avant d'apprendre à lire. Le mot *blood*[1] s'étale d'ailleurs en toutes lettres sur certains murs du Bronx ; Blood, c'est aussi le nom d'un gang de rues, redoutable et redouté.

Il va falloir nous habituer aux mœurs américaines. En tous cas, lorsque nous émergeons du métro Clinton Avenue, situé à Brooklyn près du secteur de Bedford Stuyvesant réputé pour avoir la plus haute densité de meurtres au km^2, il est presque dix heures du soir, et les habitants se terrent chez eux devant leur télé qui trône en général dans chaque pièce. La rue, à cette heure, appartient aux dealers, aux prostituées, aux voleurs, aux membres de gang, à toute la pègre du quartier qui profite de l'obscurité pour se livrer à ses activités délictueuses.

Nous avons quelques centaines de mètres à parcourir pour atteindre le centre de Teen Challenge, mais ils nous semblent d'autant plus interminables qu'ils sont ponctués, de temps à autre, de bruits de sirènes qui ne présagent rien de bon.

Enfin, au N° 444 de la Clinton Avenue, le centre apparaît, carré, massif, impressionnant avec ses lettres immenses « Teen Challenge ». Lorsqu'en 1958 le pasteur David Wilkerson arrive à New York pour s'occuper des membres de gang, il s'aperçoit qu'ils sont aux prises avec toutes sortes de problèmes, à commencer par la drogue, et il décide de mettre à leur disposition un foyer d'accueil à orientation religieuse. Au cœur de la philosophie de Teen Challenge, il y a en effet l'idée que seul Jésus Christ peut changer de fond en comble un individu, émotionnellement

---

[1] Sang en Américain.

et physiquement, lui donner une autre orientation, d'autres buts, une vie entièrement nouvelle, complètement régénérée par la puissance du Saint-Esprit. Bientôt, d'ailleurs, le centre ne s'adresse plus seulement à l'adolescence délinquante, mais à tous ceux qui sont dans des situations sans issue, alcooliques, drogués, prostituées, membres de gang... Ils trouvent à Teen Challenge le gîte, le couvert, les soins médicaux (incluant une phase de désintoxication si nécessaire), la formation et l'environnement humain dont ils ont besoin pour prendre un nouveau départ. Peu à peu, le succès aidant, différents programmes sont mis en place dans la plupart des grandes villes américaines, prenant en compte le long terme et la totalité de la personne, corps, âme et esprit. Les résultats sont encourageants : 70% de ceux qui acceptent la stricte discipline des centres et décrochent le diplôme « maison », en sortent débarrassés de la drogue, de l'alcool, de leur mode de vie délictueux et, à leur tour, ils aident les jeunes de la rue à réorienter leur existence de manière constructive.

Quand nous arrivons à Teen Challenge, la maison est en pleine effervescence. Un ami canadien de la communauté, de passage à New York, s'est fait attaquer quelques heures plus tôt entre l'aéroport et l'avenue Clinton où il devait séjourner. Sous la menace d'un revolver, en plein Manhattan, on lui a tout pris, bagages, papiers et argent. Aussitôt les langues se délient, chacun y va de sa mésaventure, trop heureux de s'en être sorti vivant : tout le monde, aux Etats Unis, n'a pas cette chance ! La criminalité gangrène le pays, elle est la hantise des Américains[1]. D'après les statistiques, il y aurait une agression toutes les dix-sept secondes, et, en moyenne, un meurtre toutes les vingt deux minutes. Et le nombre d'individus tués par balles ne cesse d'augmenter ! Le meurtre est d'ailleurs la dixième cause de décès chez les Blancs, mais la première chez les adolescents noirs ou hispaniques. La violence fait partie de la culture américaine, de plus en plus d'armes à feu cir-

---

[1]   Les Etats-Unis sont le pays où le taux de décès par armes à feu est le plus élevé du monde. En 1991, par exemple, le F.B.I. a recensé près de vingt-cinq mille meurtres, un chiffre qui place ce pays largement en tête du monde occidental. Mais c'est aussi le pays industrialisé où les contrastes entre l'opulence et la misère sont les plus marqués, et les mécanismes de solidarité sociale les moins développés. Rien, d'ailleurs, n'est prévu pour s'attaquer aux racines sociales de la criminalité.

culent, il y en aurait deux cent trente millions, soit une par adulte, et une pour plus d'un enfant sur deux, les plus prisées étant les plus sophistiquées.

Le pays compte 275 000 armuriers, il y a même des super-marchés du colt, proposant tout, depuis le revolver à barillet de la guerre de sécession au fusil semi-automatique, avec la bénédiction d'une législation libérale jusqu'à l'absurdité. Le marché est lucratif, les lobbies sont influents et bien organisés, le droit de porter une arme est inscrit dans la Constitution. Les Américains ont une devise : « Si les armes sont hors-la-loi, seuls les hors-la-loi auront des armes ». Le slogan est repris à sa façon par le NRA, le « National Rifle Association » qui compte plus de deux millions et demi d'adhérents, parmi lesquels Georges Bush et Reagan : « Les armes ne tuent pas, ce sont les criminels qui tuent ». Ce puissant lobby a réussi à bloquer la plupart des initiatives législatives en matière de restriction d'armes à feu. Les seules mesures prises par le gouvernement concernent les jouets qui imitent les armes automatiques ! Trop d'enfants ont été tués par des policiers se croyant menacés par de vraies armes...

Les mitraillettes et les fusils d'assaut prolifèrent, en particulier parmi les gangs de rues. Lorsqu'on sait qu'un fusil mitrailleur peut tirer plus de cent cartouches à la minute, on comprend la terreur des habitants du Bronx, de Brooklyn ou de Harlem. La Police elle-même est décontenancée de se retrouver parfois en face de criminels disposant d'une puissance de feu supérieure à la sienne. Des dizaines de policiers sont d'ailleurs tués chaque année dans l'exercice de leurs fonctions.

Sous l'impulsion d'une frange croissante de l'opinion publique, excédée par toute cette violence absurde, des Etats ont commencé à réagir. Mais l'absence de législations nationales minimise beaucoup la portée des réglementations locales, puisqu'il est facile de s'approvisionner dans un Etat voisin. Comment, d'ailleurs, obtenir un résultat tangible alors que la notion même de contrôle est totalement étrangère à la mentalité américaine ? Toutefois, de timides avancées ont été obtenues dans deux directions : la suppression de la vente aux civils d'armes automatiques de type militaire, et l'imposition d'un délai de sept jours avant toute acquisition, le temps de vérifier les qualifications du client. Des voix s'élèvent aussi pour demander l'interdiction de la vente libre, en super-marché ou en station-service, des fameux « saturday night specials », ces revolvers spéciaux du samedi soir, très bon marché. En effet, ce sont les armes les plus fréquemment utilisées au cours des agressions ou des cambriolages.

Il n'en demeure pas moins que les criminels les plus communs sont ceux qui possèdent les armes les plus sophistiquées, que la vente de pièces détachées permettant la conversion facile d'une arme semi-auto-matique en une arme automatique devient de plus en plus courante, et plus généralement que des millions de citoyens non armés sont expo-sés, au nom du sacro-saint droit[1] de posséder une arme pour se proté-ger, à la violence potentielle de criminels ou d'inconscients qui ne font aucun cas de la vie d'autrui. Mais c'est ainsi : les Américains, dans leur ensemble, entretiennent depuis toujours une véritable histoire d'amour avec les armes à feu, ils sont fascinés par la violence. Dans la plupart des grandes métropoles, le journal télévisé ne commence-t-il pas par l'annonce du nombre de victimes de crimes violents dans la journée ?

C'est parmi les jeunes que les armes à feu font le plus de ravages. En moyenne, trente mille adolescents de douze à quinze ans sont blessés ou tués chaque année ; chaque jour, une dizaine de familles apprennent la mort de leur enfant, assassiné par un autre enfant ; et chaque soir, des mères se demandent avec anxiété si leur progéniture sera encore en vie le lendemain ! De nombreux jeunes, d'ailleurs, meurent sans savoir pourquoi, ils ont la malchance de se trouver au mauvais moment au mauvais endroit, victimes d'une balle perdue ou d'un malentendu et, dans la moitié des cas, de la guerre sans cause ni vainqueurs des gangs, de leurs fusillades insensées, de leurs batailles meurtrières à coups de revolver dans les rues des grandes métropoles pour défendre leur pré-tendu territoire, leur nom, leur honneur, leur réputation...

De plus en plus de citoyens prennent l'initiative de former des pa-trouilles pour se protéger de la violence des rues et maintenir un sem-blant de sécurité. Un peu partout, ce sont même de véritables milices

---

[1]   Ce droit est inscrit dans le deuxième amendement de la constitution améri-caine.

armées qui font leur apparition, bien organisées, de plus en plus radicales, et parfois ouvertement opposées aux autorités ou au gouvernement fédéral.

Le remède, aux Etats-Unis, est parfois pire que le mal.

3 - Chaque jour peut être le dernier

Le centre de Teen Challenge affiche complet. On ne nous attend pas, il n'y a pas de lits pour nous. Mais à dix heures du soir, on ne renvoie personne dans la rue, et surtout pas des étrangers avec leur chargement. Alors, faute de mieux, on nous octroie les deux canapés qui meublent le hall d'entrée. Nous nous y allongeons tout habillés, la tête posée sur le sac à dos et les bras solidement agrippés aux lanières.

Notre nuit est aussi courte qu'agitée. Tout autour de nous, il y a des repris de justice, des dealers, des alcooliques, des membres de gangs, toute la pègre du quartier, même si cette pègre-là tente d'échapper à son destin. Comme les toilettes jouxtent le hall d'entrée, rien ne nous est épargné, va-et-vient, lumière, bruit, jusque tard dans la nuit et tôt le lendemain matin. Autant dire que nous souhaitons trouver rapidement un autre mode d'hébergement ! Don, le frère de David Wilkerson, nous propose d'aller chez M. et Mme Callarie, deux anciens drogués dont la vie a radicalement changé depuis qu'ils sont passés par Teen Challenge. Le jeune couple s'occupe des filles de la rue les plus irrécupérables, celles dont personne ne veut, au sein d'un centre qu'il a mis en place à leur intention, Crossroads Ministry, à Brooklyn.

Nous séjournons d'abord chez eux, puis au milieu des dizaines de prostituées, de droguées et de membres de gangs qui sont accueillis par les époux Callarie. A Crossroads, on rencontre toutes les formes de détresse humaine, les plus anciennes, les plus refoulées, les plus subtiles, les plus brutales, les plus agressives, mais aussi des cœurs assoiffés de tendresse et de reconnaissance. Toutes les femmes qui passent par le centre sont tiraillées entre le désir de s'en sortir et la difficulté de quitter la rue. Ainsi Linda, de Harlem, subjuguée par la vie chrétienne et en même temps si attachée à son ami proxénète, happée à nouveau par la rue et la prostitution malgré les soins et l'affection que lui prodiguent les Callarie et leur équipe ; ou Mary l'Irlandaise, si malmenée par l'existence, psychotique ballottée au gré des événements, prématurément vieillie, meurtrière presque malgré elle, aspirant de toutes ses forces à une vie nouvelle régénérée par l'Amour de Dieu et en même temps empêtrée dans son passé chaotique teinté d'alcool, prisonnière de son destin, retournant encore et toujours dans la rue ; ou bien Roberta la Portoricaine, qui se flatte d'être chef d'un gang de filles et qui acceptera brusquement Jésus- Christ dans son cœur devant une assistance étonnée et éblouie, conversion soudaine à laquelle nous assistons, inattendue, radicale, suivie aussitôt d'une radieuse métamorphose de son être tout entier et de toute son existence, qu'elle voudra désormais au service de ses amis restés dans la rue. Crossroads, comme Teen Challenge d'ailleurs ou d'autres centres du même type, c'est un microcosme de New York et de l'Amérique toute entière : la violence et la ferveur religieuse sont inextricablement liées !

Mais avant de séjourner à Crossroads Ministry, nous sommes invités par les Callarie à loger chez eux, au milieu d'avenues sinistres et désertes, au cœur de tous les dangers. Lorsque nous arrivons devant leur maison brun-rouge, nous croisons un kid dont le regard nous fait aussitôt comprendre qu'il peut être très belliqueux, qu'avec lui on ne doit sûrement pas jouer avec des pistolets d'imitation. D'ailleurs, il se retourne et nous lance avec aplomb : « Qu'est-ce que vous foutez là, à cette heure ? Il n'y a personne dehors, à part les flics et les imbéciles. Ou les membres de gangs ! Mais nous, la rue c'est notre territoire, elle nous appartient ».

Message reçu cinq sur cinq ! Nous l'appliquons aussitôt en sonnant fébrilement chez nos hôtes. Madame Callarie apparaît, souriante et chaleureuse, mais une grosse barre de fer à la main. La porte se referme rapidement derrière nous. Et quelle porte ! Blindée, avec un judas, un signal d'alarme, trois gros verrous de sécurité et même une barre de fer qui, rabattue, fixe de l'intérieur la porte au plancher. Aux fenêtres, des barreaux. Sommes-nous en état de siège ?

— Non, répond tranquillement Madame Callarie, mais il faut être prêt à tout, surtout au pire ! Les rues sont meurtrières, on doit se protéger, se barricader. Dans le quartier, on a peur de tout le monde parce qu'on se sent menacé, on risque sa peau à tout instant. Ce peut être un junkie en manque qui plaque son couteau sur votre gorge pour obtenir les dix dollars qui lui permettront d'acheter sa dose, ou bien une fusillade entre deux gangs, ou un cambrioleur qui entre par effraction. Quand mon mari est absent, je garde la matraque à portée de main, je ferme tout à triple tour, je me barricade. Les enfants sont devant la télé, ils ne sortent jamais, sauf pour aller à l'école et à l'église, toujours en voiture d'ailleurs, et la voiture, nous la stationnons juste en face de la porte d'entrée afin de réduire au maximum la distance à parcourir à pied. Je sais quand mon mari rentre, je le guette avec la barre de fer. On ne sait jamais ! C'est si vite arrivé... Ici, la vie n'a pas de valeur ; on tue pour un regard, un geste, un mot, un dollar. Tout le monde est en danger ! Chaque jour peut être le dernier. Notre quartier est un vrai champ de bataille, les gangs passent leur temps à s'entretuer. Il arrive d'ailleurs que certains parents aient peur de leurs propres enfants ! Ils sont sanguinaires, ou rendus fous par la drogue. Pas question de marcher dans la rue ! Nous circulons en voiture. La peur est là, omniprésente à chaque carrefour, à chaque feu rouge, à chaque station de métro, sur chaque trottoir, de jour comme de nuit. Une peur souvent démesurée, irraisonnée, mais terriblement contagieuse... Et la psychose s'amplifie sans cesse ! On devient tous paranoïaque. Certains ont si peur qu'ils doivent consulter un psychiatre. La violence est partout, tuer, ici, c'est un véritable mode de vie ! Et les Noirs ont encore plus peur que les Blancs, et les femmes plus que les hommes, surtout si elles sont âgées. Alors, on se terre chez soi comme des rats, on se barricade, on ne sort pas, ou le moins possible, on reste planté devant la télé. Voilà New York ! Et les grandes villes américaines, Boston, Philadelphie, Chicago, Washington, c'est pareil ! Chaque sortie peut être la dernière, chaque coup de sonnette risque d'être fatal. On le sait, et on s'y prépare.

Dans la foulée, Madame Callarie tient à nous donner quelques consignes de prudence. Par exemple, il ne faut jamais marcher seul la nuit ou dans des endroits déserts ; il convient, en cas d'agression, d'avoir toujours sur soi au moins cinq dollars ; beaucoup de crimes sont commis par des drogués en manque, prêts à tout , même à tuer, pour se payer leur dose. Ils peuvent devenir enragés si on n'a pas d'argent à leur donner ! Inversement, il ne faut pas avoir trop d'argent sur soi, c'est dangereux. Ensuite, l'assaillant ne doit sentir ni peur, ni haine au moment où il commet son forfait. Pour désamorcer l'agressivité potentielle, on doit garder son calme et même avoir une attitude amicale, surtout si l'on a en face de soi une bombe humaine, prête à éclater ! Enfin, il est recommandé de porter sur soi une arme, c'est la meilleure Police d'assurance qui soit... En espérant, bien sûr, ne jamais avoir à s'en servir. Avec une arme, on se sent moins vulnérable. Surtout si l'on a suivi les cours de tir gratuits donnés par la Police elle-même !

Nous sommes prévenus. Et pour que ses conseils ne soient pas pris à la légère, Madame Callarie ajoute :

— Tuer ou être tué, c'est la loi du quartier ! Mon mari et moi, nous ne voulons pas tuer, nous sommes chrétiens. C'est pourquoi nous préférons la barre de fer au revolver. Nous voulons seulement neutraliser notre adversaire. Mais on doit se défendre, on ne peut pas laisser sans réagir des voyous agresser, brutaliser, violer ou tuer nos enfants ! La violence, hélas, c'est la logique du ghetto, personne n'y échappe. Et malheureusement, rien ne peut rompre le cercle vicieux de la misère et de la violence, sauf bien sûr la puissance régénératrice de Jésus Christ !

A Harlem, où nous ne tarderons pas à nous rendre sur les conseils des Callarie et munis de leurs adresses, la violence et la misère sont intimement liées. Autant qu'à Brooklyn ou dans le South Bronx ! Peut-être même davantage... Parce que depuis toujours, les Blacks ont été victimes de l'incompréhension et du rejet de leurs concitoyens !

La pègre ne se laisse pas facilement approcher, encore moins apprivoiser.

Selon le cas, elle peut avoir affaire aux cops en tenue, majoritaires, qui interviennent à chaud : cambriolages, bagarres, disputes familiales, aides d'urgence, overdose, malaise sur la voie publique, combats de gangs, rassemblements, suicides, assistance aux personnes en difficulté... la Police représente parfois le dernier recours social, surtout la nuit et le week-end ! Ainsi il arrive qu'un cop demande à un propriétaire de rétablir le chauffage afin de tenter de calmer les résidents.

Mais elle peut se trouver au contact d'officiers en civil, conduisant leur véhicule à eux et chargés d'entretenir de bonnes relations avec la communauté. Il s'agit pour ces derniers de recueillir toutes sortes d'informations susceptibles de prévenir les comportements antisociaux ou d'éventuels conflits

Dans les deux cas, les qualités requises ne sont pas les mêmes : du patrolman en uniforme, on attendra une parfaite maîtrise de soi, un grand courage et des réflexes très rapides. L'officier en civil, lui, devra avoir le sens du contact, une grande patience et la capacité de prendre des initiatives ; son rôle n'est pas de réprimer ou d'arrêter, comme ses collègues en uniforme, mais de s'informer, de prévenir les incidents, d'aider la collectivité à réorienter ses activités de manière positive. Dans tous les cas, les policiers sont, aujourd'hui, de mieux en mieux préparés à affronter les dures réalités du ghetto ; ils suivent une formation appropriée de plus en plus pointue, adaptée au public qu'ils côtoient quotidiennement. Par exemple, on les prépare psychologiquement à braver les gangs, à faire face à tous les types de situation, à éviter les dérapages racistes, les violences verbales. Comme le déclare un officier du Bronx, « un bon flic doit avoir de la compassion pour les kids et une sacrée dose d'humour. C'est plus difficile qu'un bon revolver et les menottes ! » , l'objectif final étant d'entretenir les meilleures relations possibles avec les habitants, afin de les amener à reconsidérer leurs activités.

L'équipement n'est pas le même pour le policier en civil et le patrolman en tenue. Il est léger pour le premier, très sophistiqué pour le second : des kilos de harnachement, revolver, balles, matraques en bois, paire de menottes, torche, matraque télescopique... et dans le coffre, tout un arsenal ! Des fusils, des cordes, des revolvers, des menottes, un gilet pare-balles, qui côtoient des outils hétéroclites, une batterie, un magnétophone, des jumelles, des rasoirs et même une veste étanche... Il faut pouvoir parer à toute éventualité :

— On ne sait jamais ce qui nous attend au prochain carrefour, au coin de la rue suivante ou derrière une porte. On vit dans une ambiance de terreur, le danger est toujours présent, à tout moment le pire peut arriver. On le sait, on y est préparé. Quand la journée est finie, on est soulagé, on est encore en vie ! Quel métier... et pourtant on l'aime, notre fichu métier. Le goût du risque, peut-être, le besoin d'aventure, certainement. Et tel qu'il est, notre secteur, nous l'aimons aussi. Avec ses souffrances, avec ses atrocités, avec ses joies, avec ses peines. Nous sommes souvent issus des mêmes quartiers, vous savez !

Tout policier doit parfaitement connaître le territoire qui lui est attribué : chaque rue, chaque ruelle, chaque parcelle, chaque passage, tous les aspects du quartier, ses moindres méandres, les habitudes de chaque habitant. Les officiers, d'ailleurs, sont en contact permanent avec les résidents, les informateurs, les travailleurs sociaux, les enseignants, les hommes d'église, les commerçants :

— On coopère mutuellement, explique un sergent du Bronx, on se tient constamment informé. La rue nous fournit une mine d'indices très précieux. Nous les consignons dans nos rapports hebdomadaires, à base de récits, de renseignements, de procès-verbaux. Nous connaissons les gangs comme notre poche, chaque kid par son prénom.

Et les patrouilles aiment se montrer, autant pour sécuriser la population que pour dissuader les criminels. Alors, interminablement, sans se lasser, méthodiquement, scrupuleusement, elles observent, explorent, surveillent, tournoient, quadrillent, s'arrêtent, redémarrent, foncent, zigzaguent, tourbillonnent ! C'est le quotidien de la Police, qu'elle paie souvent d'une blessure, voire de sa vie. Quand une patrouille arrive sur un lieu d'intervention, son premier réflexe, d'ailleurs, est de regarder en l'air : du haut des toits, en effet, elle peut recevoir à tout moment des projectiles variés, sac de sable, pierres, bouteilles vides, canettes de bière, ordures, cocktail Molotov... À chaque descente de voiture, les cops nous demandent de faire comme eux, d'avoir le réflexe de regarder de tous côtés, et surtout en l'air.

Plus les kids sont jeunes, plus ils entretiennent des relations tendues avec la Police. Roberto, seize ans, membre du gang « Scorpions », en est la parfaite illustration ; quand on lui parle des cops, il laisse éclater sa rage :

— Les flics sont payés pour nous frapper. Ce sont des sauvages, surtout avec nous les Blacks. Ils arrivent en trombe, ils nous traitent comme des animaux, ils nous parlent comme si on n'était pas des êtres humains, ils nous insultent, ils se foutent de notre gueule, ils nous brutalisent. La Police, c'est pire qu'une armée d'occupation, elle se croit tout permis. Et si ça ne nous plaît pas, elle nous lâche en plein territoire ennemi pour qu'on nous tire dessus. C'est ce que les poulets appellent un avertissement ! On en a marre... Alors, quand les uniformes débarquent, ils se prennent des pavés. Les policiers, pour nous, c'est des porcs !

Il arrive que la Police et la pègre entretiennent des rapports conflictuels, presque « clan contre clan ». De nombreux cops, d'ailleurs, hésitent à se rendre dans certains secteurs, particulièrement chauds. Un sergent de la Brigade Antigang explique :

— Même si beaucoup de gens sont contents de nous voir, persuadés qu'on va résoudre leurs problèmes, d'autres nous considèrent comme l'ennemi par excellence. Des membres de gang s'érigent même en protecteurs de la communauté contre la Police, alors que nous faisons tout pour améliorer les relations avec les habitants.

Et, d'un air désabusé, le sergent ajoute :

— Nous savons parfaitement qu'il est impossible d'enrayer le phéno-mène des gangs, il faut faire avec, après tout ce sont les enfants du quartier.

Mais dans la plupart des cas, il existe une entente tacite entre la Police et les habitants du ghetto, qui se tolèrent mutuellement à condition de ne pas dépasser certaines limites.

— C'est simple, nous explique un officier de Police. Quand on n'arrive pas à s'entendre, à trouver un langage commun, des deux côtés on cherche une règle du jeu, du style « tu n'es pas trop curieux, et moi je ne dépasse pas certaines limites ». Ce pacte tacite s'impose si l'on veut coexister sans trop de dommages. Les membres de gangs nous dé-testent, en revanche on rencontre régulièrement les leaders pour discu-ter, au pied des immeubles désaffectés ou squattés, dans la voiture ou dans un bar. Chacun y trouve son compte. Il est capital d'inspirer confiance au " noyau dur " des gangs, et surtout d'être très proches de leurs chefs. Ils doivent savoir qu'on n'est pas là pour les arrêter, mais pour prévenir les combats, les morts inutiles. Bien entendu, nous n'abusons pas de leur confiance, sinon ils ne nous parlent plus et tout notre travail est vain. Mais ce qu'ils ignorent, c'est que nous profitons des contacts que nous avons avec eux pour établir des rapports dé-taillés qui ensuite seront analysés, classés, centralisés, et surtout distri-bués partout où cela s'avérera nécessaire ».

Même s'ils ne l'avouent pas, les kids sont ravis quand on s'intéresse à eux, à leurs problèmes, à leurs besoins, ils apprécient de voir l'Esta-blishment – qu'il s'agisse de policiers, d'éducateurs, de journalistes... – se soucier d'eux, quel que soit le motif d'ailleurs :

« Notre meilleure arme, confie un officier de la Young Gang Task Force, c'est le dialogue, outre le sang-froid et la persuasion. Quand on trouve le ton juste, cela simplifie les contacts et cela empêche bien des conflits. Car les gangs tuent sans vraiment savoir pourquoi, sans re-mords, ils tuent pour le plaisir, par habitude, pour la gloire qu'ils es-pèrent en tirer auprès des autres membres. Quand on les chope, ils ne manifestent aucun regret. »

La plupart des officiers utilisent les relations privilégiées qu'ils entretiennent avec les gangs pour réorienter leurs activités, ou du moins pour faire réfléchir les garçons :

--La société a perdu ses repères moraux ou religieux. C'est à nous, finalement, de pallier les carences de la collectivité, des parents, des enseignants, de l'église. Avec nos moyens et nos méthodes à nous ! Les kids ont besoin de faire la différence entre le mal et le bien, ils ont besoin de savoir qu'on ne peut pas tout se permettre, qu'il y a des limites à ne pas franchir, qu'il faut respecter la loi et les individus. Conseiller et guider les jeunes, cela fait partie de notre travail.

La Gang Intelligence Unit est une brigade antigang spécialement entraînée pour faire face au problème spécifique des gangs[1] qui gangrènent la plupart des villes américaines. A New York, pour lutter contre la prolifération continue des bandes et leur violence grandissante, la Police a mis en place, le 14 décembre 1971, en liaison avec le « Youth Aid Division », la première « Gang Intelligence Unit ». Officiellement, il s'agissait de nouer des relations étroites avec les membres de gangs, surtout avec les leaders ; en réalité, la Police souhaitait exercer un contrôle continu sur eux, elle désirait obtenir le maximum d'informations susceptibles d'enrayer le phénomène de la criminalité de rues. Basée dans le Bronx, la « Youth Gang Intelligence Unit » devait à l'origine recouvrir le quartier. Avec la prolifération continue des gangs, ces unités s'implantèrent dans tout New York. Une autre unité spécialisée, la « Youth Gang Task Force », particulièrement mobile, et toujours à l'écoute du quartier dont elle a la charge, complète le dispositif existant en matière de lutte contre la criminalité des jeunes ; celle du Bronx, par exemple, peut envoyer en moins de cinq minutes cinquante à soixante policiers au même endroit.

La « Youth Gang Intelligence Unit » regroupe et analyse toutes les informations fournies par la « Youth Gang Task Force », très présente sur le terrain, dans la rue, les écoles, les parcs, les clubs de gangs, partout.

---

[1]

Pour la Police, un gang est un groupe organisé, structuré, avec un leader connu, et des membres engagés dans des activités anti-sociales ou enfreignant la loi.

Il s'agit non seulement de surveiller les jeunes, mais aussi de contrôler leurs activités, de prévenir tout comportement antisocial, délictueux : " la Youth Gang Task Force ", explique un officier de la « Youth Aid Division », " est une unité supplémentaire chargée d'aider les officiers affectés aux gangs. Son travail consiste à identifier tous les gangs de rues, leurs clubs, leurs lieux de réunion, les fauteurs de trouble, puis à établir des contacts avec les membres et leurs leaders. Elle visite chaque jour les écoles, les parcs, les clubs, elle enquête sur tous les incidents, elle aide les jeunes à s'en sortir, à réorienter leurs activités. L'épicerie du coin, par exemple, en apprend souvent plus que les fastidieuses recherches. La brigade Antigang n'est pas là pour procéder à des arrestations, mais pour visiter les lieux fréquentés par les membres et établir de bonnes relations avec les kids. La tâche n'est pas facile, car nous devons savoir à qui nous avons affaire. Certains gangs ont des activités criminelles, d'autres non. Et au sein même des gangs criminels, on peut trouver des membres qui ne participeront jamais à la moindre activité criminelle. "

En 1984, un incident avait fait la Une des journaux : un gamin avait été tué dans la rue, simplement parce qu'il s'était trouvé accidentellement en pleine bagarre de gang. Depuis, les bandes préfèrent se montrer plus discrètes, on les remarque moins facilement ; plus question de porter ses couleurs ou de traîner n'importe où ! Un membre du gang de rue les « Bad Ones » explique :

— Si on marche dans les rues avec nos couleurs, on nous arrête, on nous fouille. Alors, on planque tout.

Mais les policiers ne sont pas dupes ; ils connaissent les kids et, couleurs ou pas, ils savent où les trouver. De toutes façons, ils s'arrangent pour rendre visite aux gangs dans leur quartier général, jour après jour :

--C'est l'endroit idéal pour parfaire nos connaissances. Mais ces visites comportent toujours un risque, car l'entrée du club est gardée en permanence par un membre armé posté sur le toit ou sur un bâtiment voisin. Naturellement, nous travaillons toujours en équipe, c'est plus sûr.

Et chaque équipe concentre ses efforts sur un gang en particulier, surtout s'il est très actif. Tout en sachant qu'on parvient rarement à contrôler totalement la situation, même en cas de bons rapports avec les chefs, tant les gangs sont imprévisibles.

-- Le succès d'une telle unité repose sur la capacité d'écoute des membres de gangs, poursuit l'officier de la « Youth Aid Division ». Et sur la capacité de démêler les problèmes réels des problèmes imaginaires ; il faut savoir discerner le vrai du faux !

Et quand on leur demande de parler des gangs rivaux, les kids sont très loquaces ! Il n'en va pas de même lorsqu'il s'agit de leurs amis, de leurs alliés, ou, surtout, de leurs caches d'armes...

Aujourd'hui, toutes les données sont informatisées et distribuées dans chaque commissariat pour aider les patrolmen dans leurs recherches, leurs enquêtes, leurs contrôles. Une stratégie qui commence à porter ses fruits, particulièrement à New York qui voit actuellement son taux de criminalité baisser sans cesse...

En ce qui nous concerne, nous aurons largement bénéficié des connaissances, pratiques ou théoriques, de la Police. Grâce à celle-ci, et grâce aux missionnaires évangéliques, nous aurons pu vivre la fabuleuse aventure des gangs de rues américains dans tous ses aspects, au cœur de ghettos, partageant au quotidien les joies et les peines des caïds des rues, n'ignorant plus rien de leurs secrets, de leurs activités, de leurs folles chimères, de leur infinie détresse, et des perspectives qui s'offrent à eux !

5 - En patrouille avec la Police

On dit toujours que l'Américain moyen a son colt dans une poche, et la Bible dans l'autre. Lors de notre deuxième séjour à New York, nous avons séjourné chez Joe, aussi à l'aise dans le monde de la pègre que dans les milieux évangéliques ; il incarne à merveille cette dualité typiquement nord-américaine. Mais s'il s'est révélé être un précieux « sésame » pour nous aider à pénétrer dans les milieux les plus fermés de New York, nous ne voulions pas nous contenter de lui comme guide. Il nous fallait une autre approche, d'autres contacts. L'occasion nous fut fournie grâce à la création du Youth Gang Service. Ainsi, nous allions pouvoir accéder au monde très secret des gangs par le truchement des shérifs new-yorkais.

Le building du Département de la Police s'élève au cœur de Manhattan, majestueux, rectiligne, imposant. Une véritable forteresse ! Il faut montrer patte blanche pour rentrer dans l'orgueilleux bâtiment de la légitimité américaine. Ce n'est pas parce que je suis journaliste à la radio-télévision française et écrivain, que l'on va m'ouvrir toutes grandes les portes du bastion de l'ordre américain !

Je prends contact par téléphone en déclinant mon identité et mes objectifs. En fait, je souhaite seulement patrouiller avec les cops de New York, suivre les policiers en mission, mais on m'accordera bien davantage : outre une prévenance de tous les instants, la visite des différents services de la Police, même les plus impénétrables, et toutes les informations concernant le fonctionnement de cette institution légendaire. Il aura suffi d'un mot, d'un seul, pour que tout devienne possible :

— Vous êtes chrétienne ? me demande brusquement l'attaché de presse.

— Oui. Convertie.

— Ah ? Vous êtes *born again*[1] ?

— Exactement. Je suis née de nouveau, baptisée d'eau et de l'Esprit Saint.

— Intéressant ! Vous êtes la bienvenue... On va vous aider à réaliser votre reportage !

Il ne faut pas chercher à comprendre, on est en Amérique, tout est déconcertant. Etre « born again », pour la plupart des Américains, c'est une carte de visite, une référence. Il n'en faut pas plus pour que le Département de la Police entrouvre ses dossiers et ses secrets. Je vais avoir l'insigne privilège de voir les coulisses de la ville en compagnie des cow-boys de la Police new-yorkaise.

Le grand jour est arrivé. Je vais enfin pouvoir accompagner la brigade anticriminalité dans sa tournée !

Les patrolmen nous attendent, mon mari et moi, dans leur bureau, une salle aux murs bardés de badges, d'avis de recherche et de noms d'officiers morts en service ; ils sont en uniforme, solidement équipés et même leurs chaussures en cuir, à bout rond très dur, sont une arme supplémentaire. L'un est grand et sec, l'autre est tout en rondeurs. Tous deux sont particulièrement cordiaux.

Les deux cops nous feront parcourir une « high crime area », une zone à haut risque située à Brooklyn. Comme dans le Bronx, défilent devant nous, à perte de vue, des bâtiments désarticulés, à bout de souffle, des magasins désaffectés, des toitures béantes, des myriades d'échelles de secours, des fenêtres condamnées, et puis du grillage à perte de vue, autour des terrains de basket, des écoles, des décharges, et à nouveau l'asphalte, rectiligne, crevassé, l'interminable boulevard sous les rails. Partout l'image de la dévastation, un paysage sordide de fin du monde, l'horreur au ras du trottoir, ponctués d'appels radios qui, dans les voitures de patrouilles, constituent le bruit de fond quotidien des policiers en mission.

---

[1] Bible (Jean III 5 et suivants) : « Jésus répondit : En vérité, en vérité, je te le dis, si un homme ne naît d'eau et d'Esprit, il ne peut entrer dans le royaume de Dieu. Ce qui est né de la chair est chair, et ce qui est né de l'Esprit est Esprit. Ne t'étonne pas que je t'aie dit : Il faut que vous naissiez de nouveau. »

Nous sommes à peine installés dans le véhicule qu'on signale une dispute familiale dans le secteur... banale histoire de femme battue par un mari alcoolique, sans doute ! Les cops détestent les « winos », bien qu'ils soient eux aussi portés sur la boisson qui leur permet d'oublier l'angoisse d'un travail très dangereux. Après tout, demain ils seront peut-être morts, comme tant d'autres collègues avant eux...

Une patrouille est déjà sur place ; nous poursuivons notre chemin. Nouvel appel radio : cette fois, il s'agit d'un homme armé, apparemment très excité. J'ai peur : la voiture de patrouille roule à contre sens, très vite, elle brûle les feux rouges, elle se faufile entre les véhicules, zigzague, virevolte, sirènes hurlantes et gyrophare en action. Brusquement, au pied d'un imposant immeuble, nous apercevons un attroupement, des cris, des hurlements, une mêlée confuse ; sans doute est-ce sérieux. Un homme a la figure en sang ; il s'essuie la bouche avec un mouchoir. A côté de lui se tient un autre homme, armé d'un couteau à cran d'arrêt. Les deux policiers descendent de leur voiture, les mains négligemment posées à hauteur de la crosse de leur revolver. Ils se frayent rapidement un passage au milieu de la foule.

— Eh, toi, arrête ce carnage, ça ne rime à rien, lance le plus grand. Vous n'allez quand même pas vous battre entre Portoricains, maintenant, hein ?

Son collègue intervient à son tour.

— Ne fais pas le con, dit-il à l'homme armé ! Allez, donne ton couteau...

L'homme esquisse un mouvement pour s'échapper, mais il est solidement agrippé par les deux policiers. Toute résistance est impossible.

— Je te connais, toi ! reprend le premier policier. Tu te disputes avec tout le monde dans le quartier. Ça va mal se terminer, tu joues un peu trop du couteau... Qu'est-ce que tu crois, qu'on va te laisser descendre des gens comme ça ? Allez, au poste !

L'homme répond par une insulte colorée dont seuls les Portoricains ont le secret.

L'officier est furieux.

— Quoi ? Tu m'insultes, maintenant ? Insulte à agent dans l'exercice de ses fonctions, tu sais combien ça coûte ? Allez, on va s'expliquer au poste.

— Je veux parler à un avocat ! proteste sans conviction l'homme qui, visiblement, est en état d'ébriété avancée.

— On verra ça plus tard, répond le policier. Pour l'instant, tu es en état d'arrestation. Tu l'as bien amoché, le gars, hein ? Allez, on va régler ça au poste. Et tu te calmes, je ne veux pas de western.

Puis, en direction de l'attroupement :

— Qu'est-ce que vous avez à rester là ? Circulez... On a fait le ménage, c'est terminé.

L'homme est conduit au poste, et nous repartons.

Les appels radio crépitent à nouveau. Ça n'arrête pas ! Un des deux policiers colle l'oreille pour écouter la rumeur ininterrompue, tandis que son coéquipier, avec l'œil exercé du professionnel, observe les voitures, les passants, les habitations, à l'affût du moindre indice, du moindre signe suspect : un comportement nerveux attire l'attention, ou une proéminence sous un blouson, ou une poche bien pleine, ou encore une veste portée en pleine chaleur...

Soudain, le conducteur ralentit : une voiture, fraîchement repeinte et nantie d'une plaque d'immatriculation récente, éveille ses soupçons. Son collègue note le numéro du véhicule, lance un appel, demande une vérification.

Effectivement, il s'agit d'une voiture volée. Alors, brusquement, une course poursuite s'engage, digne des meilleurs westerns. Un nouvel appel est lancé, cette fois pour obtenir des renforts. Quelques instants plus tard, les unités supplémentaires sont sur place ; deux voitures pies se mettent en travers de la rue, leurs gyrophares allumés. La voiture volée est interceptée.

— Allez, descendez, les mains dans le dos !

Le conducteur est projeté contre le capot, et fouillé des pieds à la tête.

Alors commence un dialogue surréaliste ; questions et réponses se suc-cèdent à un rythme effréné.

Un des policiers ouvre le coffre de la voiture.

— Tu n'aurais pas des armes, par hasard ?

L'officier ne s'est pas trompé. Une vraie panoplie de guerre s'offre à ses yeux !

L'homme, un colosse brun comme un indien, se débat furieusement. Comme il est de tradition dans la Police américaine, il est plaqué au sol et menotté. Il n'en continue pas moins de crier son innocence

— Pas la peine d'ameuter tout le quartier ! ordonne sèchement l'un des deux policiers qui nous accompagne. Allez, cool, mec, ou tu vas choper un ulcère. Ton compte est bon ! On a suffisamment de pièces à convic-tion pour te boucler...

Le suspect proteste :

— Il faut un mandat pour ouvrir le coffre ! Je connais la loi...

— La loi, c'est moi, répond l'officier. Ah, tu en as, de beaux joujoux, hein ! Allez, on t'embarque !

— Je fricote pas avec les flics, moi...

Le policier l'interrompt :

— Ouais, on sait bien, mais on va te mettre au frais ! Allez, magne ton cul, tu es coincé, on va direct au poste !

— Saleté de flic ! hurle le suspect. Si je pouvais, je t'éclaterais la cervelle et tu en aurais plein ton uniforme débile...

Les armes sont saisies, l'homme embarqué, et conduit au commissariat du quartier où une première audition va avoir lieu. Identification, in-terrogation, photo, prise d'empreintes, procès-verbal... la routine !

Et l'on repart pour de nouvelles aventures, pour de nouvelles interpel-lations, pour de nouvelles arrestations. Dans la Police américaine, pas de temps mort ; mais certains jours sont plus chargés que d'autres !

— Chaque jour, chaque sortie apporte son lot d'événements, explique l'un des deux policiers. On ne sait jamais ce qui nous attend ! Il y a les fusillades, les cambriolages, le trafic de drogue, les disputes familiales... Vous savez, à New York le métier de policier est très dangereux. Chaque intervention est risquée, surtout si l'on empiète sur le territoire d'un gang... Il faut faire vite, interpeller et neutraliser le plus rapidement possible. Une simple interpellation peut mal se terminer ! Les jeunes n'admettent aucun contrôle, et dans la plupart des cas, il y a rébellion. C'est le rapport de force systématique, la confrontation permanente. Il n'est plus possible de maîtriser un jeune, aujourd'hui, sans employer la force ! Même menottés et à l'intérieur du véhicule, certains continuent à se débattre, à donner des coups de pied ou de tête.

Les opérations de contrôle, assorties de « palpations de sécurité », constituent l'essentiel du travail des patrolmen ; la plupart du temps, les personnes interpellées réagissent violemment.

C'est le cas pour ce jeune Noir à la coiffure afro : le policier qui conduit m'explique qu'il s'agit d'un de ses « clients », on le soupçonne de plusieurs meurtres, mais il est toujours relâché faute de preuves.

La voiture de Police stoppe dans un crissement de pneus. Le « partner » du conducteur baisse sa vitre :

— Eh, toi ! quoi de neuf ?

— Je parle pas aux flics. Ce sont pas mes amis, rétorque le Noir avec arrogance.

— On ne te demande pas ton avis, reprend le policier en descendant du véhicule. Allez, à la fouille ! Et tu as intérêt à coopérer, cette fois-ci !

Le Noir se défend à coups de pieds en hurlant des insanités. Il est rapidement maîtrisé par les deux policiers, collé contre le mur le plus proche, et fouillé méthodiquement.

— Ne joue pas au malin ! Sinon, tu vas avoir des ennuis !

— On est dans un pays libre ! La rue nous appartient, et dans la rue, il n'y a pas de loi...

— Si, justement ! La loi c'est nous !

L'officier est ravi. Cette fois, il tient son homme. Sur lui, il y a un stylet, un rasoir, un couteau à cran d'arrêt, un pistolet et des munitions. L'artillerie complète ! De belles pièces à conviction...

— Maintenant, on te tient. Tu es salement fait ! On ne se balade pas avec des armes. Finis les flingues, maintenant ! Tu sais ce qui t'attend, espèce de singe poilu ? Ah, c'est tracé pour toi...

— Ici, personne sort sans son flingue, proteste violemment l'interpellé. Quand on est armé, on se sent plus fort.

Puis se ravisant :

— J'ai commis une faute, d'accord, je suis pas parfait, mais je lève jamais la main sur un pote, je le jure !

— Okay, mais tu n'as pas que des amis ! Et d'ailleurs, tu n'attends pas qu'on te frappe pour répondre... On t'a à l'œil !

— C'est pas ma faute si on vit dans la terreur ! J'ai pas choisi de vivre dans un monde pareil ! Sans armes, on n'est rien...

— Une arme, ce n'est pas un jouet ! rétorque l'un des deux policiers. Surtout entre vos mains ! Vous êtes des bêtes sauvages... Allez, bouge-toi le cul, on va s'expliquer au poste ; tu vas cracher le morceau. Cette fois, tu es bon, tu vas avoir des ennuis !

Aidé de son *partner*, il lui passe les menottes. Un air de défi dans les yeux, le garçon tente une dernière provocation :

— J'ai pas peur de la taule, moi. Et d'abord je suis fier d'être Noir et de vivre dans le quartier !

— Allez, au trou...

— Si on me boucle, il y en aura d'autres pour prendre la relève.

— Allez, assez causé. Au poste !

Chaque fois qu'il contrôle un individu, le *patrolman* lance, depuis son véhicule, un appel radio au Central de la Police : simple vérification pour voir si la personne contrôlée fait l'objet d'une fiche de recherche. Les cops peuvent arrêter une voiture pour un ticket de parking non payé, et s'apercevoir que le conducteur est recherché pour un crime. Quand les papiers ne sont pas en règle, direction le commissariat ! Plus tard, le sergent nous expliquera que les palpations de sécurité sont systématiques, elles concernent des garçons de plus en plus jeunes, huit, dix ans, voire moins : certains sont armés d'un cutter ou d'un poing américain. La délinquance est de plus en plus précoce.

Et pour les gangs, la Police a mis en place le Youth Gang Task Force, une unité très spécialisée, extrêmement mobile, et toujours à l'écoute du quartier. L'épicier du coin, par exemple, en apprend souvent plus que les fastidieuses recherches. La brigade antigang n'est pas là pour procéder à des arrestations, son travail consiste à visiter les lieux fréquentés par les membres et à établir de bonnes relations avec les kids :

— Notre tâche n'est pas facile, explique un officier de l'Antigang. Nous devons savoir à qui nous avons affaire. Certains gangs ont des activités criminelles, d'autres non. Et au sein même des gangs criminels, on peut trouver des membres qui ne participeront jamais à la moindre activité criminelle. Il faut aussi distinguer parmi les appels reçus : il y en a de purement fantaisistes ! D'autres fois, la Police se trouve en présence d'un rassemblement.

En 1984, un incident avait fait la une des journaux : un gamin avait été tué dans la rue, simplement parce qu'il s'était trouvé accidentellement en pleine bagarre de gangs. Depuis, les bandes recherchent une certaine discrétion, on les remarque moins facilement ; plus question de porter ses couleurs ou de traîner n'importe où ! Un membre du gang de rues les « Bad Ones » explique :

— Si on marche dans la rue avec nos couleurs, on nous arrête, on nous fouille. Alors on planque tout...

Mais les policiers ne sont pas dupes ; ils connaissent les kids de leur secteur et, couleurs ou pas, ils savent où les trouver. De toutes façons, ils s'arrangent pour rendre visite aux gangs dans leur quartier général, jour après jour :

– C'est l'endroit idéal - nous explique-t-on - pour parfaire nos connaissances. Mais ces visites comportent toujours un risque, car l'entrée du club est gardée en permanence par un membre armé posté sur le toit ou sur un bâtiment voisin. Naturellement, nous travaillons toujours en équipe, c'est plus sûr.

Et chaque équipe concentre ses efforts sur un gang en particulier, surtout s'il est très actif, tout en sachant qu'on parvient rarement à contrôler totalement la situation, même en cas de bons rapports avec les chefs, tant les gangs sont imprévisibles.

Les policiers ont deux priorités : entretenir d'excellentes relations avec les leaders, et connaître parfaitement les lieux fréquentés par les gangs. « Il est capital d'inspirer confiance au " noyau dur ", expliquent-ils, et surtout d'être très proches des chefs. Ils doivent savoir qu'on n'est pas là pour les arrêter, mais pour prévenir les combats, les morts inutiles... Bien entendu, nous n'abusons pas de leur confiance, sinon ils ne nous parlent plus et tout notre travail est vain. Mais ce qu'ils ignorent, c'est que nous profitons des contacts que nous avons avec eux pour établir des rapports détaillés qui ensuite seront analysés, classés, centralisés, et surtout distribués partout où cela s'avère nécessaire ».

Même s'ils ne l'avouent pas, les kids sont ravis quand on s'intéresse à eux, à leurs problèmes, à leurs besoins, ils apprécient de voir l'Establishment – qu'il s'agisse de policiers, d'éducateurs, de journalistes – se soucier d'eux, quel que soit le motif d'ailleurs : « Notre meilleure arme, confie un officier de la Youth Gang Task Force, c'est le dialogue, outre le sang-froid et la persuasion. Quand on trouve le ton juste, cela simplifie les contacts et cela empêche bien des conflits. Car les gangs tuent sans vraiment savoir pourquoi, sans remords, ils tuent pour le plaisir, par habitude, pour la gloire qu'ils espèrent en tirer auprès des autres membres. Quand on les chope, ils ne manifestent aucun regret. »

La plupart des officiers utilisent les relations privilégiées qu'ils entretiennent avec les gangs pour réorienter leurs activités, ou du moins pour faire réfléchir les garçons :

– La société a perdu ses repères moraux ou religieux. C'est à nous, finalement, de pallier les carences de la collectivité, des parents, des enseignants, de l'Eglise. Avec nos moyens et nos méthodes à nous ! Les kids ont besoin de faire la différence entre le mal et le bien, ils ont besoin de savoir qu'on ne peut pas tout se permettre, qu'il y a des limites à ne pas franchir, qu'il faut respecter la loi et les individus. Conseiller et guider les jeunes, cela fait partie de notre travail.

Lorsqu'un appel retentit dans le PC radio pour signaler un attroupement anormal, un risque d'affrontement entre gangs, aussitôt plusieurs voitures convergent en même temps, à tombeau ouvert, sirènes hurlantes, gyrophare allumé, et en brûlant les feux rouges.

Et la nuit, les projecteurs sont braqués sur les kids qui, au bruit des sirènes, tentent d'échapper à la Police en s'éparpillant dans toutes les directions. La chasse commence, impitoyable, sans merci. Les jeunes qui sont rattrapés sont immédiatement conduits au poste.

Le rôle de la YGTF est d'anticiper les troubles, en utilisant notamment une « 24 hours hot line » pour les renseignements, une ligne d'information continue. Tout est soigneusement consigné, même les plus folles rumeurs de batailles rangées et les appels anonymes. Des meetings sont organisés chaque semaine pour échanger les informations recueillies :

--Mais nous ne prétendons pas avoir toutes les réponses, confie l'un des deux officiers de la Brigade antigang que nous accompagnons dans ses tournées. Notre seule présence est dissuasive. C'est pourquoi nous nous déplaçons sans cesse dans le secteur qui nous est imparti. Il est important de maintenir constamment une présence policière dans les rues ; cela permet de limiter la criminalité.

.Et quand la rumble[1] éclate, aussi soudaine qu'imprévisible, les policiers tentent immédiatement de la désamorcer en isolant les meneurs, en séparant les belligérants, en calmant les esprits, en faisant office de médiateurs. Il arrive d'ailleurs que les cops n'aient même pas à intervenir : dès qu'ils entendent les sirènes de la Police, les kids se sauvent dans toutes les directions, dans toutes les cachettes, abandonnant leurs morts, leurs blessés, leurs ennemis, leurs combats, leurs luttes fratricides...

---

[1]   bataille rangée entre gangs rivaux

6 - Apocalypse now

Harlem attire de plus en plus les promoteurs immobiliers. Mais ils s'intéressent aussi de près au South Bronx, pourtant excentré, et dans le même état de délabrement matériel et humain. South Bronx : Mot sordide, mot magique, le grand frisson de la peur ! Le sang à la une des journaux et sur tous les murs ! Et des ruines à perte de vue, des boulevards sans fin, des blocs entiers éventrés, calcinés, rasés, déchiquetés, des immeubles incendiés et à l'abandon, des maisons à bout de souffle, des façades murées, des toitures pendantes, des myriades d'échelles extérieures à demi pourries, des poutres noircies, des tuyaux arrachés, des fenêtres éclatées, des carreaux brisés, des trottoirs défoncés, des chaussées béantes, des plaques d'égouts qui n'arrêtent pas de fumer, un sol et un sous-sol fissurés, des conduites d'eau percées déversant des centaines de litres, des canalisations de chauffage vomissant un brouillard artificiel, des bouches d'incendie dévissées, des geysers, des carcasses d'automobiles, des voitures désossées et rouillées, des fantômes d'arbres, des buissons squelettiques, des terrains vagues, des amas de bouteilles vides, des tas de décombres, des décharges à ciel ouvert, des monceaux d'immondices, des chats faméliques, des chiens errants, des rats et des cafards, des grillages et des barbelés à l'infini, des écoles-bunkers, des magasins désaffectés, des vitrines aux grillages arrachés, des usines désaffectées, des tours inhumaines, des bâtiments insalubres, des pompes funèbres florissantes, des hôpitaux délabrés, des églises pillées, un univers désarticulé, un monde de dévastation, un paysage de bombardement, un décor d'apocalypse... un no man's land !

Et pourtant, on y vit ! Au milieu des ruines et des immondices, il y a des enfants livrés à eux-mêmes, des gosses de rues sans âge, dépenaillés, errant parmi les décombres du rêve américain ; des jeunes filles à peine sorties de l'adolescence et déjà mères d'une nombreuse progéniture ; des squatters, des junkies, des dealers et des prostituées ; des malades chassés des hôpitaux ou des asiles ; des vagabonds traînant leur misère dans des caddies de super-marché ; des désosseurs de voitures volées ; de jeunes guerriers fous, ivres d'alcool et de vengeance ; des petits vieux noyant leur désespoir dans la boisson... bref, le petit peuple des rues, marqué par la souffrance, l'ennui, la peur, la violence, l'exclusion. Des vies qui, à peine commencées, débouchent souvent sur une mort atroce, au ras du trottoir et parfois « bombées » sur les murs en guise de souvenir. Des existences misérables, sordides, tragiques, défoncées au crack ou à la cocaïne. C'est cela le South Bronx : un dépotoir de toutes les détresses humaines, le réceptacle de tous les échecs, de toutes les frustrations, de toutes les haines, de toutes les révoltes, de toutes les violences, de tous les crimes. Et en même temps, la rage de survivre envers et contre tout, envers et contre tous ! Au milieu des sirènes de la Police, de pompiers ou d'ambulanciers, parmi les cris des femmes battues ou des mères éplorées, les appels au secours d'enfants mal traités, les hurlements des radiocassettes, les clameurs de fin de semaine, les vociférations de fin de mois... l'horreur banalisée !

Dans cet univers apocalyptique, Joe, notre hôte après les Callarie et les responsables de Soul Saving Station, est à l'aise. C'est son quartier, son monde, le milieu qui l'a vu naître, grandir, survivre, lutter, arnaquer, tuer, et même s'éveiller à la foi vivante des premiers chrétiens dans une des nombreuses églises pentecôtistes du Bronx. Pétri dans la rue, âpre comme elle, sauvage, imprévisible, une violence à fleur de peau, mais teintée d'une tendresse très évangélique... c'est cela, Joe, tout et son contraire, paradoxal comme l'Amérique !

— Moi, confie-t-il volontiers, je me promène toujours avec une arme, sans arme j'ai l'impression d'être tout nu. Dans une chaussure, par exemple, j'ai toujours une lame de rasoir. Et j'emporte toujours avec moi la Bible, pour nourrir mon âme. Il me faut les deux : l'arme me rassure, et la Bible me rassasie !

Joe, mi-voyou, mi-saint, est aussi à sa place parmi les prostituées que parmi les paroissiens... Et il ne manque jamais d'idées ou d'expédients lorsqu'il s'agit de préserver sa famille de la misère ou de la violence du quartier !

Sans Nicky Cruz, le célèbre chef de gang devenu évangéliste itinérant, nous n'aurions probablement jamais connu ce personnage typiquement new-yorkais : car le héros de " La croix et le poignard " a, parmi ses plus fidèles amis, Cookie Rodriguez, qui a passé la moitié de sa vie au milieu de la pègre nord-américaine... Joe et Cookie, tantôt gangsters tantôt propagandistes de la foi, étaient faits pour se rencontrer et s'apprécier. Cookie, lors d'un séjour dans le Centre de Réhabilitation des filles de la rue qu'elle a mis en place, nous donne les coordonnées de Joe. C'est ainsi que nous faisons la connaissance de celui qui, dans le Bronx, va rapidement devenir notre cicérone et notre sésame, comme par la suite, d'ailleurs, les policiers.

Lorsque nous le rencontrons pour la première fois, nous remarquons aussitôt ses airs de matamore, son port altier, son allure de caïd, sa carrure robuste, sa démarche virile, ses épaules rassurantes, sa voix de stentor, son regard malin, ses manières ambiguës ; Joe est sûr de lui, de sa force, de ses armes soigneusement dissimulées, de son casier judiciaire bien rempli, de sa connaissance du milieu et, le cas échéant, de son insigne de la Police. Il impose par sa prestance, on le respecte, on le craint, avec lui nous sommes en sécurité dans les endroits les plus dangereux. D'ailleurs, si l'on veut pénétrer dans le sud du Bronx, y vivre, y être toléré et même admis, il faut être introduit par un homme comme Joe. La pègre du Bronx, c'est son univers, son quotidien, il la côtoie à chaque instant, en particulier dans le grand ensemble où il réside. Joe le reconnaît lui-même :

— On dit toujours que le South Bronx, c'est la racaille, la pègre ; c'est vrai. Il y a de l'ambiance, ici ! Et si tu n'es pas dans le moule, tu n'es pas intégré.

Si le South Bronx constitue aujourd'hui la poche de pauvreté la plus étendue et la plus délabrée des Etats-Unis, dans les années 40 c'était une ville blanche, peuplée d'Irlandais, de Polonais, d'Italiens et de Juifs. Aux alentours de 1950, la classe moyenne amorce un mouvement vers le nord, secteur plus sûr, puis dès 1965, la communauté portoricaine quitte Spanish Harlem pour s'installer dans le sud du Bronx, entraînant le départ des Européens. Des Noirs de West Harlem ne tardent pas à rejoindre les Latinos. Ils arrivent au moment où le quartier vient de perdre ses derniers emplois industriels[1]. Le nombre de chômeurs décuple, les appartements sont surpeuplés, les nouveaux locataires ne peuvent plus payer les loyers et les charges, les propriétaires, faute de rentrées d'argent, cessent d'entretenir les immeubles, qui commencent à se détériorer, les bâtiments sont progressivement abandonnés, les rues se vident, le délabrement s'amorce, le South Bronx prend des allures de ville fantôme et devient le repère des gangs, des drogués, des marginaux et des assistés du Welfare. Un vrai ghetto ! Personne n'a jamais l'idée de s'y promener, et bien entendu on ne trouve pas la moindre carte postale du quartier. Le Président Carter, pourtant, décida un jour de s'y rendre. Pour voir de près ce secteur à la sinistre réputation... Il en revint, paraît-il, bouleversé, choqué, secoué dans son âme de croyant sincère ! Mais rien ne bougea, le South Bronx resta ce qu'il était : l'antichambre de la mort ! Un lieu gangrené par l'inactivité forcée, la précarité sans espoir, la criminalité galopante, la violence permanente. Et les incendies !

Car un nouveau mal vint frapper le quartier pourtant déjà durement éprouvé. Le feu ! Bloc après bloc, bâtiment après bâtiment, maison après maison, sur des kilomètres le South Bronx se mit à brûler. Les années 70-75 sont les plus dévastatrices : on dénombre, en moyenne, trente trois incendies par nuit ; avec cent soixante mille sorties par an, les pompiers du Bronx sont les plus sollicités du monde. Souvent d'origine irlandaise, ils pratiquent un métier à haut risque, travaillant parfois soixante douze heures d'affilée et gagnant environ sept mille francs (de 1980) par mois. Pour eux, « le feu, c'est le diable », un combat quotidien contre la mort, un défi de chaque jour. Beaucoup y laissent leur vie.

La plupart des incendies se déclarent dans les immeubles abandonnés. Le scénario est toujours le même : les habitants ne peuvent pas payer le loyer ou les charges, les propriétaires n'entretiennent plus les bâtiments, ils coupent le chauffage en plein hiver ou ne font pas réparer les infiltrations d'eau, ils s'arrangent pour vider de ses occupants l'immeuble qui n'est pas rentable. Et s'il ne se vide pas assez vite, ils paient

---

[1] En dehors de Harlem, le South détient le plus fort taux de chômage de la ville de New York, le taux de mortalité le plus élevé, et le système éducatif le plus médiocre.

un junkie vingt dollars ou des professionnels pour déclencher un incendie. C'est un excellent moyen pour expulser les récalcitrants, détruire un bâtiment à peu de frais[1] et toucher les primes d'assurance. Dans le Bronx, un tiers des incendies sont d'origine criminelle, on les appelle les « arson » ; une véritable mafia les exécute au profit des spéculateurs du feu. Certains incendiaires, d'ailleurs, sont connus. Ils utilisent des techniques éprouvées[2]. S'ils sont pris en flagrant délit un bidon à la main, ils risquent quinze ans de prison ferme. Seuls 5% d'entre eux auront des suites judiciaires : parce qu'ils sont introuvables, parce qu'aucune preuve n'est trouvée à leur encontre, parce que la loi du silence joue à plein.

Tous les incendies ne sont pas d'origine criminelle. Certains locataires mettent le feu à leur appartement dans l'espoir d'être mieux logés par la ville. Et puis, il y a les logements mal entretenus, les accidents (quand par exemple on utilise n'importe quoi pour se chauffer), les imprudences (tous ceux qui laissent traîner leurs mégots), les junkies, les pyromanes, les maniaques, les squatters. Dans le Bronx, des familles déménagent au rythme des incendies, contre lesquels ils ne sont d'ailleurs généralement pas assurés. Il n'est pas rare, aujourd'hui, de voir des associations se former ou des locataires se regrouper pour tenter de prévenir les incendies suspects. La vigilance redouble dans certains cas précis, par exemple quand l'immeuble change de propriétaire. Les promoteurs immobiliers sont à l'affût !

Ainsi, peu à peu, le South Bronx est devenu une zone sinistrée, investie par la pègre. Il intéresse pourtant les spéculateurs, les banquiers, les assureurs, les propriétaires, les politiciens, les sociétés immobilières, tous à la recherche de placements, de profits juteux ; après tout, le quartier est à vingt minutes seulement de Manhattan, à quarante cinq minutes de l'aéroport Kennedy, et il se dresse sur un terrain d'excellente qualité, particulièrement dur. L'enjeu est important : quand des espaces sont libérés par des incendies, ils sont aussitôt achetés à bas prix, notamment par les compagnies d'assurance qui anticipent l'évolution future du

---

[1]   Cela revient moins cher que de passer par une entreprise de démolition.

[2]   Par exemple, ils déversent de l'essence par un trou percé dans le toit.

quartier. Finalement l'affaire est autant spéculative que politique ; on investit pour, ensuite, reconstruire une cité nouvelle sur les décombres calcinées. Tel qu'il est, le Bronx suscite la convoitise, c'est ainsi. On est à New York, the Big Apple, la grosse pègre, la ville où des milliers de logements prennent feu chaque année de manière accidentelle ou criminelle, la ville où l'on brûle, où l'on spécule, où l'on vole, où l'on tue, souvent en toute impunité. La ville de toutes les folies, de tous les dangers, de tous les risques, de tous les excès...

7 - Luttes intestines, luttes de libération

Les gangs passent leur temps à s'affronter. Quand un garçon tombe, un autre le remplace aussitôt, la relève est assurée par les petits frères. Et l'on tue pour des prétextes futiles, pour une insulte, une bousculade, un regard de travers ou simplement parce qu'on est sur le mauvais trottoir, parfois même pour rien. C'est un véritable génocide :

— Ils sont si désespérés qu'ils s'entretuent, explique un responsable de Soul Saving Station. Harlem est livré à l'autodestruction, à la guérilla urbaine, les bandes s'entredéchirent, la violence est un style de vie, le seul langage que connaissent les kids du quartier, qu'ils comprennent, qu'ils respectent, qu'il leur reste pour se faire entendre. C'est une violence gratuite, aveugle, inutile, comme s'il était impossible de faire autrement, c'est une violence de ghetto, une criminalité de pauvres qui n'ont rien à perdre : puisqu'on leur refuse tout droit à l'existence, puisqu'on les juge sans valeur, les jeunes de Harlem pensent qu'il ne leur reste plus qu'à tuer, ou plus exactement à se tuer, car ils retournent la violence contre eux-mêmes, contre leurs frères de race, contre les habitants du quartier. C'est un véritable suicide social. A Harlem, on vit durement et on meurt durement, et ce sont les habitants eux-mêmes qui paient le plus lourd tribut à la criminalité aveugle qui sévit dans les rues.

Les statistiques sont éloquentes.[1] Si neuf homicides sur dix sont commis par des Noirs, dans huit cas sur dix ils en sont les premières victimes. C'est à l'intérieur du ghetto que la violence est la plus féroce, et bien des mères qui pleurent un fils sont angoissées à l'idée d'en perdre un autre.

---

[1] De récentes études montrent que presque un Américain noir sur quatre, âgé de 18 à 25 ans, est en prison ou en liberté surveillée. L'espérance de vie des hommes, à Harlem, est inférieure à celle du Bangladesh.

Lorsqu'on examine l'histoire des Afro-Américains, on s'aperçoit qu'ils ont d'abord et surtout été victimes du mépris des Blancs, une humiliation perpétuée aujourd'hui à travers, par exemple, l'incendie systématique des églises noires dans le sud des Etats-Unis, résurgence d'un racisme que l'on croyait oublié. Les églises, en effet, sont considérées comme des hauts lieux de résistance à l'oppression imposée pendant des générations.

Si les immigrants ont choisi librement de s'installer aux Etats-Unis, les Africains, eux, sont arrivés enchaînés et l'esclavage a été maintenu par la force. D'une façon générale, les Afro-Américains ont été les victimes plutôt que les initiateurs du climat de brutalité qui caractérise les Etats-Unis. Dans le sud, on confiait aux Noirs les tâches les plus serviles. Et lorsqu'ils firent irruption dans les grandes villes américaines, on les relégua dans les secteurs les plus misérables, les plus délabrés, les plus insalubres, ce qui ne fit qu'augmenter leurs frustrations, leur exaspération, leur colère. La violence, apprise sur place, devint l'exutoire, particulièrement le week end ou les jours d'arrivée des chèques du Welfare[1].

— Ces jours-là, commente un natif de Harlem, la violence fait rage, tout le monde a bu, tout le monde est dans la rue, tout le monde se bat. C'est pire qu'au Vietnam ! Mais je ne comprends pas pourquoi on s'entretue alors qu'il y a suffisamment de flics ou de Blancs sous la main !

Une lutte fratricide tolérée, sinon encouragée, par les autres Américains, ravis de laisser le ghetto se décomposer et retourner sa brutalité contre lui-même.

Parfois, des voix s'élèvent pour dénoncer les multiple formes de violence incontrôlée. Ce sont souvent celles des militants pour les droits civils. L'un d'eux explique :

— Mes compatriotes s'entretuent avec férocité, je ne suis pas fier d'eux et il m'arrive d'avoir peur, oui, peur de mon propre peuple ! Ils en ont assez d'être méprisés, rejetés, écrasés, opprimés comme leurs ancêtres. Le mépris, vous savez, c'est pire que tout ! Moi je pense qu'ils devraient

---

[1] Welfare, littéralement bien-être. C'est l'Assistance Publique.

exprimer autrement leur fureur de vivre, par exemple au travers de compétitions sportives ou artistiques. Ainsi, le Rap me semble un bon exutoire. Ou le blues. A Chicago, le gang des Vice-Lords aide ses membres à réorienter de manière positive leurs occupations en direction de la danse, de la musique, du jeu... Ils portent des toasts à la mémoire de leurs morts, ils parodient les criminels, ils organisent des sorties, des activités théâtrales. Ils ont même mis en place un centre de loisirs surnommé « la maison des Lords », et ils s'ingénient à trouver du travail à leurs membres. Au lieu de s'entretuer et de terroriser le quartier, ils explorent d'autres voies, et participent à l'élaboration d'une autre logique, constructive celle-là. Voilà un exemple à méditer par tous ceux qui sont remplis d'une haine pour les Blancs si profonde, qu'elle se retourne contre eux et contre la communauté noire toute entière.

Quand il n'y a plus aucun espoir, plus rien à quoi se raccrocher, quand il ne reste plus que les luttes fratricides des gangs, ou la vie sordide des dealers et des criminels, c'est l'impasse. Les grands nationalistes noirs l'ont ressenti avec acuité, et ils ont cherché, chacun à leur manière, des solutions.

Né en 1928 dans une Amérique où les descendants d'esclaves restent entachés du sceau d'infériorité, ne pouvant même pas s'asseoir à la table d'un Blanc ou fréquenter les mêmes écoles[1] qu'eux, Malcolm, devenu orphelin en bas âge, quitte l'école très tôt et rejoint l'un des gangs qui pullulent à Harlem. Pour survivre, il vend de la drogue, d'abord de la marijuana puis de la cocaïne, il se lance dans la prostitution, le jeu, le commerce de l'alcool ou du sexe. Sa condition de Noir, il la vit dans la honte, cherchant par tous les moyens à y échapper, même en défrisant ses cheveux ou en cherchant la compagnie de femmes blanches. En 1946, Malcolm est condamné à dix ans de détention. Un criminel entre en prison, un homme cultivé et lucide en sort :

---

[1] On parle de la Shoah des Juifs, mais on oublie souvent la Shoah des Noirs, le génocide des Blacks. Cinq cents millions de Noirs, à travers les siècles et les lieux géographiques, en ont souffert, d'une manière ou d'une autre (esclavage, autodestruction, exactions du Ku-Klux-Klan, etc.).

– Je me trouvais dans les bas-fonds de la société de l'homme blanc – dira-t-il plus tard. Quand, en prison, j'ai trouvé Allah et l'Islam, cela a bouleversé mon existence.

Sous les verrous, Malcolm lit beaucoup pour rattraper les jeunes années perdues, il cherche à comprendre ce qu'il lit, il tente de découvrir le sens de l'Histoire, une Histoire écrite par les Blancs et dont le peuple noir a été complètement exclu. Il réalise ainsi qu'il est très difficile pour un habitant de Harlem d'échapper au déterminisme de sa condition.

A sa sortie de prison, en 1952, Malcolm adopte le *patronyme* de X afin d'exprimer la distance tragique qui le sépare de ses racines africaines. Il devient rapidement l'un des propagandistes les plus en vue de la « Nation de l'Islam », aux côtés de Elijah Muhammad, le leader des « Black Muslims » (Musulmans Noirs). Il prêche avec fougue un séparatisme racial, seul capable, selon lui, de rendre au peuple noir sa dignité. Malcolm X est doté d'une personnalité très charismatique, et il a un atout essentiel : sa connaissance parfaite de la rue et des mécanismes d'oppression.

Au fil des années, Malcolm X parle de moins en moins de religion et de plus en plus de politique. Prenant peu à peu conscience du rôle que peuvent jouer les vingt-deux millions de Noirs américains, il appelle ses frères de race à lutter pour leur libération par tous les moyens, y compris violents. Mais un pèlerinage à La Mecque en 1964 lui donne l'occasion d'entrevoir le véritable Islam, celui de la tolérance et de l'amour. En même temps, il prend conscience de la dimension internationale du combat livré par les Afro-Américains. A peine rentré aux Etats-Unis, il décide de mettre en place un nouveau mouvement autour de deux grands axes : la mobilisation des Afro-Américains pour leur émancipation, et l'union de tous les mouvements noirs de la planète. En militant pour une solidarité noire universelle, Malcolm X dérange l'Establishment qui, lui, rêve d'autodestruction du ghetto et de décomposition de la nation noire.[1] Il devint bientôt l'homme à abattre, non

---

[1]   L'Establishment ne fait rien pour empêcher les guerres de gangs ; il laisse les Noirs s'entretuer, il favorise même leur déchéance en introduisant le maximum de drogue chez eux, notamment le crack, la cocaïne du pauvre. Il préfère voir les jeunes Noirs accros plutôt que politisés, maîtrisant leur destin.

seulement pour le FBI mais aussi pour les militants des « Black Muslims » qui avaient d'autres préoccupations.

Le 21 février 1965, Malcolm X est assassiné à Harlem au cours d'un meeting où il devait présenter ses nouveaux projets.

Révolté par la condition des Noirs dans le monde, Malcolm X, le premier, a mis en avant les liens unissant les Afro-Américains à leurs frères de sang en Afrique. Les « Black Panthers », à leur tour, reprendront en partie ses idées dans les années 60, affirmant haut et fort la négritude, la fierté d'être Noirs. Pour ces derniers, en effet, les Noirs ne sont pas des citoyens de seconde zone, et ils doivent bénéficier des mêmes droits que les Blancs. Un sympathisant des « Black Panthers » explique :

— Même s'il a modernisé ses méthodes, le pouvoir blanc perpétue l'esclavage, c'est son intérêt. On nous opprime toujours autant, nous subissons toutes sortes de brimades, on ne nous reconnaît pas les mêmes droits, notamment en matière d'éducation. Nous sommes victimes du racisme jusque devant les tribunaux, la législation est plus favorable aux Blancs, et dans le sud des Etats-Unis, il y a des tueurs en puissance qui éprouvent le besoin de casser du nègre... « Black Panthers », cela signifie dignité ; nous ne sommes pas des citoyens de seconde classe. Nous revendiquons d'être traités comme les Blancs, d'être logés décemment, d'être informés et éduqués, d'être jugés par nos semblables. Pain, logement, éducation, Justice, pouvoir noir, voilà pourquoi nous nous battons. Il faut s'organiser, se soulever contre les ségrégations quotidiennes.

Les années 60 furent la décennie des révoltes et de la cause noire. Tandis que Malcolm X prônait un Nationalisme Noir et que les « Black Panthers » poussaient les ghettos à s'organiser pour améliorer leurs conditions d'existence, quitte à faire alliance avec les Latinos et les Indiens également exploités par les Blancs, Martin Luther King prêchait la justice sociale et l'intégration par la non-violence. Pour lui, la population noire, malgré l'abolition de l'esclavage, restait une minorité raciale opprimée, et il rêvait de la voir conquérir l'égalité civique. Comme Malcolm X, Martin Luther King militait pour un changement radical du sort de ses compatriotes, mais à la différence de ce dernier, il prônait la non-violence pour mettre fin à la ségrégation raciale.

Sous l'impulsion des grands nationalistes, dans les années 60 les gangs noirs opérèrent une profonde mutation. Ils devinrent à leur tour des groupes de militants pour les droits civils, leurs leaders et leurs conseillers de guerre essayèrent d'organiser la contestation sur les campus universitaires, leurs membres troquèrent leurs luttes fratricides contre le combat pour la libération de l'homme noir, les guerres intestines firent place à une violente hostilité contre l'Establishment. Au lieu de terroriser les habitants de leur quartier, les gangs de rues étaient en première ligne des mouvements révolutionnaires.

Mais le FBI veillait. Décidé à maintenir coûte que coûte la suprématie blanche dans tous les domaines, il se chargea d'éradiquer la contestation noire et d'empêcher la fédération de tous les mouvements nationalistes. Sa devise devint : « Un révolutionnaire est un homme mort ». Il commença par dresser les organisations noires les unes contre les autres, c'est ainsi que Malcolm X finit sous les balles conjuguées du FBI et des Black Muslims. Puis il poussa les militants noirs à s'entretuer. Des partisans d'Eldrige Cleaver fondèrent alors la BLA, la « Black Liberation Army », clandestine, en réaction contre l'élimination de ceux qui luttaient à visage découvert. Ensuite, le FBI se débarrassa des chefs des « Black Panthers », en les faisant passer pour de dangereux criminels, et il fit assassiner les militants des grands groupes politiques noirs. Ceux qui échappèrent aux massacres furent traduits devant les tribunaux et traités comme des criminels de droit commun. Pour les Autorités, les Nationalistes Noirs étaient, et sont toujours, pires que la pègre : car ils portent en eux le ferment contagieux de la révolte.

Une partie de la jeunesse des ghettos urbains, aujourd'hui redécouvre Malcolm X, la conscience et la fierté des Noirs. Pour les desperados de Harlem, en effet, Martin Luther King représente un idéal trop élevé, presque inaccessible. Quotidiennement victimes d'une société égoïste et raciste, ils ne se reconnaissent pas dans les rêveries éveillées d'un Martin Luther King. Au contraire, Malcolm X représente pour eux celui qui a survécu dans les rues de Harlem, celui, aussi, qui a connu l'existence sordide des dealers. Les Blacks lui en savent gré.

En réalité, Malcolm X n'a jamais cessé d'être populaire dans la communauté noire. De nombreux kids, même dans les gangs, arborent aujourd'hui des casquettes à son effigie. Et les jeunes générations des quartiers noirs redécouvrent le grand nationaliste à travers la musique rap et les vidéo-clips. Beaucoup voient en lui un héros qui leur ressemble, né dans la rue et pétri de violence, confronté au racisme et, plus tard, au monde de la prison. Et ils s'identifient volontiers à celui qui voulait créer un Etat Noir à l'intérieur des Etats-Unis.

Aujourd'hui, le leader islamique Louis Farra Khan a repris le flambeau. Mais, partisan d'un Islamisme Noir particulièrement radical, il indispose une partie de la population. S'il fédère sous son nom bien des mécontentements et de multiples frustrations, Malcolm X demeure le symbole incontournable des générations sacrifiées. C'est lui qui porte désormais l'espoir d'une nouvelle démarche politique réfutant radicalement toutes les formes de ségrégation vécues par les Afro-Américains ; c'est lui qui, aux yeux des jeunes Niggers affamés de reconnaissance, incarne le mieux la défense des droits élémentaires de la communauté noire ; c'est lui, enfin, qui représente la réunification de tous les opprimés noirs du monde en leur rendant la fierté de leurs origines.

La résurgence de la popularité de Malcolm X correspond au déclin des politiques d'intégration et, parallèlement, au réveil du radicalisme noir. En ce sens, il symbolise un risque permanent de flambées raciales, surtout en période de crise, et une menace continue pour l'ordre établi. L'Amérique vit toujours dans l'angoisse des grandes révoltes noires ! En même temps, elle est toujours aussi fascinée par Harlem et ses charmes. A la grande époque du jazz, le Tout New York ne dédaignait pas les clubs ou les restaurants situés au cœur de la citadelle noire ! Ce déclin du quartier commença réellement avec le départ de la classe moyenne, avide d'intégration. Harlem devint alors le théâtre d'émeutes sanglantes et les immeubles cessèrent d'être entretenus.

Aujourd'hui, l'identité Noire s'affirme essentiellement dans les églises, de nombreuses communautés religieuses perpétuant les traditions de lutte sociale ; les Musulmans, les Evangéliques et les « Feather Men »[1] tentent d'arracher les jeunes à la rue, mais la plupart des kids succombent aux sirènes de l'alcool, de l'argent facile, de la drogue, de la Mafia, des gangs, de la criminalité. Et demain ? Les vautours de l'Immobilier guettent la moindre parcelle de Harlem, assoiffés d'espace et de profit. Les habitants réussiront-ils à sauver leur quartier, symbole de la résistance noire et de luttes de libération, berceau et terrain d'expérimentation de toutes les résistances à l'oppression ? Regorgeant, aussi, d'églises superbes et de demeures au charme indéniable ; pétri, enfin, de jazz, de soul musique et de Rap.

Alors quel avenir pour la communauté noire ? La relégation dans des bas-fonds toujours plus sordides et criminels, ou l'affirmation de soi à travers la musique, la danse, les tags, le basket, les stylistes de mode ? Il est temps pour elle de retrouver sa vraie personnalité, créative et sensuelle, après tant d'années d'esclavage.

---

[1]   Sorte d'ordre fondé en 1946 afin de contrebalancer l'influence criminelle des gangs. Les « Feather Men », appelés aussi « Brothers », chaperonnent les adolescents selon un rituel bien rôdé : les plus âgés parrainent les plus jeunes, pour les soustraire à la drogue et à la violence de rues organisée.

8 - Drogue et Gospel

En arrivant à Harlem, le plus frappant, ce n'est pas le fait que tout, absolument tout, soit noir, même la publicité ; ce n'est pas cette sensation oppressante de ghetto, avec tout ce que cela implique d'enfermement sur soi, de grisaille, de mélancolie, de grande précarité ; non, ce qui impressionne le plus, c'est le désespoir qui se lit sur tous les visages, ce sont les mines sombres, l'apathie, la résignation de ceux qui n'ont ni travail, ni activité, ni buts, c'est une tristesse de pauvre qui vous colle à la peau, l'immense lassitude de ceux qui savent qu'ils n'ont rien à attendre de la vie, qu'il n'y a aucun espoir de s'en sortir, que tout est définitivement joué parce qu'ils sont du côté des perdants, des « loosers », ce qui constitue la pire des déchéances aux Etats-Unis. A Harlem, les hommes sont désœuvrés, irrémédiablement désœuvrés, immobiles sur le trottoir, prostrés sur le pas des portes, à côté des bouteilles vides qui jonchent le sol.

Trente ans après la « guerre contre la pauvreté » du Président Lyndon Johnson, la misère, surtout depuis Reagan, est toujours un fléau aux Etats-Unis, particulièrement dans les ghettos noirs ou hispaniques : absence de perspective de travail, ou alors des « negro jobs » c'est-à-dire des emplois subalternes, non qualifiés et sous-payés ; désintégration des foyers, naissances multiples et illégitimes, taux de mortalité infantile élevé, familles monoparentales ; solitude morale et affective ; mauvaises conditions de logement et d'hygiène ; malnutrition, alcoolisme, drogue, sida ; délabrement du système éducatif, absence de soins médicaux ; discriminations, violence, criminalité... Des quartiers entiers sont négligés ou délabrés comme s'ils venaient d'être bombardés, au point que certains d'entre eux ont été baptisés du nom de « Corée », par dérision. Mais ici, les vestiges calcinés d'immeubles ou les maisons en voie de démolition sont habités, squattés par l'armée des pauvres, chômeurs, vagabonds, alcooliques, drogués, handicapés mentaux ou vieillards qui ne trouvent refuge nulle part et dont la société se débarrasse à bon compte. Dans l'ensemble du pays et surtout dans les grandes villes, la situation ne cesse de se détériorer, les ghettos s'étendent, beaucoup deviennent des citoyens de seconde zone, condamnés, selon le cas, à la résignation, au système D, au militantisme exacerbé ou à la révolte qui mène inéluctablement à la violence. Et Harlem, transformé en camp retranché, est chaque jour davantage livré à la décomposition économique, à la guerre des gangs et à la drogue.

Notre point de chute, dans le quartier, est Soul Saving Station, en pleine 124e rue, au cœur du ghetto noir. Le foyer accueille surtout des drogués, en liaison avec Teen-Challenge qui prolonge le travail commencé à Soul Saving Station. En effet, il s'agit d'une petite structure, à la fois église, centre de jour et antenne médicale et sociale. A 12h45, avant que la porte ne s'ouvre, une longue queue se forme, pitoyable, où se côtoient pêle-mêle clochards, hippies, ivrognes, drogués, tout le petit peuple des trottoirs, hâve, décharné, titubant de misère et de désespoir. C'est l'heure du repas – en général composé d'une soupe et de pain – lui-même précédé de chants, de témoignages de personnes qui ont réussi à s'en sortir, et d'un message du style de celui-ci : « Vous avez le pouvoir de fermer vos veines à la drogue et d'ouvrir vos cerveaux à l'espoir. Croyez à l'impossible. » Ici l'Eglise n'a rien d'un endroit de recueillement, c'est un lieu de vie, un moment de répit pour toutes les existences fracassées. L'atout principal du Centre ? Ses équipiers. Issus du quartier, et de la rue, qu'ils connaissent parfaitement pour l'avoir longtemps pratiquée. Personne n'est mieux placé qu'un ancien toxicomane pour parler de la drogue !

– Nous sommes proches des gens, explique Toni, nous connaissons leurs problèmes, nous sommes du même milieu.

Toni, deux mètres de biceps et autant de volubilité, a passé vingt ans dans la drogue et, reconnaît-il, " dans vingt mille autres choses. J'ai fait quinze ans de prison pour trafic de drogue et vol ; mes crimes, on n'a pas pu les prouver ! Je m'en suis sorti grâce au programme de Teen-Challenge. Un jour, dans la rue, j'ai rencontré une équipe de chrétiens qui sillonnaient le quartier. Ils m'ont accosté : « Hé, toi, tu veux te débarrasser de ton habitude ? » J'ai répondu : « Bien sûr, mais comment ? » « Viens à Teen-Challenge, on priera pour toi. Nous croyons que Jésus répond à nos prières. Tu peux te débarrasser de la drogue par la puissance de Dieu ». C'était juste ce qu'il me fallait. Je voulais arrêter, mais seul et sans aide c'est impossible, aucun homme ne peut combattre le diable tout seul ! " Et Toni d'ajouter, avec un large sourire qui en dit long sur le bonheur qui l'habite désormais : « Ce que la science ne peut faire, Dieu l'a fait ! Quand j'ai donné mon cœur à Christ, il l'a débarrassé de ses saletés et l'a rempli d'amour et de joie. Mais la victoire totale sur la drogue, je l'ai obtenue en recevant le baptême du Saint-Esprit ! Vous savez, sans Dieu il y a seulement quatre portes de sortie quand on est toxico : l'overdose, le sida, le suicide ou, dans le meilleur des cas, la prison. Le choix de vie que j'ai fait, tout le monde peut le faire. Et alors tout, absolument tout, change ».

Après le repas ponctué de témoignages et de chants, ceux qui le désirent peuvent demander à être reçus par des équipiers chargés d'orienter, de guider, de conseiller. Car à Soul Saving Station, l'Eglise se double d'un « addict program », d'un programme de réhabilitation de drogués par le médical, le social et la prière :

– Ici, on ne force personne, tout est libre : repas, prières, entretiens, aide médicale... Au début, les drogués sont récupérables ; entre deux piqûres ils sont lucides. Mais ils ne savent pas où s'adresser : nous sommes là pour les orienter. Quand il y a accoutumance, tout devient plus difficile. Pour satisfaire sa passion, le drogué est prêt à voler et à tuer.

Harlem compte de nombreux centres comme Soul Saving Station, à la fois sociaux et religieux. Depuis peu, il y a même ce que l'on appelle le « crack gospel » : le gospel[1] pour sortir de la drogue, une invention typiquement américaine :

---

[1] Déportés aux Etats-Unis à partir du XVIIe siècle, les esclaves noirs se mirent à interpréter à leur façon les hymnes religieux méthodistes qui leur étaient enseignés. Ainsi naquit le gospel, « un trip surnaturel » d'après ses adeptes.

– La chorale a commencé avec quelques personnes qui chantaient pour oublier la drogue et faire vivre le centre de réhabilitation des drogués. Personnellement, raconte un adepte du « crack gospel », c'est la mort d'un copain qui m'a interpellé. J'avais moi-même passé beaucoup de temps à chercher mon identité, à me composer un personnage sans me connaître vraiment ; je ne voulais pas voir la réalité en face, je la fuyais, je tournais autour de moi et des autres sans vivre vraiment. J'étais angoissé, alors je buvais et je me droguais. L'héroïne, c'est pire que l'alcool ! Je planais, je délirais, et je devenais de plus en plus dépendant... jusqu'au jour où j'ai rencontré des accros comme moi, ils venaient de fonder le Centre, on était dans la même galère, on se comprenait. Pour s'en sortir, on a pensé qu'il fallait être solidaires les uns des autres. C'est ainsi qu'on s'est mis à chanter le gospel pour nous libérer de la drogue, pour cesser de nous détruire, pour avoir une attitude positive, pour trouver enfin notre vraie personnalité ! Je peux le dire, on a vaincu l'héroïne, le crack et la cocaïne grâce à la prière et à la musique ; tout est possible à celui qui croit... et chante le gospel !

Une ferveur que les adeptes du « crack gospel » partagent avec d'autres toxicos ou auprès des touristes pour lesquels ils se produisent régulièrement afin de financer les activités du Centre.

Avec ou sans musique, la guerre contre la drogue est, à Harlem, une entreprise colossale et périlleuse. Celle-ci est partout, même au milieu de la rue où l'on peut buter sur un homme étendu par terre, victime de son vice... ou d'un règlement de comptes entre dealers ! New York compte 750 000 toxicomanes pour huit millions d'habitants, l'industrie de la drogue représente quatre-vingts milliards de dollars par an, elle emploie trois cent mille personnes dont 92% sont elles-mêmes accros. Et à Harlem, c'est encore pire ! Ainsi, au commissariat 28, à la hauteur de la 123e rue, on admet volontiers que presque tous les problèmes du quartier sont liés au trafic de la drogue, mais en ajoutant cette restriction : « Les gens que nous arrêtons ne sont pas tous du coin. On vient de partout pour faire ses saletés ici ! » Une opinion confirmée dans la presse régionale : « Why would a white person go to Harlem, except for drugs ? » Pourquoi un Blanc irait-il à Harlem, sinon pour la drogue ? lit-on par exemple sous la plume d'un journaliste new-yor-kais.

Dans leur lutte contre la drogue, les policiers sont confrontés à toutes sortes de problèmes, et d'abord à la loi du silence. En effet, les victimes n'osent pas porter plainte, par crainte de représailles. Quant aux dealers, avertis par les guetteurs postés sur les toits, ils se volatilisent avant l'arrivée des patrouilles ; si des équipes sont démantelées, elles se reconstituent aussitôt, ailleurs. Le mal se déplace, il y a trop d'argent en jeu ! Et lorsque les policiers décident de « nettoyer » le quartier, ils doivent s'attaquer à la puissante mafia noire, épaulée par la pègre italienne. Un travail de Titan !

Si le trafic de drogue prend d'inquiétantes proportions à Harlem, c'est qu'il représente parfois le seul débouché pour les habitants du quartier : « Ici, commente d'un air désabusé un vieux Noir assis sur le pas de sa porte, beaucoup de gens sont dans la rue, ils n'ont rien à faire, le chômage ne cesse d'augmenter, tous les horizons sont bouchés. La drogue représente le seul moyen de s'en sortir. Il n'y a que le dealer du coin qui propose un job ! »

Harlem est complètement quadrillé par les trafiquants qui ont réussi à monter tout un circuit d'économie parallèle, très lucratif. Au sommet de la pyramide, il y a les « gros bonnets » ; sur le terrain, ils sont relayés par une armée de jeunes gagnés à leur cause, à la fois consommateurs et vendeurs. Les équipes sont parfaitement structurées, composées parfois d'une vingtaine de personnes ; parmi elles, on trouve les rabatteurs, les intermédiaires, les revendeurs, les spécialistes des mélanges, c'est-à-dire ceux qui « coupent » le produit pour augmenter les profits, et bien sûr les guetteurs qui signalent l'arrivée des policiers ou des gens suspects ; ce dernier rôle est souvent dévolu aux plus jeunes :

– Lorsque des chefs de gangs ou des dealers proposent un emploi de guetteur aux gamins, explique un policier du commissariat 28, ils acceptent aussitôt, trop heureux de se faire du fric. Ils gagnent quarante dollars par jour, parfois beaucoup plus, tout dépend des difficultés du travail. Et quand ils reviennent à la maison avec un transistor de prix, ou les poches pleines de billets, personne ne pose de questions. Les ma-

mans célibataires sont souvent ravies, et même fières de leur progéniture quand elle se débrouille... il faut comprendre, elles ont si peu de ressources !

Le trafic ne manque pas d'amateurs parmi les écoliers fort peu assidus des ghettos. On les embauche comme guetteurs et, de plus en plus souvent, on leur demande de vendre la marchandise à la place de leurs aînés. Toni, quatorze ans, dont la moitié dans la rue, raconte : « Nous, on connaît parfaitement le quartier, tous ses recoins, tous ses habitants. On nous fournit la came, et on se fait du fric avec. Personne ne refuserait ! On gagne cent dollars en quelques heures, bien plus que si on travaillait dans un Burger King ». Les gros bonnets de la drogue utilisent volontiers les gosses du quartier : arrêté avec un paquet de drogue, un gamin encourt une simple semonce. La majorité pénale est fixée à dix-huit ans.

Actuellement, la plupart des jeunes sont à la fois dealers et consommateurs. Les drogues dures ont d'ailleurs complètement transformé leur comportement. Avant, ils se cachaient pour fumer ou se piquer ; aujourd'hui, ils le font ouvertement, seuls ou en groupes jusque dans les cages d'escaliers d'immeubles. En situation d'échec scolaire, ils se réfugient dans la consommation de stupéfiants puis dans le trafic de drogue afin de payer leurs propres doses : « C'est l'inévitable descente aux enfers drogue-deal, explique un responsable de Soul Saving Station. Quand le jeune ne peut plus racketter sa propre famille, il se tourne nécessairement vers la vente de la dope. En effet, le meilleur moyen de se procurer l'argent est de devenir à son tour dealer en accrochant de nouveaux clients. »

Johnny n'a pas quatorze ans, et pourtant il incarne parfaitement la mentalité du quartier. Lorsqu'il a besoin d'une dose, il ne recule devant rien ; à douze ans, déjà, il rackette sa mère ; puis il vole des sacs et dévalise des magasins. C'est insuffisant : quand on revend un objet volé à un receleur, il perd beaucoup de sa valeur. Alors il finit par vendre lui-même la marchandise : « Il y a des mecs qui viennent vous voir en disant : " Ça te dirait de faire du fric ? T'as qu'à dealer de la came ". Moi, j'ai été voir mon fournisseur, et j'ai proposé de l'aider à trouver de nouveaux clients. Il m'a filé des échantillons gratuits, puis des doses de plus en plus fortes que j'offre aux gars. Quand ils sont accros, ils doivent payer ; c'est simple ! Seulement voilà, si tu proposes de la trop bonne marchandise, de la supercame qui défonce mortel, on te la pique. Si elle est médiocre, on se venge. Il faut aussi se méfier des groupes rivaux qui se battent pour avoir les meilleurs points de vente. Les gangs, ils sont prêts à tout pour le contrôle des emplacements les plus rentables ! Et quand ça chauffe, c'est avec l'artillerie lourde qui ne pardonne pas. »

Il existe d'autres méthodes pour se procurer facilement de l'argent. Ainsi, le « mugging » (attaque des passants, généralement à main armée) connaît un succès grandissant parmi la jeunesse noire à l'affût de ses doses quotidiennes ; c'est l'une des plaies de New York, et... de Harlem ! Les muggers dérobent des cartes de crédit, des carnets de chèques, ils extorquent les fonds dont ils ont besoin pour satisfaire leurs habitudes.

Tom, un solide gaillard au nez aplati et aux biceps proéminents, va avoir quinze ans et il a déjà un long passé de mugging derrière lui. Il raconte ses exploits en défiant son interlocuteur :

– Moi, quand j'ai besoin de ma dose, je braque les types dans la rue. Les choses vont tellement plus vite avec un revolver ! On gagne en deux minutes ce que d'autres font en une journée ». Et lorsqu'on lui demande s'il n'a pas peur de finir ses jours en prison, il répond avec arrogance : « Bof, de toutes façons on y va tous tôt ou tard, c'est ça ou le cercueil. Et moi, je préfère la taule avec les copains ! ».

Aujourd'hui, les jeunes se piquent de plus en plus tôt, jusqu'à quatre à six fois par jour. Ils retournent leur violence contre eux : rage de vivre, dégoût de la pauvreté, de l'inactivité, du manque d'affection, des prostitutions de la mère ou de l'alcoolisme du père quand ils en ont un... Ils sont partout, affalés dans les rues, dans les maisons abandonnées, au pied des immeubles, dans les couloirs, dans les caves, défiant chaque jour la mort en s'injectant n'importe quoi dans les veines. Dans les ghettos américains, on fait peu de cas de sa vie et de celle des autres. La came impose sa loi, ses règles, sa culture – une sous-culture qui mène tôt ou tard à la criminalité, à la prison, à l'hôpital, à la morgue. Et la mafia de la drogue prolifère sur les ruines du ghetto, sur les décombres de la misère, semant derrière elle mort, désolation et larmes, fauchant en pleine jeunesse, parfois en pleine adolescence, les garçons qui réussissent à échapper aux massacres des gangs se livrent une lutte sans merci pour agrandir leurs prétendus territoires.

Sur les murs, d'innombrables inscriptions rappellent l'omniprésence de la drogue dans les rues comme dans les esprits. Autant d'interpellations, de cris, d'appels au secours peut-être... " Hey ! Ici on ne vend personne ! On vend du crack, de l'héroïne, du PCP, des armes, et on répand le sida ! ". La culture du ghetto est une culture de mort : drogue, armes, sida, voilà l'horizon des jeunes Noirs. Et à Harlem, les moyens de se détruire ne manquent pas. On a le choix entre l'héroïne de New York déjà entrecoupée que la mafia noire ne se prive pas de dénaturer à son tour encore un peu plus, la cocaïne surnommée « la drogue du pauvre », le speed, les amphétamines, le PCP ou « Angel dust », la très populaire méthadone qu'on mélange au vin, et, surtout, le crack, qui fait fureur dans les secteurs les plus délabrés des grandes villes américaines. Qu'est-ce que le crack ? C'est une nouvelle forme de la cocaïne, de basse qualité, plus économique (cinq dollars la dose), et qui craque sous la dent, d'où son nom. On appelle d'ailleurs ce sous-produit la « cocaïne du pauvre »... autant dire qu'elle connaît un vif succès à Harlem gangrené par la misère. Mais sa possession entraîne de lourdes sanctions. Dans les quartiers résidentiels blancs, on lui préfère la poudre dont la consommation est moins sévèrement réprimée. Certains prétendent qu'il s'agit là d'une législation de classe... En tous cas, le crack a la réputation d'être la pire des drogues. Aucune autre ne détruirait autant l'individu :

– On est tellement accro, commente un adepte du crack gospel, qu'on en prend tout le temps, vingt-quatre heures sur vingt-quatre. Le crack crée une énorme dépendance, il rend tout le monde violent. Le pire dans tout ça, c'est quand on n'en a plus. On ferait n'importe quoi pour en trouver... se prostituer, voler et même tuer !

Le produit de tous les trafics liés aux stupéfiants est difficile à évaluer ; à Harlem, il atteindrait des sommes colossales, généralement blanchies grâce à l'acquisition de commerces en tous genres, bars, restaurants, épiceries, laveries... Parfois, des fonds sont affectés aux œuvres de bienfaisance en faveur des jeunes victimes de la drogue.

La pègre noire sait, à l'occasion, se parer de vertus philanthropiques. Ce n'est pas le moindre de ses paradoxes !

9 - Guerre à la drogue

Plus nous accompagnons les policiers dans leurs patrouilles, plus leur travail nous paraît dangereux. Chaque arrestation est à haut risque, d'autant plus que la foule prend souvent parti pour les personnes arrêtées ; on frôle constamment l'incident grave, le moindre objet lancé d'un dixième étage peut se révéler mortel, en un instant on se retrouve encerclé, bombardé de projectiles variés, les cops sont insultés, bousculés, pris pour cible, ils ne sont jamais sûrs de rentrer chez eux, même une simple perquisition peut se terminer en bataille rangée.

— Bien que nous soyons revêtus de gilets pare-balles, on risque notre peau à chaque instant, précise le sergent qui nous accompagne. Les gens nous menacent de mort, ils veulent tuer du flic, et l'on est obligé, parfois, de se replier en catastrophe. Malgré tout, nous aimons notre métier.

Quand les policiers jugent la situation particulièrement dangereuse, ils nous demandent de les attendre dans leur véhicule de fonction ou, au moins, de nous tenir sur nos gardes – lors d'une perquisition par exemple. Et ils nous rappellent constamment les règles élémentaires de prudence, comme celle, impérative, de regarder en l'air pour ne pas devenir la cible des projectiles lancés par les gangs, les dealers, les délinquants, ou par la population elle-même qui n'apprécie pas toujours la présence des policiers sur son territoire.

Les policiers redoutent surtout d'avoir affaire aux dealers ou aux drogués, toujours imprévisibles, prêts à tout même aux crimes les plus crapuleux, particulièrement quand ils sont sous l'emprise des narcotiques. Les policiers de la Brigade des Stupéfiants reconnaissent d'ailleurs leur impuissance. Dans le meilleur des cas, ils parviennent à limiter le trafic, à le contenir, ou du moins à restreindre son expansion. Comment, en effet, éliminer un système économique devenu prédominant, incontournable ou en tous cas le principal moyen d'existence de tant d'individus ? La consommation et le trafic de drogue font partie intégrante du ghetto. Même les grands-pères, aujourd'hui, vendent des stupéfiants pour compléter leur retraite – les juges se montrent très cléments envers eux – et l'on voit aussi des mères offrir aux passants leurs enfants pour un sachet de poudre. Sans parler des jeunes qui sont sacrifiés de plus en plus tôt sur l'autel de la drogue et du profit !

— Et ils sont débrouillards, les mômes ! commente d'un air désabusé un officier de la Brigade des Stupéfiants. Depuis leur plus jeune âge, on leur apprend à échapper à la Police. De toutes façons, la Justice est plus clémente avec les mineurs, leur âge est un atout dont ils usent et abusent.

La Police multiplie les « opérations surprises », sans cesse elle fouille, saisit, interpelle, arrête. Sous nos yeux, par exemple, le sergent qui nous accompagne interpelle un jeune dont la poche lui semble suspecte, anormalement remplie et qui, en effet, contient une liasse de billets ainsi que des sachets de poudre.

— Encore de la came ? Je te jure que tu ne fourgueras plus ta camelote ici. Allez, tiens-toi tranquille, ou je te souffle la tête !

Le garçon doit s'allonger sur le sol, les mains au-dessus de la tête et les jambes écartées. L'officier procède alors à une fouille systématique – outre les billets et les sachets, il découvre un stylet et un cran d'arrêt – puis il braque une torche sur les yeux du dealer dont il fait suivre le faisceau lumineux afin de déterminer si oui ou non il y a prise de drogue. Pendant ce temps, son co-équipier lance un appel de la voiture radio.

Le dealer proteste pour la forme :

— Et alors, un peu de neige, y a pas de quoi en faire un plat !

— Si, justement. Et les billets, ils te tombent du ciel, peut-être ? Allez, on va s'expliquer au poste.

Ceux qui sont trouvés en possession d'une petite quantité de drogue ne sont pas arrêtés, les trafiquants le savent et ils s'arrangent pour en avoir le moins possible sur eux. Quand ils se font interpeller avec une ou deux doses, ils se présentent comme de simples consommateurs, et dans ce cas ils ne risquent pas grand chose. Certains trafiquants, d'ailleurs, ne vendent rien. Ils se contentent de repérer les lieux et les gens, ils étudient les besoins. Ce sont les pourvoyeurs.

— Ils n'ont rien sur eux, explique l'officier de la Brigade Anti-Drogue qui nous accompagne ce jour-là. Vous voulez savoir comment ils procèdent ? Eh bien, c'est simple, ils fixent rendez-vous à un intermédiaire qui, lui, se charge de la vente auprès du client. Si le pourvoyeur fume volontiers de la marijuana, il ne se drogue guère à l'héroïne, il en connaît trop les méfaits. Les petits trafiquants, eux, sont à la fois dealers et drogués. On les appelle entre nous les dealers « casse-croûte. » La vente de la came représente pour eux le seul moyen de survivre, la seule façon de se procurer leurs doses quotidiennes, et aussi le seul moyen de se faire respecter dans le quartier. Bien des dealers, en effet, possèdent un appartement, une luxueuse voiture, un téléphone portable. Quant aux patrons du crime organisé, on ne parvient jamais à les approcher. Ce sont eux, pourtant, qui contrôlent le système et qui en tirent les profits les plus juteux. Les fonds qui alimentent le gros des trafics viennent de la Mafia et, de plus en plus, du monde des affaires. Nous, nous devons malheureusement nous contenter des petits trafiquants. Le meilleur moyen de les prendre en flagrant délit, c'est de mettre sur pied un réseau d'indicateurs de rues. Nous travaillons comme si nous étions en guerre et nous changeons de tactique quand les trafiquants ont compris nos méthodes. Finalement, c'est comme un jeu d'échecs : quand nous changeons de stratégie, ils modifient la leur. Dès que nous enregistrons des succès, ils en tirent des conclusions, et ils changent leur façon de travailler. On s'adapte les uns aux autres !

La Brigade des Stupéfiants est une unité d'élite, composée d'hommes et de femmes rigoureusement sélectionnés. Leur tâche est aussi ardue que dangereuse, il faut de grandes qualités de patience, d'endurance, de courage. Et de persévérance ! Car lorsque les agents arrêtent un dealer, il est aussitôt remplacé. Un officier explique :

— Le marché est en pleine expansion... Il y en a toujours un pour remplacer celui qu'on prend en flagrant délit de trafic ! Mais que peut-on faire ? La drogue est un fléau national qui touche toutes les couches de la société, le crime fait partie intégrante du système américain. Chaque quartier, d'ailleurs, a sa spécificité : ici la cocaïne, là l'héroïne... Vous savez, chez nous le crime, la drogue et le chômage sont intimement liés. Il faudrait augmenter les budgets en matière de prévention. Mais rien n'est fait. On réprime, c'est tout, on envoie les gosses en prison au lieu de les envoyer à l'école. Et les petits frères s'empressent de prendre la relève !

Brusquement, l'officier remarque un jeune consommateur de cocaïne. Il s'adresse aussitôt à lui :

— Tu es encore en train de te défoncer, hein ? Si tu continues, tu vas te détruire. Il y a des solutions, pourtant, il y a des aides. Tu pourrais en bénéficier, c'est une question de volonté. Allez, donne ta saloperie de merde...

Le policier est sans illusion. Il parle sans conviction, presque machinalement, comme il tripote machinalement sa matraque de la main gauche. Et il nous confie :

— A mon avis, pour obtenir des résultats il faudrait commencer avec les enfants, il faudrait tout faire pour qu'ils ne naissent pas accros. Et puis les gens devraient tous savoir qu'au bout de la drogue, il y a la prison. Hélas, aujourd'hui on se drogue de plus en plus jeune. Fumer, renifler, inhaler, mâcher, s'injecter, tout est bon pour fuir le réel qu'on déteste, les problèmes quotidiens, un père alcoolique ou une mère prostituée, la maladie ou le divorce des parents, le manque d'affection ou l'absence de perspectives, la promiscuité ou la pauvreté, la solitude ou les échecs, la déprime ou la culpabilité...

Bill, un gamin effronté de treize ans, illustre à sa façon les propos de l'officier :

— L'enfer, je connais ! C'est chez moi. Et pas moyen d'y échapper, c'est foutu d'avance ! Moi, le seul ciel que je connais, c'est à travers une seringue. Je me sens mieux, je plane, c'est magique. Tout le monde, sur terre, a droit à son bout de ciel !

Pour recruter de nouveaux adeptes, les dealers n'hésitent pas à se poster devant les écoles, ils offrent des échantillons gratuits, ils vont jusqu'à s'introduire dans la cour... Le discours est bien rôdé :

— Tiens, essaie donc ! La marijuana ne fait pas de mal. Prends, allez, ton cerveau va s'ouvrir, tu vas rêver, tu vas expérimenter une vie nouvelle, des sensations nouvelles, un monde insoupçonné ! Allez, tu vas être heureux, je te le promets, essaie donc, le voyage est gratuit, tu le regretteras pas !

Ce que les kids ne savent pas, c'est qu'ils auront envie, ensuite, d'aller plus loin, de passer de la marijuana à l'héroïne. Et quand ils sont prêts, le dealer en fournit gratuitement. C'est un excellent investissement : quinze jours d'utilisation continue d'héroïne suffisent à créer l'accoutumance. La dose se vend au moins dix dollars. Certains drogués ont besoin de cent dollars par jour pour satisfaire leur nouvelle habitude. Comment un adolescent du ghetto peut-il se procurer une telle somme ? En volant. Ou en dealant à son tour...

Et c'est ainsi que le garçon plonge dans la délinquance : vols de sacs et vols à l'étalage, puis bris de glace et vols de voitures ; enfin cambriolages et vols à main armée... Pour supporter une accoutumance de vingt cinq dollars, il doit voler au moins soixante quinze dollars d'objets divers. Et très vite il comprend que les vols sont dangereux ; alors, un jour, il franchit le pas et devient à son tour trafiquant de drogue. Pour cela, il doit se faire sa propre clientèle ... en reprenant la technique employée avec succès par son dealer ! Et c'est ainsi que le garçon vante les avantages des stupéfiants auprès de ses camarades les plus renfermés, les plus isolés, les plus malheureux, qui deviennent à leur tour dépendants puis dealers. En 1988, par exemple, la ville de New York[1] comptait des centaines de milliers de drogués ! Pour expérimenter des sensations nouvelles, pour copier les parents ou les copains, pour échapper aux réalités de la vie au lieu de les affronter, pour compenser les échecs au sein de la famille, de l'école, ou du gang lui-même... Et

---

[1] Aujourd'hui, de plus en plus de jeunes, aidés par leurs familles, commencent à s'organiser pour chasser les dealers de leur rue.

rien ne les arrête, pas même la prison, pas même la maladie, pas même la perspective de mourir par overdose !

Rares sont ceux qui réussissent à s'en sortir, surtout lorsqu'il s'agit d'héroïne : après les effets de la dernière piqûre, les premiers symptômes apparaissent, sueur, frissons, fièvre, vomissements, hallucinations, cauchemars ... trois jours de tortures, de souffrances atroces ! On n'en sort pas seul, la désintoxication est difficile, on replonge presque toujours :

— Pour nous, c'est simple, confesse Arnold, un jeune accro de dix huit ans. Ou la mort lente avec la drogue, ou la mort violente, rapide, dans la rue. Il n'y a pas d'autre choix parce qu'on est né du mauvais côté, sous une mauvaise étoile. Moi, je sais que la drogue aura ma peau, tôt ou tard. Elle est plus forte que nous !

Parfois, un kid s'en sort. C'est le cas de Freddy, un jeune Noir du Queens. Sur sa route, un jour, il croise des missionnaires chrétiens, eux-mêmes d'anciens drogués. Comme lui, chaque année des dizaines de jeunes sont sauvés par la foi en Jésus-Christ, leur vie est complètement retournée.

Nous avons eu l'occasion d'accompagner plusieurs missionnaires chrétiens dans leurs tournées nocturnes d'évangélisation, à Harlem, à Chicago, à Brooklyn ou à Colorado Springs, la ville de Nicky Cruz ; ils sortent par deux ou trois, généralement dans les endroits où plus personne n'ose s'aventurer. Et ils prêchent joyeusement, la Bible en mains et témoignages à l'appui, à commencer par le leur ! L'évangélisation a lieu dans la rue, dans les bars, dans les coffee-houses, dans les concerts de rock et même dans les shooting galeries. D'après ces jeunes missionnaires, eux-mêmes anciens accros, seule une authentique expérience spirituelle peut donner le désir, la volonté et la force de résister aux stupéfiants.

Quand il nous parle, Freddy est catégorique. Avec un immense sourire plus éloquent que tous les discours, il nous explique sa joie de faire désormais équipe à deux, avec le Christ en personne :

— Tout seul, on ne peut pas arrêter, aucun homme ne peut combattre le Diable tout seul. Mais avec l'aide de Jésus, tout est possible, on est deux, Jésus et moi, on forme une équipe imbattable. C'est radical, croyez-moi, c'est fabuleux, plein de gens ont vécu la même expérience que moi, et maintenant ils prêchent à leur tour la guérison et le salut divins !

Face au phénomène de la drogue, plusieurs pays ont adopté des politiques répressives, en particulier les Etats-Unis. Le résultat est particulièrement décevant : non seulement le nombre de toxicomanes ne diminue pas, mais le trafic ne cesse d'augmenter et l'argent sale vampirise la planète toute entière. Le premier, Ronald Reagan, en 1982, déclara la guerre à la drogue : « Je vais annoncer une nouvelle série de propositions pour une Amérique sans drogues. Le but est une jeunesse saine qui travaille, qui étudie, fière d'elle-même, loin des paradis artificiels ».

En 1984, l'Administration Reagan promulgue une série de lois punissant plus lourdement les crimes liés à la drogue que les crimes liés au sang ; et elle institue des peines minimales obligatoires sans aucun rapport avec la réalité, complètement disproportionnées, que les juges eux-mêmes hésitent à appliquer. Même les délits mineurs sont criminalisés à l'excès : par exemple, la petite amie d'un drogué passera des années derrière les barreaux pour ne pas l'avoir dénoncé comme consommateur ou trafiquant. Quant aux toxicomanes, ils sont lourdement condamnés. Un député de Géorgie commente :

— Le Congrès américain a voté une série de lois exceptionnelles et implacables pour punir les toxicomanes ; il s'agit de réprimer la demande. Les groupes eux-mêmes doivent savoir que s'ils touchent à la drogue, ils vont en prison sans bénéficier de la moindre libération anticipée.

Si l'on coopère, si l'on donne des noms au procureur, il se montre plus conciliant, il réduit la peine d'internement.

Actuellement, les juges n'ont pas le choix. Ils doivent réprimer, même si la personne interpellée est seulement en contact avec un consommateur de drogue sans avoir jamais elle-même touché ou vendu des stupéfiants. Et lorsqu'on fait pousser de la marijuana dans son jardin, le verdict est aussi très lourd, ce qui provoque la colère de certaines familles :

— Nous sommes contre les peines minimales incompressibles, clament-elles. Ceux qui enfreignent la loi doivent être punis par des sanctions appropriées. La prison est pour les gens dangereux, pas pour les toxicomanes ou leurs amis qui ne les dénoncent pas. D'ailleurs, l'incarcération coûte cher : chaque année de prison coûte cent cinquante mille francs à la collectivité !

Mais l'Administration n'en a cure. Elle continue à promulguer des lois et à réprimer sans discernement, comme si les lois contre la drogue empêchaient la toxicomanie. En réalité, les sanctions ne règlent rien et surtout pas le problème des narcotrafiquants qui, eux, échappent toujours aux arrestations. Washington croit toujours au mythe d'une Amérique débarrassée des narcotiques, et la guerre contre la drogue est plus que jamais d'actualité.

Certaines villes, aujourd'hui, vont à contre-courant ; elles préfèrent la prévention à la répression. A Baltimore, par exemple, une des agglomérations les plus touchées par la toxicomanie et par la criminalité qui en découle, on a compris que les sanctions implacables, surtout pour des délits mineurs, n'étaient pas la solution appropriée. Et l'on a choisi d'autres méthodes de lutte. Le maire noir Kurt Schmoke explique :

— La Police, la prison, la Justice, l'hôpital, cela coûte cher au contribuable. Il est temps de faire différemment. Nous avons choisi de traiter le problème dans le cadre d'une stratégie de santé publique. Puisque les jeunes prennent de plus en plus tôt la décision de s'adonner aux stupéfiants, il faut les atteindre avant par une intelligente politique de prévention : convaincre de ne pas toucher à la drogue ou, pour ceux qui s'y adonnent, de l'abandonner, voilà notre stratégie. Si on ne fait pas très tôt de la prévention, ça ne marche pas.

C'est ainsi qu'à Baltimore on approche, aujourd'hui, les jeunes de plus en plus tôt, on les aide à prendre les bonnes décisions, on leur explique les méfaits de la drogue ou de l'alcool, on leur apprend à dire non.

D'autres villes ont une approche différente : des équipes sillonnent les rues, à la recherche des drogués, pour leur proposer tout un programme d'alternatives dites « positives ». Un responsable raconte :

— Nous essayons de prendre en charge le toxico de manière médicale, par exemple en lui offrant des seringues propres afin qu'il ne transmette pas le sida au reste de la population. Puis nous essayons d'obtenir qu'il devienne lui-même demandeur de soins. Enfin, le cas échéant, nous essayons de le re-socialiser, de faire en sorte qu'il quitte la rue. Car la drogue et la criminalité découlent directement de la misère. Nous devons travailler tous ensemble, toxicomanes, médecins, policiers, assistantes sociales, pour réussir.

De plus en plus de policiers se rendent dans les écoles pour expliquer très tôt aux enfants les méfaits de la drogue, et la manière d'y résister. Et des centres voient le jour un peu partout, prenant en charge les jeunes de sept à dix-sept ans tantôt pour dialoguer, tantôt pour informer.

Les initiatives sont trop récentes pour qu'on puisse encore en tirer un bilan. Ce qui est sûr, c'est que l'Amérique ne pourra pas indéfiniment tenter d'exorciser ses démons en prohibant ou en sanctionnant. La répression ne règle rien, elle coûte cher et elle marginalise de plus en plus les individus livrés à la consommation et au trafic de stupéfiants. Il est temps de changer radicalement de politique, de trouver d'autres solutions, respectueuses de la personne humaine. La question, finalement, est politique : car elle remet en cause le choix d'une société libérale ultra-conservatrice, sacrifiant délibérément l'homme, ses droits et ses valeurs fondamentales, à la rentabilité, à la compétition et à un rigorisme étroit.

10 - Sexe fast-food

Les prostituées, c'est la spécialité de Joe. Il les a longtemps pratiquées lorsqu'il était lui-même proxénète. L'une d'elles est d'ailleurs devenue sa fiancée :

— Mon job n'était pas facile, confie Joe. C'était l'enfer ! Et les girls y laissent souvent leur peau ; c'est ce qui est arrivé à ma fiancée. On l'a retrouvée dans l'hôtel où elle exerçait, tuée de cinquante coups de couteaux !

Le Bronx compte de nombreuses aires de prostitution, les plus célèbres sont le « Hunt's Point Market », les halles du Bronx où se retrouvent les camionneurs de tous les Etats-Unis, et « Fox Street », entre la 163e rue et Westchester Ave, plus connu sous le nom de « Petite Corée » ; Fox Street est probablement l'un des quartiers les plus durs du Bronx, particulièrement fréquenté par la pègre new-yorkaise avec ses truands, ses camés, ses travestis, ses prostituées...

Joe préfère nous conduire dans un secteur proche de son domicile, voisin du périphérique ; c'est un alignement d'entrepôts désaffectés, de hangars abandonnés, de baraquements sordides, sombres, sales. Les prostituées attendent le client par dizaines, blanches, et surtout noires, ou latino-américaines, souvent d'ailleurs très belles et très jeunes, tantôt en mini-jupe ou en short, tantôt presque déshabillées voire complètement nues sous un imperméable ou une veste qui laisse entrevoir, à l'occasion, des charmes avantageux.

A chaque fille son territoire, sa parcelle de bitume. Prendre des photos ? Joe conseille la prudence.

– D'accord, mais de la voiture et discrètement. Les filles vont penser que nous sommes des flics en civil, et comme elles n'aiment pas qu'on les prenne en photo, on va avoir des ennuis.

D'ailleurs, une Noire lance un projectile dans notre direction, une bouteille en plastique vide. Joe avait fait de la provocation, en passant plusieurs fois, jusqu'à ce que les filles nous remarquent. Autrement, nous explique Joe, les projectiles locaux sont les pierres, les bouteilles vides, les canettes de bière, les boîtes de conserve, les chaussures...

Joe a prévu de nous faire rencontrer quelques habituées des lieux, ainsi que leurs « pimps » (souteneurs). Il nous recommande de changer de secteur, d'aller là où l'agressivité ne s'est pas encore manifestée ; après tout, le marché de la prostitution est vaste, et très fréquenté. Joe connaît son monde, il sait immédiatement à qui il a affaire.

Brusquement, il repère ce qu'il cherche. Il descend de sa voiture et, muni de la plaque de Police contrefaite[1] qu'il porte toujours sur lui « pour se faire respecter », il se présente comme « flic, ami d'une journaliste française venue faire un reportage ». Est-ce la plaque de Police, la persuasion, le charme ou le savoir faire de Joe ? En tous cas, dès que nous sortons de la voiture, les contacts se nouent, les langues se délient.

La première de nos interlocutrices, Julie, est une authentique Portoricaine, grasse comme une oie bien nourrie, sensuelle, d'une beauté toute latine et fort volubile. Elle raconte sa vie avec des accents du Sud :

— J'ai perdu mon père toute petite, quand ma famille est arrivée de Porto Rico. Ma mère ne travaillait pas, elle a demandé le Welfare. J'ai quitté l'école à seize ans, je voulais être indépendante, mon boy-friend m'a accueillie chez lui. Un jour, j'ai fait des chèques sans provision, cela m'a valu un an de prison. Ensuite, j'ai retrouvé mon ami. On a eu une fille. Comme il devait partir pour l'Armée, il n'a pas voulu m'épouser. Je me suis retrouvée seule, obligée de me prostituer pour élever la gamine. Et là, j'ai rencontré Alberto qui avait la charge de huit filles. Je faisais tout ce qu'il voulait parce que j'étais follement amoureuse de lui.

---

[1] Le trafic de cartes de Police est particulièrement lucratif. Elles sont vendues entre 5 et 8 000 F.

Il m'a envoyée dans une maison à Manhattan, fréquentée par des hommes d'affaires. Je gagnais cinquante dollars par passe, cinq pour le directeur et quarante cinq pour moi, ou plutôt pour mon ami. Je travaillais dix heures par jour, toute la semaine sauf le dimanche. Les clients étaient riches, ça marchait très fort. Jusqu'au jour où la Police a débarqué. Pour protéger mon ami[1], j'ai plaidé coupable. On m'a condamnée à cinq ans de prison, plus quatre ans pour falsification de documents. Neuf ans en tout ! Mais on m'a libérée au bout de cinq ans, sur parole. Et j'ai retrouvé Alberto, la rue, la prostitution. Un jour, un client m'a accusée de l'avoir volé. C'était pour se venger parce que je ne voulais pas faire tout ce qu'il me demandait. Et j'ai pris encore six mois de prison. A la sortie, je me suis fâchée avec mon ami et j'ai décidé de devenir indépendante pour ne plus avoir à satisfaire toutes ses exigences, tous ses caprices. Comme les amendes sont très lourdes, à Manhattan, chaque fois qu'on nous attrape, il faut payer deux cents à trois cents dollars ; j'ai donc choisi d'exercer dans le Bronx et là, derrière un hangar, je me fais vingt dollars par passe, ça dépend de ce qu'on attend de moi.

Je demande à Julie comment elle voit son avenir. Elle me répond sans hésiter :

— Je vais pas faire ça toute ma vie. Quand je déciderai d'arrêter, j'arrêterai. C'est comme pour la drogue ou l'alcool, ce qu'on décide dans sa tête, on le fait. Et moi, un jour je me marierai.

En attendant, Julie reconnaît qu'elle gagne bien sa vie. Elle travaille en moyenne dix heures par jour, ce qui lui rapporte cent à deux cents dollars, cinquante à cent francs la passe.

— D'accord, précise-t-elle, il y a la loi de l'offre et de la demande, c'est elle qui détermine le prix du marché. Et puis, tout dépend du quartier, du temps passé et des pratiques demandées par le client. Si c'est seulement pour « astiquer le manche », pour nous[2] c'est dix dollars ; une fel-

---

[1]   Les proxénètes sont condamnés à des peines deux fois plus lourdes.

[2] C'est-à-dire les prostituées à « petit prix », exerçant dans la rue, comme c'est le cas pour Julie dans le Bronx. Aujourd'hui, on se prostitue de plus en plus jeune et aussi de

lation, le double ; dans la rue, on se fait dix à vingt dollars la passe, une call-girl obtient dix fois plus. Le client est roi, on exauce ses moindres désirs, il peut tout demander, la simple prestation ou tous les à-côtés. La prostitution, c'est une prestation de services, un métier. On a nos emplacements réservés, nos habitués, nos périodes d'affluence – les fins de mois, pour cause de paie, et les fins de semaines !

Et comment cela se passe-t-il avec les clients ?

Julie pose sur moi des yeux veloutés et, d'une voix presque confidentielle, elle me dit :

— On trouve de tout ! Il y a ceux qui sont corrects, il y a les pervers ou les sadiques, les dingues, les saouls, il y a aussi ceux qui refusent de payer ou qui nous volent, et puis il y a ceux qui nous conduisent où on ne veut pas, et là on ne se laisse pas faire. On crie, on tourne le volant, on se défend. C'est un métier, la prostitution, OK, mais c'est un métier d'enfer. On n'est pas respectées, on profite de nous, et parfois on nous tue. C'est quand même plus facile de s'en sortir quand on est indépendante !

Joe confirme les propos de Julie :

— Les proxénètes n'aiment pas voir partir les filles, c'est leur main-d'œuvre. Et ils aiment encore moins qu'on les leur vole !

Dans le Bronx, il n'y a pas de call-girls travaillant au pourcentage dans des maisons fréquentées par une clientèle aisée, souvent perverse d'ailleurs[1]. Ici, on officie dans les bars et sur la voie publique !

Dans le secteur où nous nous trouvons, le travail se fait à l'intérieur des entrepôts désaffectés, ou bien dans les camions et les voitures particulières. Ici, pas d'hommes d'affaires, de juges, d'avocats ou de politiciens

---

plus en plus tard, mais toujours avec le préservatif.

[1]   On trouve les call-girls surtout à Manhattan. Aujourd'hui, les proxénètes diversifient leurs activités, au travers des petites annonces, des minitels roses ou des salons de massage. L'Import-Export de main-d'œuvre étrangère est également très prisé. On organise aussi de plus en plus de « duos » (un seul homme pour deux filles en même temps, se livrant à toutes sortes de fantasmes).

comme à Manhattan, et peu d'aventures sado-masochistes ; la clientèle est pauvre, modeste, pressée. Les girls montent dans les limousines rouillées sur la banquette rabattue, les passes sont brèves, le plaisir est fugace. Joe nous explique :

— C'est pendant la pose repas, entre midi et quatorze heures, que ça marche le mieux. Les clients sont souvent des hommes mariés, frustrés chez eux. Dans la voiture, ça va trop vite, on ne prend pas son plaisir comme dans un club ; par contre, il n'y a pas de frais comme dans une maison ou dans un bar, tu montes dans le véhicule, tout est pour toi ; c'est le sexe fast-food, le plaisir à vingt sous, expédié à la sauvette comme certains le font, par exemple, dans les toilettes. Il suffit d'écarter les jambes, les filles portent des collants troués au milieu. Celles qui travaillent avec un souteneur se placent en face de lui, il est prêt à intervenir au moindre signal. Selon la loi, il ne doit pas être armé. Mais à New York, tout le monde porte une arme.

Une fois rentré chez lui, Joe nous expliquera qu'il y a en réalité deux types de prostituées dans la rue : la classe supérieure, qui se fait au moins vingt dollars, et les filles « qui bossent pour deux dollars ».

— A ce prix, on n'en donne qu'un petit bout. Et puis les girls ne se lavent pas, elles ne se changent pas. Deux dollars la passe, c'est vraiment le bas de gamme.

Aujourd'hui, on est loin du temps où l'on se prostituait pour aider sa famille, par désœuvrement ou pour se faire beaucoup d'argent ; bien des filles feraient n'importe quoi, à n'importe quel prix, même deux dollars, pour du crack. Et elles travaillent de plus en plus jeunes pour se procurer leur dose.

Lucie, une Black d'une vingtaine d'années qui laisse entrevoir sous son manteau négligemment fermé une généreuse poitrine, raconte :

— Moi, je vends mon cul pour acheter de la came, la mienne et celle de mon copain ; je ne connais pas d'autre moyen pour se faire rapidement du fric. C'est quand même mieux que d'assommer quelqu'un, non ? Et puis racoler un client c'est plus facile quand on plane, on oublie tout, même les extras.

Soudain, elle se fait plus confidentielle :

— Et pour de vrai, il n'y a pas une fille qui avale aussi bien que moi dans tout le quartier. J'ai mes habitués, ils m'apprécient, alors j'ai souvent trente passes d'affilée.

Nous continuons la découverte du secteur en voiture. Tout en conduisant, Joe nous explique que les filles qui draguent et se droguent ont toutes leur protecteur ; c'est lui, d'ailleurs, qui fournit les doses demandées.

Soudain, Joe freine. Il a repéré un souteneur. A peine sort-il de sa voiture, que le proxénète se sauve. Joe a juste le temps de crier :

— Hé, toi, reste ici ! Et inutile de cacher ton couteau ! Je ne suis pas là pour t'arrêter. J'ai avec moi une journaliste française qui veut te parler.

Joe sort sa plaque de policier et se présente. Il a en face de lui un Latino-Américain petit, corpulent, entouré de ses deux girls, aussi exubérantes que lui. Mis en confiance, Pedro – c'est le nom de notre interlocuteur – ne tarde pas à raconter sa vie :

— J'ai d'abord été technicien dans l'électronique ; et puis, j'ai eu un accident de travail, j'ai perdu mon job, je me suis recyclé dans le proxénétisme, je ne regrette pas ce choix car je gagne bien ma vie. Seulement, je dors le jour, car je dois travailler la nuit.

Une question me brûle les lèvres : Et la drogue, est-ce que vous en prenez ?

— Oui, dit-il sans ambages, de la cocaïne, comme « mes » filles d'ailleurs. On s'arrange, je les protège, et elles me donnent le fric. Je leur paie le logement, les vêtements, la nourriture, la cocaïne, tout ce dont elles ont besoin. Ça roule...

— Et vous travaillez pour l'argent seulement ? Ou bien vous avez de l'affection pour vos filles ?

Pedro me répond en souriant :

— Bien sûr que j'ai de l'affection pour mes deux amies ! Je les dorlote. Et elles savent qu'elles peuvent compter sur moi si elles tombent sur un mec pas correct. Vous savez, dans le milieu il y a de tout, des pervers, des types qui ne paient pas ou qui sont violents, des malades, des saouls... Quand le travail doit durer longtemps, on a un signe convenu entre nous.

— Et s'il leur arrive quelque chose ?

— La Police, vous voulez dire ? Mais elle s'en fout ! Vous croyez qu'elle va se donner du mal pour une fille ? C'est notre boulot à nous de les protéger. Et si on tue notre amie, alors on cherche le coupable et on fait justice nous-mêmes ; c'est un métier à risques. Je connais des filles qu'on a retrouvées mortes dans l'hôtel où elles exerçaient, ou bien brûlées, torturées... et même décapitées ! L'autre jour, la Police a découvert dans le coffre d'une voiture le cadavre d'une girl découpée en morceaux. Moi, je ne quitte pas mes deux amies. Je les amène le soir, je les ramène le matin. La nuit, c'est plus dangereux, mais c'est plus rentable ! Je suis aussi là quand elles se battent entre elles. Vous savez, j'ai beaucoup de travail...

Pendant l'entretien, les deux amies en question, qui ne craignent pas de montrer leur anatomie sous leur veste entr'ouverte, n'ont pas bronché. On sent en elles une certaine crainte, et beaucoup de soumission. D'ailleurs, elles me regardent d'un œil méfiant. Inutile d'insister, elles ne parleront pas...

Après avoir remercié notre interlocuteur, nous remontons dans la voiture et nous poursuivons notre route au milieu des baraquements lugubres et des entrepôts sordides.

Au bout de quelques minutes, la voiture s'immobilise à nouveau. Joe vient de repérer ce qu'il cherchait. Deux jeunes femmes s'offrent à nos regards, une noire en bikini, et une hispanique nue sous son manteau qu'elle referme d'ailleurs à la hâte en nous voyant.

Joe a juste le temps de nous glisser à l'oreille :

— Celles-là, ce sont certainement des indépendantes. Elles travaillent à l'écart des autres.

Pourtant, elles se confient volontiers. C'est la Noire qui prend en premier la parole :

— Moi, je m'appelle Suzie. Ma famille est originaire de la Nouvelle-Orléans. J'ai grandi dans un beau quartier. Ma mère était une prostituée professionnelle, une " call-girl ". Dans sa clientèle, il y avait des avocats, des hommes d'affaires, des juges, des médecins. Ma première passe, je l'ai faite à l'âge de sept ans. Les hommes de la famille m'ont violée. Dans ces conditions, on tapine très jeune. Pour moi, ça a commencé à l'âge de douze ans. Depuis, je n'ai plus arrêté. Je préfère le Bronx, il y a moins de pervers qu'à Manhattan. Et les amendes sont moins chères. La drogue, j'en prends, oui, vingt quatre heures sur vingt quatre. Mais j'espère m'en sortir et, un jour, me marier...

— Et pourquoi travaillez-vous sans protecteur ?

— Je veux travailler seule. Au début, j'avais un ami. Il a voulu me défigurer quand il a appris que je gardais un certain pourcentage pour moi. Non, c'est fini, je ne fais plus le tapin pour un mac. Maintenant, j'opère sans personne, j'ai mon emplacement. Les macs, c'est trop de problèmes. Ils sont toujours derrière notre dos, on ne peut pas quitter notre poste, il faut toujours faire ce qu'ils nous demandent, ils nous battent si on ne rapporte pas assez d'argent. Il y en a qui sont prêtes à tout pour leur mac, pas moi. Moi, on ne me récupère pas.

— Est-ce que les affaires marchent ?

— Ça dépend des nuits. Le vendredi soir, il y a plus de monde. En moyenne, je fais vingt passes la nuit, parce que je suis prête à exaucer tous les désirs ; quand on paie, on décide, c'est normal. Si les passes ne suffisent pas, je revends de la came. Il faut savoir se diversifier !

L'autre jeune femme, d'origine hispanique, se présente à son tour. C'est une belle fille à la bouche généreuse et à la poitrine insolente :

— Moi, je m'appelle Angelina. Ma mère est Portoricaine ; mon père, Mexicain. Il est mort quand j'avais dix ans. C'était quelqu'un de très autoritaire. A quinze ans, je me suis mariée. Mon homme vendait de la drogue, je ne le savais pas. Un jour, il s'est piqué devant moi. Et il m'a conseillé d'en faire autant. J'ai essayé, et comme je suis devenue esclave de l'héroïne, il a fallu travailler ; il n'y a pas trente-six solutions : c'est la prostitution, ou le vol. Maintenant, je passe une partie de ma vie dans la rue, et l'autre à l'hôpital ou en prison. Mon mari, lui, a pris dix ans pour trafic de drogue.

La plupart des prostituées sont tellement accros qu'elles n'hésitent pas, aussi, à voler. Angelina le reconnaît volontiers.

— On essaie d'arnaquer les types. C'est simple, on attend qu'ils baissent leur falzar pour leur piquer le fric.

— Et la Police ?

Suzie reprend la parole. Le ton, cette fois, est carrément agressif.

— Je leur dis : je gagne ma vie, vous gagnez la vôtre en me harcelant. Ça suffit ! Ne vous acharnez pas sur moi ! Je n'embête personne, je gagne mon pain. Vous savez, les flics, je ne peux pas les blairer ; ils nous traitent comme des bêtes. Ce n'est tout de même pas dans leurs attributions !

Quand la Police arrive, les filles s'évanouissent aussitôt dans toutes les directions. Celles qui sont rattrapées parlementent ; elles savent que les flics doivent faire leur pourcentage d'arrestations pour les statistiques.

— Si c'est la première fois qu'on nous prend, précise Angelina, on nous interroge, on relève notre identité, on nous fait passer une analyse de sang pour voir si on est malade. Et on nous relâche. Les call-girls, parce qu'elles sont distinguées, ont droit à des égards, nous on nous traite comme des animaux, on nous harcèle sans arrêt. Ça me dégoûte, c'est à la tête du client...

Suzie l'interrompt :

— J'ai été arrêtée cinquante cinq fois ; quand on m'assigne en Justice, je ne me présente pas. Je n'ai pas à expliquer aux juges pourquoi je vends mon cul.

Après une nuit au poste, la plupart du temps les filles sont relâchées. Il est très difficile, en effet, de prouver le « délit ». Mais il faut passer à la caisse...

— C'est vingt cinq, cinquante ou soixante quinze dollars selon que c'est la première, la deuxième ou la troisième fois qu'on nous attrape, explique Suzie. Dans le Bronx, on a dix jours pour payer l'amende. A Manhattan, il faut payer immédiatement ou aller en prison.

Les filles se plient de mauvaise grâce à la routine des interpellations. Bien qu'elles donnent lieu à des échanges colorés, les policiers redoutent bien davantage la pègre organisée de la drogue ou des gangs.

11 - Ghetto noir

Pour les kids du Bronx, et en particulier les gangs qui ne quittent jamais leur territoire, Harlem, c'est l'autre bout du monde. Pourtant, le ghetto noir est situé à Manhattan même[1], au cœur de New York, tout près de Central Park ! On passe d'ailleurs sans transition de Harlem aux quartiers les plus chics, de la très grande précarité à l'opulence la plus extrême, des maisons délabrées aux immeubles cossus pour golden-boys, avec dais et portiers en uniforme. Le contraste est saisissant.

Le nom de Harlem, encore aujourd'hui, fait rêver, il promet le dépaysement, il suscite la curiosité, souvent d'ailleurs teintée de crainte, il est synonyme de mystère. Et c'est vrai qu'on raconte plein de choses, plus ou moins fondées, sur le célèbre quartier noir de New York, même sans y avoir été, même sans connaître son Histoire.

Harlem est une ville des Pays-Bas renommée pour ses tulipes. Quel lien avec le ghetto d'aujourd'hui ? Des fleurs ? Pas du tout ! Des ancêtres communs... A New York, les descendants de colons primitifs sont peu nombreux. La majeure partie de la population est composée d'émigrants européens, en particulier de Hollandais qui ont fondé dans le nord de l'île de Manhattan, en 1658, une colonie flamande : Nieuw Haarlem. Au fil des siècles, Manhattan prend un certain essor et son centre des affaires se couvre de maisons très hautes parce qu'il ne peut s'agrandir. Quant à Harlem, d'abord zone rurale elle se dépouille peu à peu de ses habitants hollandais et devient un secteur chic de New York jusqu'aux alentours de 1905. Puis le quartier se désagrège lentement et inexorablement, le prix de la terre diminue, et des Noirs s'y installent,

---

[1] New York compte cinq districts nommés boroughs : Manhattan, le Bronx, Brooklyn, Queens, et Staten Island (connu également sous le nom de Richmond).

originaires de Greenwich Village et de l'ouest de Manhattan ; ils font de Harlem l'une des plus importantes communautés noires des Etats-Unis.

Apportant avec eux leur pauvreté, leurs rythmes et leur espoir de vie meilleure, d'autres immigrants arrivent, cette fois des zones rurales les plus misérables du sud ; ils sont chassés des plantations par la mécanisation croissante de l'agriculture qui rend leur main-d'œuvre superflue alors même que l'industrie du nord est en pleine expansion. Avec eux, c'est toute la physionomie du secteur qui change. Le quartier résidentiel se mue en zone défavorisée, concentrant en son sein tous les fléaux sociaux : surpeuplement, chômage, violence, précarité, dislocation des foyers – d'après les mauvaises langues, les liens familiaux sont distendus chez les Noirs depuis que les marchands d'esclaves ont séparé les couples. Pour la droite américaine, d'ailleurs, cette « culture de la pauvreté », ce « relâchement des traditions familiales » dans lesquels les Blacks, soi-disant, se complairaient, justifient pleinement qu'on les abandonne à leur sort.

Quoiqu'il en soit, la grande migration noire des plantations du sud vers les ghettos du nord conduit les Blancs à délaisser Harlem au profit d'autres quartiers :

– Il y avait perpétuellement des conflits entre les Noirs et les Blancs, explique un habitant de Harlem. Discriminations et criminalité faisaient des ravages. Il devenait dangereux de vivre là !

Les Noirs continuent d'affluer, parmi eux de grands leaders (Malcolm X, Adam Clayton Powell...) qui laissent leur empreinte sur le quartier, puis de grands écrivains comme James Baldwin, des acteurs qui vont devenir célèbres (Harry Belafonte, Samy Davis Junior, Sidney Poitier...), enfin des musiciens comme Duke Ellington, Count Basie, Billie Holliday.

Et l'on parla de Harlem. Pour ses vedettes, bien sûr, mais aussi parce que le quartier devint le berceau d'une musique typiquement noire américaine... Puis Harlem fit couler beaucoup d'encre en devenant le théâtre d'émeutes sanglantes, à partir de juillet 1964, résonnant à travers tout le pays. Des mouvements naquirent, prônant la prise en charge des Noirs par eux-mêmes, tandis que de son côté le gouvernement tentait de mettre sur pied un programme de rénovation de logements afin d'enrayer l'hémorragie des classes moyennes et de prévenir les émeutes qui se multipliaient au fur et à mesure que le quartier devenait un pôle d'attraction pour les communautés noires les plus pauvres des Etats-Unis ou des Caraïbes.

Aujourd'hui, si certains secteurs ont su conserver l'aspect majestueux d'antan, un cachet très particulier, une architecture pleine de charme ou de poésie à travers de magnifiques églises ou de splendides demeures méticuleusement préservées, l'ensemble du quartier regorge d'immeubles abandonnés[1], de maisons en ruines, de taudis, de terrains vagues... Les rues sont lugubres, remplies de détritus et de voitures désossées, il n'y a pratiquement pas de magasins, les églises succèdent aux Pompes Funèbres et inversement, comme si la mort était le seul commerce lucratif de Harlem !

En tous cas, pour beaucoup Harlem demeure un « No white man's land », un lieu où les Blancs ne doivent pas s'aventurer ou seulement en voiture, un camp retranché où le racisme impose sa loi. Et, certes, la frontière qui sépare Harlem du reste de New York est palpable : c'est une ville basse au milieu d'une zone haute, un monde totalement noir dans une cité colorée ; le Blanc y est mal toléré, les yeux sont braqués sur lui et, pour reprendre l'expression d'un natif de Harlem, « beaucoup ont de l'urticaire quand ils voient un Blanc se promener dans le quartier », une attitude qui s'explique aisément par une longue tradition d'exclusion – de la servitude raciste à la ségrégation sociale – , par des siècles de souffrance, de mépris, d'humiliations, d'intolérance, de sang... Encore aujourd'hui, en dépit de l'abolition, en 1865, de l'esclavage, une ségrégation de fait existe toujours aux Etats-Unis. Plus de deux enfants noirs sur cinq vivent en-dessous du seuil national de pauvreté ; le taux de mortalité infantile est le double de celui des Blancs ; deux enfants sur trois n'ont plus de père (ils sont morts, en prison, ou partis vivre ailleurs) ; les Noirs constituent le seul groupe humain dans le monde industrialisé où l'espérance de vie ne cesse de chuter ; les

---

[1] A Harlem comme dans le Bronx, les propriétaires mettent le feu aux immeubles pour toucher l'assurance ; et les locataires les incendient en espérant obtenir de meilleures conditions de logement.

crimes d'intolérance sont toujours d'actualité ; les Noirs sont toujours perçus comme des citoyens de seconde zone et traités comme des êtres inférieurs. Et l'inégalité des chances ou de traitement attise la haine, le ressentiment, le racisme ; encore aujourd'hui, et peut-être plus que jamais, une grande partie de la population noire ou hispanique est acculée aux diverses formes de marginalisation, résignées ou violentes. Contrairement à ce que l'on prétend, les Etats-Unis ne sont pas un « melting-pot », mais un « unmelted-pot », les deux cents ethnies qui les composent ne s'assimilant jamais vraiment. Chacun vit replié sur soi, et les mariages mixtes sont rares !

Néanmoins, si Harlem est réellement un ghetto, c'est un quartier new-yorkais comme tant d'autres, sauf qu'il n'y a pas un Blanc dans les rues. Au risque de détruire certains clichés qui ont la vie tenace, les étrangers peuvent s'y promener sans se faire agresser à chaque coin de rue, surtout s'ils parlent Français, car les Afro-Américains les apprécient particulièrement... Le racisme, finalement, est surtout dans les yeux de l'autre ! Car le Noir est en général bienveillant, accueillant, chaleureux et même serviable. Pour apprécier Harlem et ses habitants, il faut y séjourner sans préjugés. Le quartier, alors, se pare d'une poésie insoupçonnée et d'un charme indéniable ; de nombreux artistes étrangers l'ont d'ailleurs compris, s'installant à qui mieux mieux dans cette partie controversée de New York. Et pour ma part, j'ai toujours été très bien accueillie, ce qui ne m'empêchait pas de garder les yeux et les oreilles bien ouverts car la criminalité rôde à chaque instant, à chaque rue, à chaque carrefour, bien ancrée dans les mœurs comme partout ailleurs à New York. Peut-être plus qu'ailleurs, car à Harlem la misère se double de la ségrégation raciale, entraînant avec elle le découragement, la drogue, la révolte, le crime ! Comme la décomposition atteint de plein fouet le ghetto, la violence finit par se retourner contre elle-même, le désespoir débouche sur l'autodestruction. Et lorsque les Noirs s'entre-tuent, leur lutte fratricide épargne les Blancs et facilite le travail de la Police ; elle est donc tolérée sinon encouragée par l'Establishment, avec l'accord tacite des autres Américains.

Les grands Nationalistes noirs ont bien senti que les mécanismes de décomposition interne menaçaient l'existence même de leur peuple. Ils ont réagi à leur façon, parfois violente, toujours exacerbée. Pour affirmer aux yeux du monde et de leurs pairs les droits élémentaires de la communauté noire. Pour redonner aux Afro-Américains la fierté d'exister, tout simplement !

Dans le film Banzaï, de Claude Zidi, Coluche se retrouve en plein Harlem, malgré les avertissements de son ami, un riche homme d'affaires : « Harlem, c'est un grand Noir avec un grand couteau qui vous court après. Restes-y le moins longtemps possible, et surtout pas seul ».

Coluche prend un taxi, une antiquité, comme son chauffeur. Au bout de quelques minutes, le véhicule ralentit, fait des soubresauts et pour finir se désintègre complètement. Coluche est seul au cœur du ghetto noir, au milieu d'un univers de fin du monde, parmi des immeubles désarticulés et des ruines calcinées.

La pègre ne tarde pas à le repérer. Coluche est encerclé par trois grands Noirs armés de couteaux.

— Qu'est-ce que tu fous chez nous ? C'est pas la place des Blancs. On vient d'en tuer deux, tu vas être le troisième.

— Mais, bredouille Coluche, je ne suis pas blanc. Je suis incolore !

— Hé, ricane un des agresseurs. Vous avez vu, les mecs, il est incolore ! Bon, fini la rigolade. Dis-nous plutôt pourquoi tu viens à Harlem. Un Blanc n'a rien à y faire, sauf pour la camelote. Alors, passe la marchandise...

Harlem serait-il peuplé de drogués et de criminels, comme Banzaï nous le laisse croire ? Des habitants le reconnaissent volontiers, pour le déplorer ou pour s'en vanter :

— La seule chose qu'on redoute, c'est de vivre trop longtemps, explique un jeune Noir appuyé nonchalamment contre la porte murée d'un immeuble désaffecté. Si tu veux être respecté à Harlem, tu dois être un « bad nigger »[1]. Et si tu veux être un « bad nigger », tu dois être prêt à mourir ! Il faut déconner, il n'y a pas d'autre solution. Dans le quartier, ça chauffe ! Trafic de stupéfiants, attaque à main armée, voilà notre monde à nous. Tu piges ?

Si l'on en croit les statistiques, la note est lourde, la criminalité est particulièrement élevée, la Police de Harlem distribue des fascicules illustrés pour mettre en garde la population locale contre les dangers qui la guettent à chaque instant.

— Plus les revenus sont bas, plus la criminalité est élevée, explique un sergent de l'Unité Spéciale Antigang. Et les criminels sont de plus en plus jeunes, de plus en plus violents. Le crime devient un mode de vie, à Harlem : meurtres, vols, viols, attaques à main armée, cambriolages, trafic de drogue, extorsion de fonds, incendies volontaires, la liste est longue, nous sommes débordés ! Et les prisons sont pleines. C'est une escalade dangereuse. A Harlem, il y a un problème spécifique : c'est une population déracinée, sans la moindre qualification, et cette population grossit naturellement les rangs du sous-prolétariat qui végète. L'économie parallèle prospère sur le terreau de la misère et les antagonismes de race. Les plus honnêtes trouvent des petits boulots plus ou moins légaux pour compléter les maigres prestations sociales qu'ils reçoivent, les autres organisent leur survie grâce à la drogue, au mugging (agression), au jeu, ou à la cambriole.

Si Harlem est une « high crime area »[2] qui alimente la peur des citoyens et constitue un sujet de choix pour la presse à sensation, sa criminalité est particulière : c'est une délinquance de pauvres, palpable au ras des trottoirs, une forme de révolte individuelle contre une société déshumanisée et raciste, envers un système qui marginalise, accule au désespoir ou à l'illégalité. Lorsqu'il n'y a plus aucune perspective, les activités illicites ou criminelles représentent le dernier recours, l'unique

---

[1]   Un sale noir

[2]   Une zone à haute criminalité. Rudy Giuliani, maire de New York, a été réélu en 1997 grâce aux succès qu'il a remportés dans la lutte contre la criminalité. En un an, le nombre de meurtres aurait diminué, à New York, de 21%, les viols de 4%, les attaques à main armée de 10%, et les vols de 11%. Au programme du maire Giuliani : la lutte contre la drogue, l'amélioration du système scolaire, et des mesures pour juguler la précarité.

moyen d'échapper à la misère, la principale source d'emplois, la seule manière d'exister.

— Dans les ghettos urbains, surtout noirs, il y a peu ou pas d'occasions de réussir par les moyens légitimes, reconnaît un sergent de la Youth Gang Unit. Le crime devient un moyen de survivre, une occasion de se faire de l'argent et, parfois, beaucoup d'argent. Mais la criminalité n'est pas seulement le produit conjugué de la misère, de l'absence de perspectives, de mauvaises influences et d'enfances malheureuses. Elle exerce aussi un formidable pouvoir d'attraction sur les blessés de la vie et sur les esprits fragiles, elle attire en particulier les jeunes qui n'ont pas d'emplois, pas d'activités, pas de distractions, et qui ont le goût du risque et des sensations fortes.

Les Blacks de Harlem se sentent inutiles, ils n'ont aucun but, aucune raison de vivre et bien sûr pas d'avenir. Alors, pour compenser, pour montrer qu'ils existent, ils se tournent vers les valeurs et les activités que la collectivité rejette. Sans doute y a-t-il aussi chez eux une part de défi, de frime, le plaisir de narguer la société établie, les institutions, les autorités, la Police et la vie elle-même. Qu'elle soit de rues ou organisée, la criminalité est au cœur de la culture du ghetto, de la sous-culture du ghetto, pétrie de violence, irrationnelle, impulsive, indifférente à la souffrance d'autrui.

— Moi, se vante Greg, un jeune gaillard tonitruant qui partage son existence entre la rue et la prison, je saisis l'occasion qui se présente. Pas de planning, j'allume mes lanternes, j'observe autour de moi. Et quand je repère un vieux ou un ivrogne, je ne le rate pas, je lui pique son pognon. Où est le mal ? C'est la loi de la rue. Tu te fais arnaquer, ou tu arnaques ; tu refroidis, ou tu es refroidi. Et puis, piquer la camelote, liquider un type, c'est le pied, c'est l'action ! Si tu t'en sors, et en plus au nez des poulets, tu as gagné. Et les potes sont fiers de toi !

Depuis que les classes moyennes ont déserté le quartier, une sorte de vie parallèle s'est installée à Harlem, en marge de la légalité, empreinte de violence. Tout le monde, finalement, y trouve son compte : les habitants, ravis de compenser leurs échecs et leur inactivité forcée en vaquant à une multitude d'activités souterraines, plus ou moins illicites ; les policiers, en nombre insuffisant, qui peuvent ainsi concentrer leurs efforts sur la grande criminalité organisée ; les pouvoirs publics, enfin, qui voient dans l'économie parallèle du ghetto une occasion de réduire les prestations sociales.

Comme leurs aînés, la plupart des jeunes Blacks choisissent rarement la grande criminalité. Ils préfèrent se livrer à toutes sortes de petits trafics, à des activités illégales mineures, comme le vol à l'étalage ou de voitures, l'usage de marijuana, le vandalisme, au gré des circonstances et de leur humeur, autant d'ailleurs pour augmenter leurs revenus que par jeu, par défi ou par provocation :

— Plus c'est risqué, plus c'est cool, plus tu prouves que tu as des tripes, déclare fièrement Mikaël, un « pro » de la cambriole, du braquage et du vandalisme. L'autre jour, pour se marrer avec les potes, on a eu l'idée de faire une virée à Central Park. On frappait tout ce qui bougeait, on terrorisait les cyclistes, tu aurais vu ça, ils détalaient tous ! Le parc s'est vidé en un instant, un vrai jeu d'enfer !

Soudain, le ton se fait plus confidentiel :

— Le zèbre qui vient de rentrer dans notre bande, il a violé une Wasp[1]. Man, il faut savoir tout faire, il faut prouver qu'on a des couilles !

Certains jeunes se décident à franchir le pas. Ils se lancent dans la criminalité organisée avec des conséquences dramatiques du fait de la prolifération et de la sophistication croissante des armes.

— Dans les années 50, explique un policier de l'Unité Antigang, on avait affaire à des jeunes armés de couteaux à cran d'arrêt, de chaînes, de bâtons, de zip guns[2]. Désormais, ils ont accès à toutes sortes d'armes, de plus en plus sophistiquées. Les revolvers traditionnels sont remplacés par des pistolets semi-automatiques, des fusils mitrailleurs ou des engins explosifs. Dans ces conditions, la mort par arme à feu constitue la principale cause de décès chez les Blacks. Les jeunes sont les plus dangereux, ils veulent faire leurs preuves, montrer qu'ils sont des hommes. 25% des jeunes Blacks sont en prison ou en liberté surveillée.

---

[1]   White Anglo Saxon Protestant

[2]   Revolver de fabrication artisanale, confectionné par les kids eux-mêmes

Les éléments les plus radicaux des gangs[1] sont plus impliqués dans les activités criminelles à haut risque, et ils ne dédaignent pas, à l'occasion, de travailler pour la Mafia locale qui apprécie leur parfaite connaissance du quartier. C'est dans les bistrots ou aux coins des rues que se prennent les contacts, que s'échangent les informations, que naissent les amitiés conduisant au crime organisé.

L'une des plaies de Harlem, ce sont justement les gangs qui se livrent une lutte impitoyable pour contrôler quelques blocs, des vestiges calcinés d'immeubles, des terrains à l'abandon, des maisons en voie de démolition, ou... un bon emplacement de deal !

Le phénomène a débuté dans les années 50. A cette époque, on n'y prêtait guère attention. Certes, on remarquait leurs inscriptions sur les murs, leurs tatouages, leurs bandeaux, leurs casquettes portées de travers ou à l'envers, leurs blousons ornés des couleurs du gang. Mais ils n'étaient pas très violents, et leurs armes étaient empiriques : ceintures à boucle d'acier, courroies de cuir, chaînes de vélo, tessons de bouteilles, couteaux à cran d'arrêt, poignards automatiques, battes de baseball, pistolets confectionnés à partir d'antennes de voitures et de mécanismes de serrures ; ils se battaient entre eux au cours des célèbres rumbles, les batailles rangées immortalisées par le film West Side Story ; ils commettaient de menus larcins et fumaient de temps à autre un peu d'herbe. Bref, une délinquance mineure, plutôt du folklore pour les Américains, en tous cas un phénomène culturel typiquement Yankee, largement popularisé par les médias.

Aujourd'hui, les gangs noirs sont de mieux en mieux organisés, ils possèdent un arsenal d'armes sophistiquées, ils sont impliqués dans un nombre croissant de crimes et quand ils se battent, c'est autant pour annexer un territoire que pour nuire à la communauté, semer effroi et douleur autour d'eux. Un membre du gang Blood raconte :

— Avant, c'était un simple baston. Aujourd'hui, on joue du flingue, c'est de la haute technologie, c'est du sérieux, quand tu as un flingue en mains tu es fort, tu es puissant, on te respecte, on te laisse tranquille. Et quand on vole, c'est pas seulement pour le fric, c'est aussi pour montrer

---

[1]   Le noyau dur, appelé aux Etats Unis « hard-core »

qu'on est des gangsters, de vrais gangsters ! On fait tout, d'ailleurs : on pique des sacs à l'arrachée, on rackette les commerçants, on brise leurs vitrines, on braque les bijouteries, on vend aux casseurs et aux magasins d'accessoires les pièces que l'on démonte dans les voitures volées, on deale la came. Qu'est-ce que tu crois, ça nous branle les méninges de voir les belles fringues devant nos yeux ! On en a marre de toujours regarder, alors on pique, on cambriole... On a nos receleurs, tu sais, ou alors on vend à la sauvette les marchandises volées dans les rues, sur les trottoirs et même au nez des poulets qui laissent faire parce qu'ils préfèrent nous voir occupés comme ça plutôt qu'à arroser le quartier de balles, ou d'autres conneries. De toutes façons, on est prêts à tout, on a la rage au ventre, c'est comme ça, c'est la logique du ghetto, on descend ceux qui ne sont pas de notre côté, on tient le quartier sous notre coupe, tout le monde a peur de nous, on est les maîtres de la rue, les caïds de Harlem, voilà pourquoi on est là.

Les kids des ghettos noirs connaissent très tôt la pauvreté, la violence, le désespoir ; plus des 2/3 grandissent sans père ; mal aimés, abandonnés dans la journée par une mère qui travaille, se prostitue ou se drogue, ignorant leurs racines, ils se sentent rejetés et, tout naturellement, ils viennent grossir les rangs des gangs, substituts de la famille défaillante. Très jeunes, ils font dans la rue l'apprentissage du mal sous toutes ses formes :

— La rue est notre monde à nous, raconte un jeune Noir au sourire hollywoodien. Tu casques, tu te prends des coups, on te butte. Si on veut survivre, il faut être un dur, prouver aux autres qu'on a de l'estomac.

Les gangs se multiplient au sein d'une jeunesse qui ne connaît de l'existence que la précarité, la haine, la lutte pour la survie. Et qui, de plus en plus tôt, se lance dans la criminalité, mineure ou organisée, parce qu'elle n'imagine pas d'autre issue. On estime d'ailleurs que 90% des Noirs de Harlem sont arrêtés au moins une fois dans leur vie pour un délit.

Mais les gangs d'aujourd'hui, à Harlem, n'ont plus rien de commun avec ceux des années 50. On y entre de plus en plus tôt, on y meurt de plus en plus jeune ; on ne sait même plus pourquoi on tue, on tue, point ; une seule envie : détruire le plus possible, n'importe comment, n'importe où, même dans un centre commercial, dans un Burger King ou dans une école. Les rues se muent en champs de bataille, régulièrement arrosées, d'ailleurs, par les tirs de tueurs planqués à l'intérieur d'une voiture ou d'une fourgonnette volée :

— Les raids, c'est le pied ! déclare avec arrogance un kid de quinze ans. On tue pour le plaisir, on tue pour montrer qu'on est des hommes. Dans une fourgonnette, c'est cool ! On est plus nombreux, il y a plus de sang. Tout le monde est notre ennemi, personne nous aime, personne nous comprend. Alors, c'est la guerre totale. Et si on a pas d'ennemis, on s'en trouve. Il faut avoir quelqu'un avec qui se battre, qu'est-ce qu'on peut faire d'autre ? On a rien à nous proposer. Rien que les flingues et la came.

A Harlem, du gang de rues on est passé progressivement, dans les années 90, à des organisations criminelles ; de la bagarre au meurtre ; des traditionnelles rumbles aux raids meurtriers ; des larcins aux vols avec violence ; des provocations aux crimes ; des menaces aux rackets ; de l'herbe à la cocaïne et au crack ; de l'exclusion des membres pour usage de stupéfiants, au trafic de drogue. Les objectifs ont changé, les moyens aussi. : les histoires de territoires, de racket ou de dope se règlent à coups de revolvers, de fusils à pompe et de mitraillettes. Tant pis pour les innocents qui se trouvent au milieu des rafales ! Au début, dans les années 50, les jeunes Blacks constituaient une menace pour eux-mêmes ou pour leurs pairs, à partir des années 80-85 ils ont commencé à devenir un danger pour la communauté toute entière, prise dans leurs fusillades absurdes et sanglantes.

De tous les gangs américains, les gangs noirs sont les plus redoutés. Parce qu'ils ne respectent rien, ni la communauté, ni la famille, ni la morale, ni la religion, rien. Et parce qu'ils n'ont qu'un but : l'argent, par tous les moyens possibles.

La Mafia le sait, elle puise dans leurs rangs, elle prospère sur les décombres de la ville noire.

— Voilà, c'est ça, Harlem, notre putain de capitale, conclut un kid rencontré au hasard des rues.

Une putain de capitale qui, parfois, rêve d'exorciser ses démons meurtriers.

Deuxième séjour à New York. Après nous avoir cueillis à l'aéroport dans la fourgonnette qui lui sert de taxi sauvage, Joe nous conduit chez lui, dans le « public housing project » qu'il habite ; ce sont d'immenses tours plantées au milieu d'un peu de gazon – d'où le surnom d' « Evergreen », toujours vert, un qualificatif étonnant dans le Bronx – et cernées par des buildings plats, rectangulaires, bruns-rouges comme il y en a tant dans le quartier. Pour y accéder, il faut longer d'interminables avenues jalonnées de bâtiments à demi calcinés dont les issues inférieures sont souvent murées, ou bien des cimetières improvisés de voitures volées et rouillées, squattés par les sans-domicile et les junkies. Dans cet univers de fin du monde, il est naturel de s'approprier un véhicule abandonné pour y loger, comme il est normal pour un enfant du Bronx d'être battu, ou pour un jeune de séjourner en prison si par chance il échappe à l'overdose, au sida, ou aux règlements de comptes des gangs !

Au début, les « public housing projects » sont réservés aux classes laborieuses les plus modestes, puis ces logements à prix réduits s'ouvrent aux familles monoparentales et aux bénéficiaires du Welfare, ils représentent le réceptacle de toutes les misères, l'ultime solution des familles dont plus personne ne veut. Et ils deviennent peu à peu des foyers de haute criminalité, au point que les habitants n'osent même plus sortir dehors l'été, s'asseoir sur un banc, bavarder entre eux. Alors ces grands ensembles sont désertés par les Blancs au profit des Noirs et des Portoricains qui arrivent en masse, parfois à plusieurs familles dans un même logement. Les « projects[1] » laissent désormais place à de gigan-

---

[1] Au début des années 80, des groupes de pression, les « groups housing », sont intervenus auprès des politiciens et des propriétaires pour qu'ils réhabilitent les bâtiments

tesques ghettos ethniques, surpeuplés, insalubres, fermés sur eux-mêmes, livrés à la pègre locale :

— Ici, explique Joe, on n'a pas les moyens de se payer des brigades de surveillance privée ! On a un agent de sécurité, c'est déjà beaucoup. Les commerçants ont fui, il ne reste que des vitrines aux grillages arrachés traînant sur le sol et quelques magasins de spiritueux ou de rares épiceries tenues par des Latinos ou des Asiatiques ; les centres de soins ou de loisirs ont fermé les uns après les autres ; les rares écoles qui subsistent encore sont hérissées de grilles et ressemblent à des bunkers ; les ordures s'amoncellent, souvent seules sources d'approvisionnement des plus pauvres. Ici, on récupère sur les trottoirs les meubles ou les denrées que veulent bien laisser ceux qui ont encore la chance de bénéficier des allocations sociales, distribuées de plus en plus parcimonieusement depuis que le Président Reagan a décrété qu'il fallait restreindre le nombre de bénéficiaires de l'Aide publique, considérée comme un gaspillage, afin de décourager l'inactivité ou la construction de familles monoparentales. Comme on est loin, aujourd'hui, de la guerre contre la pauvreté lancée par l'Administration Kennedy ! On démantèle l'Etat-Providence, c'est une régression sociale...

Quand Joe nous accueille chez lui, il est au chômage et doit se contenter des prestations sociales et autres aides financières. Il bénéficie également des « Food Stamps », des coupons qui lui permettent d'obtenir gratuitement les denrées de première nécessité[1]. Il a la chance d'habiter

---

abandonnés ou construisent de nouveaux logements. Ainsi sont nés les « public housing projects », les grands ensembles immobiliers édifiés pour les minorités noires et latino-américaines. A titre indicatif, en 1984, la New York City Housing Authority s'occupe de plus d'un demi million de familles éparpillées dans les cinq quartiers de New York mais surtout dans le sud du Bronx. Ses deux cent soixante quinze projets concernent deux mille huit cents immeubles, alors que soixante quinze mille familles figurent sur les listes d'attente.

[1] En 1992, un Américain sur dix recevait une aide alimentaire, pourcentage le plus fort depuis la guerre. Le taux de pauvreté ne cesse d'augmenter dans les grandes villes, de plus en plus de familles doivent mendier ou voler pour survivre. A New York, un adulte sur huit et presque un enfant sur trois dépendent de l'aide sociale. De nombreuses prestations ont été supprimées par le Président Reagan, en raison de leur coût élevé – un coût pourtant dérisoire comparé à celui des mesures nécessaires pour combattre les effets de la misère : criminalité, soins médicaux ou psychiatriques, menaces

un logement bon marché, alors que de nombreux Latinos, Portoricains comme lui, figurent sur les listes d'attente des « public housing projects » et doivent se contenter des « hot-beddings », ultime solution avant la rue : ce sont, littéralement, des « lits chauds », où l'on se relaie jour et nuit. Ensuite, il reste les ruines calcinées, les carcasses des voitures volées, les caves d'immeubles, les bancs publics ou le macadam.

Les logements sociaux du South Bronx laissent au visiteur une impression terrifiante. Ce sont des pâtés d'immeubles identiques, rectilignes, froids, lugubres, hérissés d'échelles d'incendie comme on en voit partout dans le film « West Side Story », d'immenses tours où l'on entasse le maximum d'individus, des buildings malsains où l'on vit parfois à huit ou dix dans trois pièces minables infestées de cafards, de punaises, de rats, des lieux clos, bruyants, malodorants, peuplés de Noirs et de Latinos chassés de partout, méprisés, parqués, condamnés à l'isolement géographique, à la ségrégation résidentielle, à l'exclusion économique et sociale irréversible.

Complètement coupées du reste de New York, les minorités raciales du Bronx savent ce que signifie l'apartheid au quotidien. Et les « projects » sont en fait de véritables poudrières sociales ! Dans ces quartiers aux allures de villes-fantômes, souvent sans la moindre verdure, peu de voitures circulent, les rares passants accélèrent le pas, quelques enfants tournent en rond, crevant d'ennui et de peur ; des chiens et des chats squelettiques fouillent inlassablement les décombres et les ordures ; les jeunes traînent leur désœuvrement, leur désespoir ou leur agressivité, souvent à la recherche d'un mauvais coup, d'un acte de vandalisme, d'une violence gratuite, d'une bagarre, d'un affrontement entre groupes rivaux, puisqu'il n'y a pas de travail, pas de loisirs, rien, sauf parfois un terrain de foot arraché à la désolation générale, maigre revanche de la débrouille sur la misère, modeste victoire de la vie sur l'ennui, le délabrement et la mort ambiantes.

---

contre le tissu social lui-même... – les budgets sociaux ont été réduits, on décourage les bénéficiaires des différentes aides, l'Administration clôt indûment de nombreux dossiers, sous des prétextes variés : défaut de présentation, adresse inconnue, mise en ménage... les suspensions d'allocations sociales ou leur arrêt définitif sont à l'origine des carences alimentaires de nombreuses familles, de l'éviction de leur logement, de la clochardisation ou de la criminalité galopantes.

Ce qui surprend d'emblée, quand on pénètre dans un « project », c'est l'insalubrité des lieux. Les murs sont recouverts de graffitis peints à la bombe indiquant le plus souvent le nom des gangs et les limites des territoires qu'ils contrôlent ; les halls d'entrées sont sales, sordides, menaçants, troués d'impacts de balles, et la peinture, quand il en reste, part en lambeaux ; les boîtes à lettres sont à demi-éventrées ; les cages d'escalier sont grises, jonchées de mégots, de seringues usagées, de débris de bouteilles et de détritus jamais ramassés ; les ascenseurs, dont les boutons d'arrêt d'urgence ont été arrachés, sont imprévisibles, capricieux, peu fiables ; ceux qui les empruntent vivent dans l'angoisse d'une longue panne. Pour couronner le tout, les parties communes sentent l'urine et l'alcool.

Et la nuit, c'est pire ! Les membres de gangs prennent pour cibles les lampes des halls, des couloirs et des cages d'escaliers – simple petit jeu qui plonge le visiteur dans l'obscurité et la peur ; quant aux toxicomanes, ils occupent les entrées, les corridors et les caves pour s'y shooter. Ils sont aussi imprévisibles que les ascenseurs et aussi menaçants que les halls criblés de balles. Bien heureux si l'on croise seulement un alcoolique cuvant son vin ou prêt à en découdre !

Quand la nuit tombe, les habitants hésitent à s'aventurer dehors, ils se terrent devant la télévision, ils se recroquevillent sur eux-mêmes, ils se retranchent encore un peu plus dans leur petit ghetto personnel, protégé du voisin ou de l'intrus. La paranoïa est telle que personne ne se hasarde à ouvrir les fenêtres, de peur de recevoir une balle perdue ; celles-ci sont d'ailleurs barricadées aux étages inférieurs, même pendant les canicules estivales. Dans le South Bronx, les nuits sont hallucinantes, ponctuées du hurlement lugubre des sirènes ou des hélicoptères de la Police quand ne retentit pas, au loin, le bruit d'une fusillade meurtrière. Les gens crient, s'invectivent, se disputent, se menacent, se battent, les enfants pleurent, les femmes appellent au secours, et le scénario se répète chaque soir avec une régularité effrayante.

Certains appartements ne sont pas occupés. Les locataires qui, malgré les allocations publiques, ne paient plus rien, ni loyer, ni eau, ni électricité, ni gaz, finissent par être expulsés et lorsqu'ils ne partent pas assez vite, on s'arrange pour accélérer les choses.

Mais les appartements ne restent pas longtemps vacants. Ils sont aussitôt occupés par les gangs, squattés par les junkies, les clochards ou les criminels récemment libérés, quand ils ne servent pas à stocker des armes ou à toutes sortes d'activités illicites. Si une bande organise des réunions dans un appartement vacant pendant qu'une autre installe son quartier général dans un bâtiment désaffecté adjacent, le secteur devient le théâtre d'une impitoyable guerre de gangs. Et les habitants se terrent un peu plus chez eux.

Les locataires se côtoient, ils ne se rencontrent jamais. Dans le Bronx, on ne connaît pas la solidarité, c'est chacun pour soi, la lutte pour la survie, on a peur de l'autre, on s'épie, on se méfie du voisin. Et si l'on se réunit, c'est autour d'un cercueil, pour pleurer la disparition précoce d'un jeune victime d'une balle perdue ou d'un règlement de comptes entre bandes rivales ou entre dealers. La souffrance est commune, volontiers partagée entre les femmes qui craignent pour la vie de leurs enfants, sachant parfaitement qu'une tragédie identique peut leur arriver à chaque instant. C'est le Bronx, la mort soudaine, la mort absurde, la mort prématurée, la mort misérable, seule capable de réunir pour quelques heures des locataires quotidiennement repliés sur eux-mêmes. Atroce réalité d'un quartier qui n'en finit pas de panser ses plaies et de pleurer ses enfants sans jamais entrevoir la moindre solution, la moindre espérance.

Lorsque le grand ensemble pompeusement baptisé les « Evergreen » nous apparaît pour la première fois, nous sommes saisis par l'immensité des tours bruns-rouges, une vraie jungle de briques, de verre et d'échelles de secours. Même entourés de maigres pelouses et d'arbres symboliques, les immeubles hauts d'une vingtaine d'étages sont sinistres, froids, peu accueillants. Ils abritent des milliers de personnes entassées les unes sur les autres, tributaires des allocations publiques.

Le Welfare, Joe le touche depuis qu'il a perdu son dernier emploi de policier auxiliaire. Car s'il a transformé sa vieille camionnette en « gipsy cab », en taxi sauvage, il dépend surtout des allocations publiques[1] et des Food Stamps, l'aide alimentaire gratuite.

— Ici, explique Joe, tout le monde survit grâce aux chèques du Welfare, encaissés chaque mois. Ce système fait partie de notre mode de vie. On est des « accros » aux aides publiques, des assistés, puisqu'on n'a rien d'autre ! On préférerait avoir un job, vivre dignement. Car le Welfare, s'il nous permet de manger, nous humilie, quelque part il nous tue quelque chose dans la tête. Et puis, ces allocations d'Etat sont soumises à des conditions draconiennes. Les services sociaux envoient régulière-ment des inspecteurs pour voir si on en a réellement besoin. Tout est passé au crible : les revenus, le niveau de vie, le nombre d'enfants, la situation familiale. C'est exaspérant !

On sent que Joe est profondément révolté :

— Le nombre d'allocataires diminue sans cesse, on est secouru de moins en moins longtemps, on supprime de nombreux programmes d'aide, et tout cela à cause de Reagan, à cause des Républicains. Ce ne sont pas les amis des pauvres ! Ils ne comprennent rien, ils n'ont pas de cœur, et ils contribuent à accroître le fossé entre les riches et les pauvres. Mais ils jouent avec le feu ; un jour, ça va péter, on est sur une poudrière, les politiciens ne voient jamais rien venir !

Au chômage, Joe est condamné au Welfare comme la plupart des habi-tants du quartier. Le Welfare, pour lui, ce sont les différentes aides pu-bliques, les allocations d'Etat, les indemnités de la ville, accordées aux femmes seules, aux mères célibataires et aux sans emploi. Elles ont été instituées dans les années 60 par les Démocrates, en particulier le Pré-sident Lyndon Johnson, autour d'un projet de « grande société ». L'ex-pression désigne, en fait, le système de protection sociale mis en place et financé par le Budget fédéral : aides au logement et à l'emploi, assis-tance aux organisations associatives et aux écoles les plus pauvres, as-surance médicale gratuite pour les personnes âgées (« Medicare ») et pour les plus démunis (« Medicaid »), enfin aide alimentaire (USDA

---

[1]   Dans certains quartiers de New York, au moins 90% des résidents dépendent uniquement du Welfare, seul revenu légal.

Food Stamps, les bons pour des colis de nourriture distribués par le Département Américain d'Agriculture).

Joe est amer. Avec les coupons de nourriture, sa famille mange tous les jours la même chose : des pommes de terre, du riz, des haricots, des pâtes, des pois chiches, du pain, parfois du poulet ou des œufs. Nous sommes soumis chaque jour au même régime, excellent d'ailleurs, car la sauce, très relevée, est typiquement latino-américaine.

A la fin du mois, quand les chèques du Welfare arrivent enfin, Joe va chercher au Burger King le plus proche des hamburgers, des frites et des sodas ; une tradition qui réjouit toute la famille !

— Et pas question d'y aller ensemble ! ajoute Joe. C'est trop risqué. Dans le Bronx, quand les gens touchent leur paie ou les chèques du Welfare, ils s'échauffent, on ne sait jamais comment cela se termine. Je ne veux pas que mes gosses soient victimes d'un tireur fou ou de deux bandes rivales ! Alors, je les laisse devant la télé, c'est plus sûr. Chaque mois, c'est pareil. Ils attendent avec impatience les hamburgers. C'est notre fête à nous, les enfants du barrio ![1]

Des familles comme celle de Joe, il y en a partout dans le Bronx : ayant la hantise des balles perdues, ou des cafards, ou encore de l'eau, du gaz, de l'électricité et du téléphone coupés. Et justement, lorsque nous arrivons chez Joe, il n'y a plus de téléphone, faute d'argent pour payer les factures qui se sont accumulées. Finalement, dans le quartier chacun a les mêmes préoccupations : survivre, à n'importe quel prix, s'occuper comme on peut, et essayer de se protéger de la violence de l'autre. Joe a résolu la question comme M. et Mme Callarie : en reléguant ses enfants devant la télé. Pour eux, pas de sorties, pas de sports, rien – sauf l'école et l'église. Dans le Bronx, la vie est aussi monotone que dangereuse. Et il vaut mieux se méfier de ses voisins.

Aux Evergreen, Joe est chez lui, on respecte son passé et ses biceps. Avec lui, toutes les portes s'ouvrent volontiers, même celles de la prostitution et des gangs. La pègre, il en a fait partie, et il la côtoie encore à chaque instant dans la cité où il habite. Tour à tour malfaiteur et

---

[1]   Quartier, en Espagnol. Joe, comme tous les Portoricains, parle chez lui dans sa langue d'origine. Ensemble, nous communiquons en espagnol plutôt qu'en anglais.

homme d'église, voyou et gentleman, Joe est à l'aise avec les criminels comme avec les paroissiens : personnage hybride, étonnant, à l'image de Cookie Rodriguez, son amie et complice elle aussi passée sans transition des ténèbres à la lumière, de la pègre à la grâce divine. Tous deux égéries des gangs avant de les évangéliser !

Et des membres de gangs, on en trouve à chaque étage des Evergreen. Ainsi, Roberto. Malgré son prénom à consonance latine, c'est un Black, il a vingt ans et il fréquente la « Zulu Nation »[1].

— A l'origine, raconte Roberto, la Nation Zoulou est une grande tribu d'Afrique du Sud, qui devint un empire sous la direction de Shaka Zulu. Notre groupe, ici, a été fondé par un Noir du nom de Bambaataa. Le quartier général se trouve dans un project appelé « Bronx River Houses » ; plusieurs membres viennent du gang des « Black Spades ». Nous sommes fiers d'appartenir à la Nation Zoulou, qui compte plus de cinquante sections dans le Bronx. Et nous sommes de grands guerriers comme l'étaient nos ancêtres d'Afrique du Sud !

Roberto vit chez ses parents. Le logement est clair, moderne, bien meublé et bien entretenu, ce qui est exceptionnel dans le Bronx. Un canapé en cuir blanc trône même dans le salon. D'où vient l'argent ?

— Mon père travaille, répond Roberto. Il est policier, et il ne sait pas que j'appartiens à la Nation Zoulou. Un jour, ma mère a vu les couleurs du gang sur ma veste. Je lui ai menti en disant que la veste ne m'appartient pas ; je mène une double vie. Le jour, je vais à l'école et je danse le break. La nuit, je retrouve le gang. Quand ma mère m'interroge, je lui dis que je sors avec des amis. La bande, c'est une vraie famille. Généralement, quand on rentre dans un gang, c'est parce qu'on se sent mal aimé, rejeté. On dit au nouveau venu : « Nous sommes ta famille ». Pour certains, c'est la première fois qu'on leur parle comme ça. On a le sentiment d'appartenir enfin à une famille, celle du gang. Ceux qui ne sont

---

[1]   Dans une note du Département de Police new yorkais, datée du 8 décembre 1983, il est stipulé que la Zulu Nation, essentiellement d'origine hispanique, démarra en tant que groupe de danse et se transforma en gang lorsque son Territoire fut envahi par les « Ball Busters ». Une autre note, datée du 13 décembre 1983, précise que la Nation Zoulou est à l'origine de plusieurs crimes violents. Avant d'agresser leurs victimes, les membres du gang entonnent leur cri de guerre : « Zulu, Zulu ».

pas nos amis sont nos ennemis. Et là, on argumente à coups de flingues. Comme on s'ennuie, on cherche l'action. Quand on risque sa peau, c'est le grand frisson ! Puisque la société nous rejette, on s'entoure de criminels. Logique, non ? Ici, il faut des coups pour qu'on comprenne. Donner une raclée à quelqu'un ou en recevoir une soi-même sont les deux plus belles choses dans la vie d'un gang. On ne se fait pas de cadeaux ! Tu cognes, je cogne ; tu tues les miens, je tue les tiens. Ça fait partie de nos traditions ! Moi, je veux vivre jusqu'à vingt-cinq ans. Après, je peux mourir. En attendant, j'espère en descendre beaucoup ; quand je tue, je jouis.

Je demande à Roberto s'il a perdu certains de ses amis.

— Bien sûr, répond-il avec assurance. Les potes se font tuer les uns après les autres ! Je passe mon temps à suivre les cercueils. Bientôt ce sera mon tour.

Alors, résigné, Roberto ?

— On a pas le choix, c'est la logique du ghetto ; on nous a parqués là pour qu'on s'entretue...

Quelques temps plus tard, Joe nous présente Rafaël, trente deux ans dont dix-huit en prison.

— Dix huit ans de taule, ça pose ; je suis une star ! dit-il fièrement en ajustant sa grosse moustache à la Pancho Villa. J'ai grandi sans père, comme beaucoup. Ma mère m'a eu par accident à quatorze ans. Elle s'est battue pour me nourrir et se payer ses doses ; son job, c'était faire le tapin. Quand j'étais petit, elle m'attachait pendant des heures pour que je ne déconne pas en son absence. Le quartier fait de nous des gangsters. La violence, c'est le langage de la rue. Il faut prouver qui on est avec un flingue. Si tu es prêt à tuer sept jours sur sept, vingt quatre heures sur vingt-quatre, tu es respecté. On vit dans un monde de cinglés, on ne choisit pas, on subit. Le plus dur, c'est de descendre le premier type. Après, ça va tout seul : tu appuies sur la détente, et c'est réglé ! Une balle, d'ailleurs, ça fait moins mal que la vie. Dans le ghetto, on est moins qu'une bête, on est des nuisances, voilà, c'est tout.

Je regarde le décor dans lequel vit Rafaël. La pièce est sombre, comme le personnage, lugubre même, sans fenêtre, aucune lumière ne vient de l'extérieur. D'un côté, un canapé-lit, de l'autre, il y a une table, sur laquelle trône la télévision, et deux chaises.

Rafaël m'explique pourquoi il a passé dix-huit ans en taule :

— J'ai tué un type, j'ai fait son dépucelage. Ça s'est joué entre lui et moi, je n'ai pas hésité une seconde. Ici, on tue les gars avant qu'ils vous tuent. C'est la loi de la rue. Et puis, tuer ça vous rend grand !

Je suis surprise. Dix huit ans pour un seul meurtre ? Il doit être particulièrement crapuleux...

— Ben, ajoute Rafaël en hésitant, j'en ai rendu un autre infirme. Il est dans un fauteuil roulant.

— Et de quoi vis-tu, aujourd'hui ?

Visiblement, la question ne plaît guère à mon interlocuteur. Il allume une cigarette et répond laconiquement :

— Je me débrouille, comme tout le monde ici.

Sur le même palier, il y a aussi Toni, un Portoricain qui reconnaît avoir passé vingt ans dans la drogue et dans « vingt mille autres choses ». Quand je lui demande de préciser, il répond avec un large sourire qui laisse entrevoir des dents à moitié pourries.

— On nous relègue dans le Bronx, pour ne plus nous voir, parce qu'on est soi-disant des moins que rien. Il faut comprendre ! Pour nous, il n'y a que l'économie parallèle, la débrouille, la cambriole. Tout ce qu'on a, c'est vrai, on se le procure de façon pas très claire. Et après ? Tout le monde en fait autant. On s'intègre au Système comme on peut. C'est pas nous qui l'avons créé, le Système...

Et quand je lui demande pourquoi il a passé quinze ans en prison, Toni répond sans hésiter :

— Yeah, j'ai tué des types pour les voler, mais on n'a pas pu le prouver. Alors, les quinze ans c'est pour le trafic de drogue et les attaques à main armée.

Et l'avenir, comment le voit-il ?

— Tu sais, y a pas d'avenir dans le Bronx. Sauf pour les accros de la foi, comme Joe qui s'en est sorti. Joe, il a un copain qui se shootait. Du jour au lendemain, il a pu se passer des drogues les plus dures. Et maintenant, il dit partout que Dieu a réussi là où tous les autres ont échoué, même les scientifiques et les médecins. Moi, je me frotte pas au Bon Dieu. Alors, y a pas d'espoir pour moi. Voilà.

Les voisins de Joe sont surpris de voir des Français aux Evergreen. Ils hésitent entre la curiosité, la méfiance et l'hostilité : les étrangers sont forcément suspects. Grâce à Joe, les difficultés s'aplanissent progressivement. Notre hôte est respecté, craint, apprécié. Et il sait imposer sa silhouette massive partout où il passe, parmi les bandes de jeunes comme au sein de la Police ou au milieu des prostituées !

14 - Les galeries de la mort

Nous rêvions de visiter une shooting gallery, les policiers acceptent de nous y conduire. Une shooting gallery, c'est un lieu où se retrouvent les jeunes qui se shootent, qui se piquent, parfois jusqu'à la mort, toujours dans des conditions effroyables. Il peut s'agir d'un bâtiment en ruines loué cinquante dollars par semaine par de petits trafiquants qui font payer trente dollars le droit d'entrée, la seringue et la dose d'héroïne, ou tout simplement d'un immeuble abandonné squatté par une poignée d'hommes et de femmes formant entre eux une petite fratrie éphémère, tantôt solidaire, tantôt conflictuelle, autour de la drogue.

La prudence est recommandée ; les drogués n'aiment pas être dérangés dans leurs habitudes. A tour de rôle, d'ailleurs, ils se postent sur un toit ou devant la shooting gallery, prêts à donner l'alerte. Dans un premier temps, les policiers nous demandent de rester dans la voiture ; eux-mêmes sont prêts à battre en retraite rapidement.

— Il faut faire attention pour ne pas devenir une cible, nous explique le sergent. Il n'est pas question que mes gars se fassent abîmer...

Le premier réflexe de nos *partners* est de regarder en l'air : ils ont l'habitude d'être accueillis à coups de projectiles variés. Cette fois, heureusement, tout va bien ; nous pouvons sortir du véhicule. En face de nous se dresse un imposant immeuble en briques rouges, prêt à rendre l'âme, sordide comme le quartier qui l'abrite ; les fenêtres du rez-de-chaussée sont murées. Nous pénétrons dans la partie arrière du bâtiment. D'un vigoureux coup de pied, le sergent ouvre la porte recouverte de planches moisies.

L'officier explique :

— Le bâtiment était devenu le quartier général du gang « Savage Nomads », avant d'être choisi par les toxicos qui en ont fait leur lieu de rendez-vous. Quand un immeuble abandonné n'est pas totalement détruit par le feu, il est aussitôt squatté par les gangs ou par les toxicomanes. Celui-ci sert de lieu d'injection à de nombreux jeunes. On s'y inocule la mort !

Les policiers nous entraînent dans une enfilade de couloirs sombres, nauséabonds, jonchés d'excréments et de détritus sans cesse explorés par une multitude de rats. Après avoir franchi une porte rouillée, nous sommes projetés dans un grand hall encombré de carcasses de poutres, de tuyaux percés, de débris de verre, de lambeaux de vêtements, de planches éclatées. Une odeur d'urine et de moisi nous saisit à la gorge.

— Récemment, explique le sergent, on a retrouvé dans un bâtiment calciné comme celui-ci le cadavre d'un kid à demi dévoré par des chiens errants, et recouvert de débris. Il était tombé par un trou du plancher !

Au moment où nous empruntons ce qu'il reste d'un grand escalier, nous nous retrouvons face à deux jeunes Noirs apparemment très pressés de quitter les lieux, mais se tenant difficilement debout. Ils ont le torse nu, sale, décharné, les bras recouverts de blessures bleues, et leurs yeux sont vitreux.

Les policiers leur barrent le passage :

— Vos pièces d'identité, s'il vous plaît. Alors, vous êtes encore en train de vous défoncer, hein, vous ne pouvez pas vous empêcher de replonger dans cette saloperie !

Les deux garçons s'exécutent de mauvaise grâce.

— C'est bon, tirez-vous. Vous avez de la chance, aujourd'hui on n'arrête personne ; on n'est pas là pour ça ! (nous étions là, et il n'y avait pas de place pour tous dans le véhicule)

Les deux toxicos ont du mal à cacher leur surprise.

— Allez, on vous a dit de dégager ! On n'est pas là pour vous embarquer, on a autre chose à faire. Et à l'avenir, faites attention !

Sur notre passage, les marches d'escalier craquent dangereusement, les murs tremblent, des rats s'enfuient. Le décor est digne des films d'épouvante.

Encore une porte, et nous pénétrons dans une petite salle mal éclairée, jonchée de détritus. Les murs sont maculés de taches et de tags.

— Dans ces bâtiments, commente le sergent, l'électricité fonctionne à partir de quelques branchements ; il suffit d'un réseau de lignes sauvages pour alimenter le ghetto. Quant à l'eau, elle arrive mal. Maintenant, regardez...

L'officier nous montre une fenêtre dont le verre a été remplacé par du carton et des lambeaux de vêtements.

— Vous voyez cette fenêtre ? Elle est située au premier étage. Ils sont tous sortis par là en nous voyant arriver ; un guetteur les a prévenus. D'ailleurs, à côté il y a une porte dérobée ; ils connaissent les lieux mieux que nous. Ils y ont installé une véritable société parallèle. Tout ce qu'ils veulent c'est l'extase, à n'importe quel prix. La poudre blanche, et le sexe !

Dans la grande pièce qui fait office de lieu d'injection et de fumerie, on trouve pêle-mêle des matelas éventrés, des oreillers, des couvertures, un canapé branlant, de vieilles valises, des hardes, des bassines, quelques bouteilles de Coca-Cola, un poste de T.V. portatif, un tourne-disque cassé et même un vieux frigo.

Par curiosité, j'ouvre la porte du réfrigérateur. La nourriture est décomposée, et l'odeur, pestilentielle. C'est le royaume des cafards...

Le sergent attire notre attention sur une petite table ronde :

— Regardez, dans leur hâte ils n'ont rien emporté, ni le réchaud, ni la poudre blanche, ni les seringues, elles sont d'ailleurs encore pleines de sang. Mais comment font-ils donc pour vivre là, dans la promiscuité et la saleté la plus complète, au milieu des rats, des cafards, du moisi, de l'odeur d'urine, de vomi ? Vraiment, il faut être fou pour vivre ainsi...

Le sergent est dégoûté. Il éprouve le besoin de parler, de raconter :

— Il y a tout un rituel. Les membres de la petite fratrie se retrouvent autour d'un réchaud. L'eau, souvent très sale, est chauffée pour stériliser l'aiguille. Ensuite, les toxicomanes vérifient le contenu de leur sachet. Ils se demandent toujours si le mélange est bien dosé, s'il est trafiqué ou si c'est de l'héroïne pure – et dans ce cas, il peut s'agir de leur dernier trip. La plupart du temps, la marchandise ne contient que 2 à 5% d'héroïne. Mais parfois les fournisseurs en mettent davantage, par mégarde ou volontairement pour se débarrasser de quelqu'un, et c'est l'overdose. Puis la poudre blanche est chauffée à son tour dans un peu d'eau, afin d'être dissoute et versée dans la seringue. Chacun, alors, se confectionne un garrot comme il peut, souvent avec une ceinture, et cela jusqu'à ce que la veine enfle. C'est à ce moment-là que le produit est injecté. Lentement, l'héroïne passe dans le bras garrotté. Quand les veines sont en mauvais état, il faut chercher jusqu'à ce qu'on en trouve une bonne. Cela peut demander quelques minutes. Et le voyage commence, l'euphorie, les rêves insensés, les histoires folles, un trip d'enfer !

Le sergent regarde autour de lui. Il réprime difficilement une grimace :

— Ils se retrouvent tous ici pour se défoncer, parce qu'ils savent, comme les gangs d'ailleurs, qu'ils ne seront pas dérangés. Le bâtiment est une ruine, il peut s'effondrer à tout instant. Les kids le savent, et ils s'en moquent.

Puis l'officier nous montre une fenêtre dont les carreaux ont été remplacés par des bouts de carton. Il en déplace un :

— De là, vous pouvez regarder sans être vus. En face, il y a un immeuble en briques rouges comme celui où nous sommes, mais qui n'a pas brûlé, en tous cas pas encore ! Et dans cet immeuble, tous les habitants sont plus ou moins impliqués dans la consommation ou le trafic de la drogue. On n'arrive pas à les prendre en flagrant délit de vente. D'abord, parce qu'ils bougent tout le temps, d'un bloc à l'autre, puis ils reviennent au même endroit, c'est comme un jeu ; ensuite, parce qu'ils ont rarement de la drogue sur eux. Soit ils la dissimulent dans des cachettes à portée de main, jusque dans les gaines d'aération des immeubles, soit ils en détiennent en si petite quantité qu'ils se retranchent derrière le fait qu'ils sont toxicomanes. Le plus souvent, d'ailleurs, ils pratiquent la stratégie du « flux tendu » : pas de stock, la livraison juste avant la vente, la quantité de marchandise étant calculée au plus juste. Et nous ne pouvons rien saisir. Pourtant, on les connaît, tous les junkies du coin, on les repère parfaitement, ils se tiennent en groupe au pied des immeubles ! Mais pas moyen de les prendre en flagrant délit de vente. On a beau ratisser le quartier, le boucler, ça ne sert à rien, ils arrêtent le trafic dès qu'ils nous voient, ils se volatilisent instantanément, surtout si on travaille en uniforme. Des gamins, bien payés, font le guet, ils donnent l'alerte, la Justice est indulgente avec eux comme d'ailleurs avec les grands-pères qui arrondissent leurs fins de mois difficiles en se livrant au trafic de drogue. Si ça ne tenait qu'à moi, je chasserais tout ce qui est lié à une seringue, j'arrêterais tous ces mecs puants. Ce sont des irresponsables, des criminels. Ils ne vivent que pour la drogue, c'est leur religion, rien ne compte pour eux, ni leur famille, ni la patrie, ils feraient n'importe quoi pour un peu de poudre blanche. Pour moi, la drogue c'est l'esclavage des temps modernes. Voilà ce que je pense.

Les pourvoyeurs de drogue sont connus, identifiés, et pourtant ils sont difficiles à approcher. La Police est obligée de déployer des moyens de plus en plus lourds pour les prendre en flagrant délit de vente. Des unités ont été mises en place, spécialement chargées des trafics de rue ; certains policiers infiltrent les quartiers, déguisés en cantonniers ou en éboueurs, repérant les dealers, les épiant, consignant soigneusement leurs moindres faits et gestes. Ou bien ils utilisent la technique du « buy and bust », on prétend acheter et on arrête. Les enquêtes sont longues, il faut se fondre au milieu des revendeurs et des acheteurs, il faut planquer, suivre, photographier, pourchasser, passer des heures et des semaines interminables à guetter, dans une voiture, derrière une fenêtre, partout. Quand les dealers ont été démasqués, souvent après des mois d'enquête, des centaines d'heures de filature et d'infiltration dans l'univers des trafiquants, la Police lance une opération coup de poing, perquisitionnant à domicile, interpellant les suspects, saisissant la drogue, les armes et les munitions, multipliant les auditions pour déterminer les rôles de chacun. Avec, au fond d'elle-même, l'espoir que tôt ou tard le deal de rue conduira au trafic de plus grande envergure.

Certains revendeurs proposent des stupéfiants ou des pots de vin pour éviter une arrestation. D'autres fois, les policiers ont affaire à des règlements de compte entre dealers se disputant un territoire ou un butin. Mais, d'une façon générale, les petits junkies n'intéressent guère la Police qui leur préfère les grands trafiquants, les commanditaires, ceux justement qui parviennent presque toujours à leur échapper.

Dans certaines villes, le trafic a ses zones, ses emplacements. Nous en avons observé à Colorado Springs – la ville de Nicky Cruz – grâce à des équipes d'évangélisation de rues que nous accompagnions. Et dans ce cas, tout va très vite. Pour éviter de se faire repérer, les voitures tournent sans arrêt, s'arrêtent, repartent... On assiste à des échanges, à des conciliabules ; les transactions ne durent pas plus de deux minutes, le dealer disparaît aussi vite qu'il est apparu : c'est la vente « flash ». Pas question de rester planter sur un parking ou sur la chaussée ! Les policiers veillent à ce que l'on circule :

— Dégage ! On ne veut pas te voir en train de vendre ta merde ici.

Une fois par mois, la Police embarque tout le monde pour des vérifications d'identité. Et le ballet reprend...

Avec les équipes d'évangélisation de rues, nous avons aussi découvert successivement les aires de prostitution, les aires où l'on se soûle en groupe, les aires où l'on parade avec de belles voitures pour le plaisir de s'exhiber, de comparer les mérites des véhicules, de faire des essais ou tout simplement de proposer un tour moyennant un sachet de poudre blanche ou de l'alcool. Nous sommes au pays de la liberté !

Le marché de la drogue, quant à lui, se porte fort bien ; il s'accroît d'ailleurs au fur et à mesure que les ghettos s'étendent, au fur et à mesure que grandissent les frustrations des jeunes privés d'emploi, de raisons de vivre, d'avenir. Chacun, d'une façon ou d'une autre, prend part à l'économie souterraine de la drogue. Pour certains, il s'agit seulement d'un moyen de survie ; pour d'autres, c'est une question de rentabilité ; l'argent facile et rapide séduit. Tant pis pour les risques : overdose, prison, hôpital... On ne pense pas au lendemain, on vit au jour le jour !

Et parfois, aussi, on fait vivre toute sa famille avec l'argent de la drogue. Parce qu'alors, pour beaucoup, il n'y a pas d'autre source de revenus dans l'orgueilleuse Amérique !

15 - Emules des Hell's Angels

Les Hell's Angels évoquent les équipées sauvages, les bandes de voyous, les hordes de motards assoiffés de vitesse, de bruit, de fureur. Dans le Bronx, les Ching-A-Ling[1] sont les émules des Hell's Angels, le racisme en moins : ils acceptent dans leurs rangs des Blancs, des Noirs et des Latinos. Pour devenir un parfait Ching-A-Ling, il suffit d'idolâtrer la moto, d'être prêt à se battre et d'accepter les règles du groupe.

Accompagnés de deux officiers de l'Unité Antigang qui sont chargés d'entretenir des relations avec eux, nous nous rendons dans leur quartier général situé Hugues Avenue, dans le Bronx. Robert, l'un des deux sergents, tient à nous expliquer ce qui différencie les Ching-A-Ling des autres clubs :

— Les bandes de motards hors-la-loi, on en trouve partout. Mais il ne faut pas les confondre avec les passionnés de motos qui appartiennent à des clubs légaux ; ceux-là ne vivent que pour la moto et ils ne sont pas dangereux, tandis que les Ching-A-Ling, comme les Hell's Angels, se placent délibérément en dehors de la loi, ils se livrent à toutes sortes d'activités délictueuses, ils sont très violents, ils boivent, ils violent, ils commettent des exactions. Rien à voir avec les gangs de rues, composés généralement de mineurs s'affrontant en permanence. Certes, les Ching-A-Ling, comme les Hell's Angels, entretiennent des relations avec les principaux gangs de New York, mais leurs membres sont des adultes férus de vitesse et de violence, ils terrorisent la population. Nous fermons les yeux sur certaines de leurs activités, à condition qu'elles ne dépassent pas les limites autorisées par la loi. De leur côté les Ching-A-Ling entretiennent de bonnes relations avec nous, particu-

---

[1] Ching, cela veut dire « emmerdeur » en Espagnol. Et Ling, en argot, signifie « n'importe qui, tout le monde ». Déclaration d'un membre : « Etre Ching-A-Ling, ça veut dire que tu emmerdes le monde, que tu n'en as rien à foutre. On emmerde le monde, et il nous emmerde. Voilà notre credo ».

lièrement leurs leaders, ils nous respectent parce que nous représentons la loi.

Comme toutes les rues du Bronx, Hugues Avenue est une rue sordide, alternant immeubles à bout de souffle et décharges publiques. Certains bâtiments, pourtant, ont meilleure apparence :

— La ville, explique l'autre sergent, Reginald, a permis aux Ching-A-Ling d'acheter pour un prix dérisoire de vieilles maisons en ruines, à condition d'en retaper l'extérieur. L'intérieur, lui, reste délabré et pourtant des familles entières y habitent.

Reginald se penche vers moi :

— Certains membres ont parfois vingt et même trente enfants de femmes différentes !

L'extérieur des bâtiments, en effet, semble entretenu. Un immeuble assez étroit se détache des autres, peint en noir, rehaussé de lignes blanches. Au-dessus de la porte, le nom de l'organisation figure en toutes lettres, accompagné de la mention « Nomads », « MC » (motorcycle gang). L'emblème représente une croix gammée entourée de poignards. Devant l'immeuble sont stationnées plusieurs Harley-Davidson, arborant elles aussi l'emblème et le nom du gang.

De l'autre côté de la rue, je repère un groupe d'hommes, de femmes et d'enfants en train de siroter des canettes de bière ou de Coca. Certains adultes fument de la marijuana.

Robert me montre un bel homme d'une cinquantaine d'années, à la chevelure et à la barbe déjà claires.

— C'est le Vice-Président du gang en personne, vous avez de la chance. John « Flint » Agosto ![1]

La voiture de la Police s'arrête à proximité du groupe. Les Ching-A-Ling portent des blousons de cuir ou des vestes en jean sans manches, aux couleurs du gang, certains ont de larges boucles d'oreilles, tous sont tatoués : beaucoup de têtes de mort, des dragons ailés, des serpents, des emblèmes mythiques ou nazis.

---

[1]   Les membres ont généralement un surnom en guise de nom. « Flint », en argot, cela veut dire fusil.

A peine descendus du véhicule, je suis prise à partie par un Ching-A-Ling au front ceint d'un foulard rouge de corsaire. Il est de race blanche, complètement ivre, particulièrement agressif, et il tente de monnayer la traversée de « son » territoire. Des biceps convaincants l'en empêchent ; ce sont ceux de John « Flint » Agosto, le Vice-Président du gang.

Reginald en profite pour faire les présentations :

— Chantal Dupille, journaliste à la T.V. française ; elle fait un reportage sur les gangs. Et voici son mari, et leur fils âgé de deux ans.

John « Flint » Agosto répond en me tendant sa carte. On y lit :

SSSI, we can
prevent crime.

John « Flint »
Agosto

Vice-President.

— Pourquoi une telle carte de visite ? John « Flint » explique :

— Nous sommes un gang. A la différence des autres groupes, nous revendiquons notre appartenance. Mais pour nous, un gang, c'est une famille. Quand on a des ennuis, on s'aide mutuellement, on est des frères, ensemble on peut tout surmonter. Si tu n'as pas les potes derrière toi, tu n'es rien, tu es tout seul, tu n'as personne. Tu vois, le gang, c'est comme le prolongement d'une famille. Et il n'y a que le gang qui compte, la corporation, la fraternité entre nous. Le reste du monde, on s'en fout. Et les gens nous foutent la paix, car il savent que s'il y a un Ching-A-Ling quelque part, il y en a dix derrière. Et on boit à notre fraternité !

J'ai toujours la carte de John « Flint » en mains. L'inscription « we can prevent crime » m'intrigue. J'interroge le Vice-Président :

— Et en quoi les Ching-A-Ling sont-ils là pour prévenir le crime ?

— Il ne faut pas croire qu'on passe notre temps à taillader des mecs au cutter, ou à taper sur des innocents. Non, on n'est pas comme ça. On a des valeurs, nous, une morale. On met un point d'honneur à servir la communauté. Certains se droguaient, c'est fini, on fait nous-mêmes la Police. Les alcooliques sont envoyés dans les centres de cure, ils participent à des programmes de réhabilitation. On pousse les gens à faire du sport, surtout les arts martiaux. On reconstruit les bâtiments du secteur. On collabore avec la Police et avec les associations sociales pour éviter crimes et vols. Grâce à nous, le quartier a moins peur. Et puis, ajoute-t-il fièrement, on utilise une partie de notre énergie dans des actions constructives, par exemple au sein de Graffity Incorporation, une association qui s'occupe de réinsérer les jeunes membres de gang par l'art[1]. Grâce à nous, les gars ont une alternative à la violence. Mais si on nous emmerde, on se défend avec tous les moyens qu'on a, on fait ce qu'il faut !

John « Flint » Agosto sort de sa poche une boule métallique hérissée de pointes, rattachée à une chaîne.

— Ça, c'est quand on nous fait des vacheries, quand on nous embête, par exemple lorsqu'on est en moto. On balance la boule dans le pare-brise des voitures.

Le sergent se penche pour regarder. Mon fils Christian en fait autant. John « Flint » le prend dans ses bras et lui montre la boule pointue. Le Vice-Président des Ching-A-Ling est lui-même père de sept enfants issus de mères différentes.

— Chez nous, on aime bien les enfants. On en recrute, d'ailleurs, pour assurer la relève[2].

— D'après quels critères ?

— Il faut qu'on se connaisse depuis longtemps pour avoir confiance. On les observe avant de les initier. Si ça marche, on leur apprend les règles de l'organisation, on leur explique comment devenir un bon

---

[1] C'est exact. Nous nous sommes rendus à Icty, Inner City Round Table of Youth, et l'on nous a montré les articles sur John « Flint », impliqué dans des activités de réhabilitation par les graffitis artistiques.

[2] Les Ching-A-Ling comptent une dizaine de membres âgés de dix à quinze ans. C'est le « petit gang » ; suivant leur âge, on les appelle Baby Snoopy, Petit Snoopy, ou Grand Snoopy[#]. Et les plus petits sont utilisés, après avoir été formés, pour les opérations les plus dangereuses. Ils sont trop jeunes pour être poursuivis par la Justice.

gangster. Car nous, nous sommes un gang. Un vrai. Qui dure, organisé, avec ses lois. Rien à voir avec les « crews », les clubs ![3]

Le Vice-Président appelle un enfant. Le pas décidé, le regard insolent, la mèche rebelle, il arrive aussitôt. John « Flint » fait les présentations.

— Voilà, lui il a huit ans. C'est un jeune du quartier. On l'a mis avec les « bébés » du gang. Il sera certainement un vrai Ching-A-Ling, n'est-ce pas Pedro ?

— Ouais, rétorque avec aplomb le garçon. J'essaie d'imiter les grands. Comme eux, j'aime le pouvoir et je veux qu'on me respecte. Et j'aime les bastons !

Je me tourne vers John « Flint » Agosto. En Espagnol – car il est Portoricain – je lui demande :

— Et quelles sont les règles de votre organisation ?

— Si notre corporation existe depuis 1960, elle s'est dotée officiellement de règles en 1980. En fait, nous sommes la réincarnation des gangs sociaux des années 50 à New York, mais on est plus violents qu'eux. On se bat les uns pour les autres, pour l'honneur, on est solidaires de notre « famille », on prend des risques pour elle. C'est ça, le gang, une confrérie où on se serre les coudes quoiqu'il arrive.

— Et à part l'entraide, quelles sont les autres règles ?

— L'organisation, c'est plus qu'un substitut de la famille. C'est un substitut de la nation. Mais chacun doit connaître les règles de l'autre et les respecter. Notre vie, finalement, est pleine de restrictions ; c'est essentiel pour nous. Si l'on veut faire partie du gang, il faut impérativement faire ses preuves, prouver sa loyauté. Un pour tous, tous pour un, voilà notre devise. Et si un gars est mort, on ne l'oublie pas, on essaie de le garder vivant en nous. D'ailleurs, on a un mur commémoratif qui perpétue le souvenir des potes disparus. On s'y rassemble, et on l'arrose de bière bien fraîche. Surtout, on fait tous partie d'un système, celui des motards. On vit comme des motards, et le reste du monde on s'en fout.

---

[3]   Il s'agit de bandes de jeunes, plus ou moins éphémères, généralement très violentes, connues sous le nom de « gangs de rues », « street gangs ».

Finalement, on a des règles plus strictes que la société en général. On est différents des autres. Et...

John « Flint » semble hésiter. Du regard, il cherche les policiers, mais ils sont en pleine discussion avec les autres membres du gang. Nous sommes seuls, le Vice-Président, mon fils dans ses bras (et ravi de l'être), et moi-même. Rassuré, John « Flint » poursuit :

— Nos lois sont impitoyables. Par exemple, chez nous on ne supporte pas les drogués. On les met en prison dans notre camionnette[1], trois jours, sept jours ou deux mois complets. Et s'ils continuent, on les exclut, ou bien on les balance du haut de l'immeuble. On ne peut pas se shooter à l'héroïne et appartenir au gang en même temps. Nous, on est des hommes. Et fiers de faire partie de la confrérie des Ching-A-Ling ! Etre un Ching-A-Ling, ça se mérite. Il faut prouver qu'on a des tripes. En moto, on va jusqu'au bout de la peur ; on est des purs-sangs. On roule dangereusement, on fait face à la mort. Le danger, ça nous fait jouir. Un vrai motard n'a peur de rien. Sur sa bécane, il joue avec sa vie, il fait face à la mort. Au moindre obstacle, il sait que c'est terminé. Terminé !

La moto, c'est le dénominateur commun de tous les Ching-A-Ling. De belles Harley-Davidson, bariolées, peintes aux couleurs du gang, faites pour frimer et pour aller vite. Les membres ont mille égards pour elles, ils l'astiquent comme un bijou, ils lui vouent un culte.

— Sur la bécane, tous les délires sont permis, toutes les aventures, toutes les audaces. On ne roule pas, on vole ! Et on devient un autre homme... un homme puissant, libéré de toutes les entraves ! Parce que sur notre machine, on fait ce qu'on veut. Tout ce qu'on veut. La moto, c'est le seul mode de vie libre qui reste.

Comme les Hell's Angels, les Ching-A-Ling se permettent toutes les libertés : les performances osées, les provocations, les intimidations, les sensations fortes, la marijuana, les parties bien arrosées, le sexe débridé, voire les viols, la frime, les équipées sauvages, la détention et le trafic d'armes, toutes sortes de violences, de désordres, d'activités illé-

---

[1]   Un peu plus tard, le Vice-Président nous conduira sur un terrain vague situé juste en face du quartier général des Ching-A-Ling. Au milieu trône une camionnette hors d'usage, meublée seulement d'un matelas et d'un gros fauteuil.

gales. Pas facile de dire tout ça devant des flics ! Les Ching-A-Ling sont écartelés entre le désir de se faire mousser, de parler de leurs crimes, et la nécessaire discrétion en présence des policiers. En tous cas, les Ching-A-Ling sont soupçonnés, à tort ou à raison, de se livrer aussi à l'extorsion de fonds, aux cambriolages dans les dépôts d'armements, au racket, au commerce des stupéfiants, au recel de marchandises, à la prostitution, aux attaques et aux vols à main armée, bref à la grande criminalité. Même si, officiellement, ils travaillent à « prévenir le crime », en réalité ils inspirent la terreur partout où ils passent, comme les Hell's Angels, leurs modèles[1]. Les gangs réellement criminels prennent racine dans les quartiers où se perpétue la tradition du crime organisé, ouvertement, avec l'accord plus ou moins tacite des résidents.

Les policiers ne sont pas dupes. Pour eux, les Ching-A-Ling, sous couvert de respectabilité, se livrent à toutes sortes d'activités illicites et détiennent, illégalement, des armes.

— Le gang veut se faire passer pour une organisation à caractère social, violente certes, mais n'ayant plus rien de criminel. En réalité, il y a un fossé entre leurs déclarations et leurs modes de vie. Nous fermons les yeux s'ils ne se font pas trop remarquer. Difficile, d'ailleurs, de les prendre en flagrant délit, leurs activités sont souterraines. Parfois, on enregistre des plaintes, mais ça ne va pas plus loin, les habitants ont peur des représailles sur leurs enfants. Nous savons qu'ils se livrent à toutes sortes d'activités illégales, à toutes sortes de violences, mais nous n'arrivons pas à le prouver, et de toutes façons comment les poursuivre avec une communauté aussi apathique, aussi résignée ?

Que les Ching-A-Ling s'adonnent à des activités souterraines, c'est certain. Nous en aurons la preuve un peu plus tard, lorsque John « Flint » et ses amis nous invitent à visiter une partie de leur quartier général – une partie seulement. Extérieurement, l'immeuble est parfaitement entretenu, soigneusement repeint en noir. Au sous-sol, les Ching-A-Ling ont installé un bar et un billard. Au rez-de-chaussée, par contre, il n'y a qu'un enchevêtrement de poutres calcinées, de tuyaux percés, de débris de verre, de planches moisies, de décombres variées. Pas moyen d'y marcher, encore moins d'y vivre. Nous nous contentons de photo-

---

[1] A la différence des Ching-A-Ling, les Hell's Angels sont racistes et nationalistes.

graphier le spectacle hallucinant qui s'offre à nous. Puis nous demandons à visiter les étages supérieurs. On nous oppose, poliment mais fermement, une fin de non-recevoir.

— C'est trop sale, là-haut. Et puis, il n'y a rien à voir.

D'après les policiers, les Ching-A-Ling y entreposeraient leur arsenal d'armes et d'objets volés, « leur artillerie et le reste »... Nous n'en saurons pas plus.

J'interroge l'un des policiers :

— Si les Ching-A-Ling ne vivent pas sur place, où habitent-ils donc ?

— A côté, dans leur quartier général, dans des immeubles à l'abandon qu'ils entretiennent plus ou moins. Hommes, femmes et enfants y vivent dans la plus grande promiscuité.

En discutant avec la Police ou avec les habitants du quartier, ou même avec le pasteur noir de l'Eglise la plus proche (lui-même ex-membre de gang, ancien criminel transfiguré par la foi en Christ), en compulsant, également, les Archives de la Police, nous en saurons un peu plus sur la prétendue non-violence des Ching-A-Ling. Certains membres auraient été poursuivis pour homicide[1], ou trafic de drogue, d'autres pour attaques à main armée ou pour vol, d'autres enfin pour détention illégale d'armes automatiques et de munitions.

Le pasteur noir a son point de vue sur la question :

— J'entretiens d'excellents rapports de voisinage avec le gang. Pour moi, pris un à un, les Ching-A-Ling ne sont pas dangereux. Mais, ensemble, ils peuvent devenir extrêmement violents, car le phénomène d'entraînement joue à plein. Par ailleurs, je suis persuadé que le gang entretient des relations étroites avec toutes sortes d'organisations subversives ; et il semblerait que certains membres auraient été sollicités, a titre personnel, par des individus comme tueurs à gage. Ce qui est sûr, c'est que les incidents ou les bagarres éclatent pour un rien, un simple accident routier, un regard de travers, un mot de trop, les Ching-A-Ling ont l'épiderme sensible, et la fierté à fleur de peau. Et quand ils sont bourrés, ils ne se contrôlent plus.

---

[1]   Ainsi, en 1972, d'après les statistiques de la Police.

— Si quelqu'un me tire dessus, je règle les comptes aussitôt, reconnaît un membre des Ching-A-Ling à la peau plus sombre que celle des Latinos.

Le garçon porte une veste de cuir bardée d'écussons, de badges, de chaînes, de bijoux. Il ajoute :

— On ne laisse jamais un frère tomber ! On se bat les uns pour les autres, même si ça doit se terminer en taule. C'est la règle, chez nous. On prend un fusil pour défendre sa famille, on n'appelle pas la Police. Nous, on ne connaît que la loi du plus fort, la loi des armes. Et si on a envie de faire un truc, on le fait, même si ce n'est pas légal. Un vrai Ching-A-Ling tient par-dessus tout à la liberté, il aime la moto, le cul, les armes, l'argent facile, l'alcool. Voilà notre culture ! Et celui qui s'avise de nous marcher sur les pieds risque de perdre toutes ses dents. C'est simple, si on est correct avec nous, on est réglo. Et si on nous traite mal, on lamine le gars. On traite les gens comme ils nous traitent ! Normal, non ? On est des hors-la-loi, des durs, et on le restera jusqu'au bout. La société nous rejette, et on la rejette. Ceux qui ne nous respectent pas, on les réduit en bouillie. La prison ne nous fait pas peur. On a l'habitude ! Parce que le monde entier est contre nous, on est contre le monde entier. Voilà notre rhétorique, c'est la seule qu'on connaisse.

Les Ching-A-Ling n'ont rien de commun avec les éphémères gangs de rues, peuplés de jeunes se livrant une guerre sans merci pour une parcelle supplémentaire de territoire. Ils perpétuent la grande tradition du crime et de la rébellion organisée... Sinon officiellement, du moins avec fierté et beaucoup de provocation !

2ème partie

1 - Nés pour mourir

Un gang de rues regroupe des individus qui s'identifient à un territoire et à une organisation interne, avec un leader et des membres connus de tous. Dans toutes les grandes villes américaines, des jeunes se réunissent, formant des clubs plus ou moins éphémères, mais seuls certains d'entre eux se structurent de manière durable et ont des activités criminelles. Le principal facteur qui transforme un club en gang de rues, c'est le conflit avec les autres groupes, avec les bandes rivales, avec la communauté, avec la Police. Il s'agit de défendre par tous les moyens, même jusqu'à la mort, son quartier – appelé « territoire », ou « turf » – contre les intrus, jeunes d'autres secteurs ou groupes ennemis. A New York, le gang de rues est une véritable institution qui menace toute la collectivité. Chaque bloc a son gang, en lutte contre le gang du bloc voisin. Ronald, leader d'une section des « Zoulous », déclare avec fierté :

— J'ai mes boys, j'ai mes gars, je n'ai qu'à appeler si on traverse mon territoire. Man, si tu meurs pour ton quartier, tu as une belle mort !

Les gangs diffèrent selon leurs activités ou leur structure, et bien sûr selon les relations qu'ils entretiennent avec la communauté.

Il y a peu de motorcycle gangs aux Etats-Unis, en dehors des célèbres Hell's Angels et des Ching-A-Ling, leurs émules. Composés d'adultes, particulièrement bien organisés, ils sèment la terreur partout où ils vont.

Certains gangs sont spécialisés, gangs de sadiques, d'invertis, de drogués – on surnomme ces derniers les « rerealist gangs », parce qu'ils consomment des narcotiques pour tenter d'échapper à la réalité. Dans les beaux quartiers, on trouve les « beer drinking gangs », les consommateurs de bière, ou les « sex offense gangs », composés de membres s'adonnant principalement aux plaisirs sexuels.

D'autres gangs sont engagés dans des activités criminelles – on les appelle les « delinquent gangs » – telles que cambriolages, vols d'autos, extorsions de fonds, rackets. En 1975, par exemple, la Police dénombrait quatre-vingt sept « gangs délinquants » dans le Bronx. Les liens sociaux entre les membres sont secondaires. Une seule chose compte, voler, voler... Et d'ailleurs, le leader est le meilleur voleur, le meilleur planificateur d'activités délictueuses ; certains d'entre eux gravissent rapidement les échelons du crime organisé. En général, ce type de gang compte seulement quelques membres, particulièrement mobiles, très peu organisés, rarement concernés par le futur, et ces membres sont tantôt attirés par le profit, tantôt soucieux de se bâtir une réputation. La plupart du temps, ils finissent en prison, et leurs leaders changent souvent.

A l'inverse, les membres des « street corner groups », ou « social gangs », participent rarement à des activités illégales, et s'ils sont impliqués dans des délits, ceux-ci sont mineurs. Ils évitent les conflits, à moins que des groupes organisés n'entrent en contact avec eux ou qu'ils aient à se défendre. Les « street corner groups » sont composés de jeunes qui ont grandi ensemble dans le même bloc, qui sont soudés par une camaraderie ancienne et qui ont souvent des buts communs, sociaux, athlétiques, religieux, politiques ou ethniques. Ils se réunissent au coin d'une rue – d'où leur nom – ou bien dans les parcs, les terrains de jeux, les drugstores, tantôt pour boire une bière ou autres boissons alcooliques, tantôt pour fumer de l'herbe, écouter de la musique rap, disco ou rock au moyen de grandes radios qu'ils font fonctionner à pleins tubes, ce qui ne manque jamais d'attirer les jeunes du quartier. Ils se rassemblent pour discuter, danser, jouer au basket ball ou au baseball. Ils ont généralement un leader choisi pour sa popularité. Enfin, les membres des « street corner groups » exhibent parfois autour du cou un foulard, représentant les couleurs du groupe.

Les gangs de combats, également dénommés « adventurous gangs », ne sont pas constitués sur la base de sentiments d'attraction mutuelle, mais pour défendre un territoire, des membres, ou pour entrer en conflit avec les autres groupes. Ils attirent les jeunes avides d'aventures, de frissons, ou en quête d'identité, de statut, de reconnaissance à travers la violence.

— Tu es l'agresseur ou la victime, il n'y a pas de troisième possibilité, explique un membre des « Savage Skulls ». On n'a peur de rien, ni de la prison, ni de la mort. Il n'y a que les hommes, les vrais, qui tuent, qui vont en prison, qui meurent une arme à la main. On doit se battre, on doit mériter notre réputation de durs. Voilà, c'est tout.

Toutes les activités des gangs de rues tournent autour de la violence, le combat est leur raison d'être, leur mode de vie, leur moyen d'expression. Il s'agit avant tout de défendre son territoire contre les ennemis potentiels. L'image du leader est glorifiée, chaque gang cherche à impressionner l'autre par sa puissance, son arsenal d'armes, le nombre de ses membres, souvent exagéré d'ailleurs.

Enfin, à côté des gangs de combats il existe ce que l'on appelle les « gangs défensifs », organisés en réponse à une menace réelle ou imaginaire. Mais en peu de temps, il évolue de la protection à l'agression.

Les gangs d'attaque ou de défense entrent tous deux dans la catégorie des « street's gangs », popularisés par les médias et immortalisés par le film « West Side Story ». En 1973, New York comptait plus de trois cent cinquante gangs de rues, de loin majoritaires, et sur le plan national, on dénombrait 81 500 membres en 1975. Aujourd'hui, il y aurait plus de cinq mille bandes à travers le pays, ce qui constitue, d'après la Police, « un véritable fléau national ». Selon un récent rapport de la Maison Blanche, 95% des grandes villes américaines (particulièrement New York, Philadelphie, Los Angeles, Chicago, Detroit, San Francisco) et 88% des petites agglomérations, souffriraient de ce mal endémique. Le nombre de gangs de rues, leur taille, leur violence, représentent une réelle menace pour la collectivité toute entière, surtout depuis 1950, sous l'effet conjugué du baby boom, de l'immigration à grande échelle et d'une urbanisation galopante et mal maîtrisée.

Contrairement à la légende, pourtant, le gang de rues n'est pas un phénomène de société récent. On voit le premier apparaître à New York en 1827, à l'arrière d'une épicerie, dans le quartier de « Five Points » (aujourd'hui Broadway). Les « corner boys » d'alors accordaient à chaque membre protection, statut et assistance matérielle. Ils prirent bientôt le nom de « Forty Thieves » (les quarante voleurs), et leurs activités criminelles incluaient le vol, les agressions, les meurtres. Le gang, d'origine irlandaise, estimait que le quartier de « Five Points » lui appartenait, et il attaquait les individus ou les policiers qui pénétraient sur son territoire.

Durant les cinquante années suivantes, les gangs prirent possession de nombreux quartiers de New York, et notamment celui de Bowery, sous le nom de « Bowery Boys », « Dead Rabbitts », « Plug Uglies », etc.

En 1863, pendant la guerre civile, les gangs de New York furent à l'origine d'émeutes violentes. On dénombra deux mille morts et huit mille blessés. Et les gangs de rues continuèrent à proliférer jusqu'à la première guerre mondiale et au début des années 50, où ils constituèrent un fléau majeur pour l'ensemble de la ville de New York. A l'époque, les activités étaient centrées autours de la défense du territoire, puis les premiers gangs de combats apparurent, semant la terreur dans toutes les grandes agglomérations américaines.

Les conditions d'éclosion d'un gang plongent leurs racines dans l'histoire américaine, elles sont très semblables à celles d'il y a cent cinquante ans quand les premières bandes firent leur apparition à New York. Et les gangs de rues connaissent un caractère cyclique, tantôt visibles et très actifs, tantôt plus discrets et orientés différemment, mais toujours aussi dangereux pour la collectivité.

2 - Le choc des cultures

D'après les dernières statistiques, il y aurait 10% de Blancs dans les gangs de rues, environ 40% d'Hispaniques, une minorité d'Asiatiques, le reste étant composé de Noirs. Et la violence de ces derniers serait, aux Etats-Unis, dix fois supérieure à celle des Blancs. Un policier de la Brigade antigang explique :

— Près de 40% des jeunes Noirs vivent en dessous du seuil de pauvreté, un chiffre qui ne cesse d'augmenter. Et il y a une corrélation importante entre la pauvreté et l'entrée dans une vie criminelle. Les jeunes Noirs n'ont aucun avenir, plus de 80% d'entre eux quittent l'école avant la fin de leur scolarité. Ils n'ont pas d'emploi et aucun espoir d'en trouver un dans les ghettos ; la seule industrie, ici, c'est la drogue. Conséquence, un homme sur deux est déjà allé en prison, à cause de la drogue ou à cause des gangs. En moyenne, les Blacks sont cinq fois plus souvent arrêtés que les Blancs.

Les Noirs ont été victimes d'agressions racistes pendant quatre cents ans, ils ne font que réagir à la discrimination ambiante, leur fureur se tourne vers la communauté qui les rejette aujourd'hui encore en raison de la couleur de leur peau. Pour eux, le gang représente l'expression extrême de leur désespoir de vivre.

— Dans la communauté noire, poursuit le sergent, la mortalité infantile atteint 17,6 pour mille naissances, soit le double des enfants blancs. Le taux relègue la communauté noire américaine derrière la Malaisie ! Et puis, la famille est pratiquement inexistante. Les mâles semblent incapables d'élever leurs enfants et d'ailleurs 90% des familles sont monoparentales. Dans les villes, les conditions de vie des Noirs ne cessent de se détériorer depuis les émeutes des années 60. La criminalité touche jusqu'à 60% des adolescents noirs. D'une façon générale, les quartiers de prédilection des gangs correspondent aux zones d'implantation des émigrés. Mais les bandes peuvent surgir partout, même là où on ne les attend pas !

L'émigration, aux Etats-Unis, s'est faite par vagues successives. Il y eut d'abord les Italiens, dans les années 30, puis les Portoricains et les Noirs dans les années 50, les nouveaux immigrants latinos (Cubains, Chicanos d'origine mexicaine, Colombiens, Equatoriens, Péruviens, Salvadoriens, Philippins, et plus récemment les Dominicains, en tête de la masse des Latinos débarqués à New York au cours des dix dernières années), et ceux d'Asie dans les années 70 (c'est un groupe ethnique en pleine croissance, ils ont une meilleure qualification professionnelle et l'appui d'une structure familiale solide). Par contre, on ne trouve guère de Juifs dans les gangs, et très peu de Chinois, sauf à New York et à Los Angeles. Tout récemment, des Indiens se sont installés aux Etats-Unis, et il y a de plus en plus d'Orientaux et de Noirs des Caraïbes (Haïtiens), qui viennent grossir les rangs des gangs.

Mais ce sont les Hispaniques qui fournissent le plus important contingent d'immigrés. Si New York a perdu 800 000 habitants entre 1970 et 1980, essentiellement les classes moyenne d'origine européenne parties s'installer dans le New Jersey, les Latinos représentent déjà plus de 20% de la population, un chiffre qui ne cesse d'augmenter, et dans dix ans, leur nombre risque de dépasser celui des Noirs. Le secteur de Brooklyn, par exemple, compte 33% d'émigrants d'origine hispanique, alors qu'il y en a déjà plus de 40% dans le Bronx. Ainsi, East Harlem, le Harlem hispanique, est plus connu sous le nom de « El Barrio »[1]. Les New-Yorkais craignent de plus en plus le « péril latino », les « Spics »[2] et leur nombreuse progéniture (la moitié de la communauté latine a moins de vingt ans), leur mode de vie collectif, leur culture si différente de l'anglo-saxonne. Les Latinos sont catholiques, ils considèrent la famille comme une tribu, et ils ont un sens profond de la communauté. Mais en dépit des liens familiaux et religieux, les jeunes recherchent la protection des gangs. Déracinés, mal logés, privés d'éducation, d'emplois, de soins (50% des enfants de moins de six ans ne

---

[1] « Le quartier »

[2] Spics, abréviation injurieuse de Hispanics. Les Latinos, quant à eux, traitent les Blancs de « Wasp# », abréviation de White Anglo Saxon Protestant.

sont même pas vaccinés contre la polio), ils doivent se contenter du Welfare pour subsister. 10% d'entre eux se réfugient dans la drogue.

— Arriver à New York, c'est meurtrier, proclame Cookie Rodriguez, une Portoricaine qui a connu les gangs, l'alcool, l'héroïne, la prison, avant de se tourner vers l'Evangile libérateur. Tout semble étranger, on a peur, on ne parle pas un mot d'Anglais, on a un accent différent, on ne trouve même pas son chemin. Moi, j'ai pleuré pendant un an. J'étais très déprimée, à onze ans. Comme je ne parlais pas l'Anglais, j'ai rejoint un gang hispanique pour me protéger.

Comme Cookie, beaucoup de jeunes, issus de familles d'immigrés, ont perdu leurs racines, ils sont privés de repères, désemparés, traumatisés. Ils ne parlent même pas la langue du pays d'accueil ! Et les jeunes de la deuxième génération ne sont pas mieux lotis ; à cheval entre deux cultures, ils ne se sentent bien dans aucune des deux, ils n'arrivent pas à s'insérer, ils sont déboussolés et donc instables.

— Et de la non stabilité à la déstabilisation active, explique un spécialiste des gangs, il n'y a qu'un pas, vite franchi. A la base, le problème de la violence est culturel. En plus, les Portoricains ont dû passer d'une vie agricole et naturelle à l'industrialisation et à une existence purement urbaine. Le plus tragique, dans tout ça, c'est que les hommes de seize à trente ans sont rares dans les ghettos, parce qu'ils finissent par se faire tuer dans les combats de gangs quand ils ne sont pas en prison ou sous l'emprise de la drogue.

Comme leurs homologues hispaniques, les Noirs sont des citoyens de seconde zone. Les enfants parlent le « Black English », le langage des Noirs des ghettos qui s'éloigne de plus en plus de l'Anglais traditionnel, ce qui rend plus difficile leur intégration à l'école. La pratique de « L'Anglais Noir » contribue à creuser le gouffre entre les deux Amériques, puisque l'Anglais classique est la condition d'une bonne éducation et d'un emploi.

Les conflits de culture aboutissent à une incompréhension mutuelle et à des conflits de générations. Un pasteur pentecôtiste, originaire de Cuba, explique :

— Les mères latino-américaines ne parlent pas l'Anglais, elles vivent dans leur monde à elles, elles ne savent rien de l'extérieur, ne peuvent pas comprendre leur fils qui, lui, va découvrir le monde américain en Anglais. Ils ne parviendront pas à communiquer. Elle ignorera tout de ce qu'il vit, de ce qu'il fait, de ce qu'il pense, de ses expériences.

Les jeunes qui, à New York, sont majoritairement issus de l'immigration, souffrent d'un manque total de repères. Leurs parents ne sont pas démissionnaires, simplement ils vivent dans un autre univers complètement déconnecté de la réalité, a fortiori de la réalité de leurs enfants. Par ailleurs, les parents sont dépassés par les technologies actuelles, qui rompent les liens entre les générations. Avant, les parents étaient dépositaires du savoir, de l'expérience. Aujourd'hui, les enfants connaissent mieux la langue américaine, ils en savent plus que leurs aînés, ce sont eux qui transmettent les dernières connaissances, et ils ne respectent plus des parents illettrés, dont l'autorité est discréditée. D'une façon générale, les familles sont projetées dans un environnement culturel nouveau, qui ne leur est pas familier, ce qui accentue les conflits entre les générations. Le taux de crime est particulièrement élevé sur les premières générations de migrants qui, n'étant plus tout à fait Portoricains et pas encore Américains, rejettent les valeurs des deux et essaient de créer leur propre culture, leur propre mode de vie à l'intérieur même du gang. De surcroît les jeunes migrants sont constamment victimes de préjugés raciaux et de pratiques discriminatoires, tant sur le plan social qu'en matière d'emploi. A leur tour, ils perpétuent le climat raciste dans lequel ils évoluent en rejetant celui qui diffère des normes ethniques de leur secteur, ou en se battant pour des raisons raciales, Noirs contre Latino-Américains par exemple. Et l'arrivée d'un nouveau groupe ethnique dans une zone déclenche aussitôt des conflits sans fin. Alors qu'à l'origine peu de bandes étaient multiraciales, les gangs d'aujourd'hui s'ouvrent de plus en plus aux autres ethnies, et il n'est pas rare de voir cohabiter ensemble Noirs et Portoricains, ou Italiens et Irlandais. Par contre, des émeutes à caractère racial opposent de plus en plus les habitants des quartiers défavorisés à la Police.

Après la deuxième guerre mondiale, les Portoricains et de nombreux Noirs du Sud se sont installés dans les villes du Nord des Etats-Unis, pour des raisons économiques. Ils espéraient trouver un emploi ou de meilleures opportunités de travail, des salaires plus avantageux. Mais pour eux, il n'y avait ni emplois ni conditions de logement décentes. L'Eldorado américain n'était qu'un mythe. Tous ceux qui avaient fait confiance au Système, tous ceux qui s'étaient raccrochés aux folles chimères de la réussite, tous ceux qui avaient misé sur le dollar-roi, se retrouvaient dans les ghettos, se disputant à couteaux tirés les restes de la société d'abondance, luttant pour un quotidien dérisoire, contraints à mendier les chèques du Welfare center, l'ultime bastion des perdants et des exclus, le dernier refuge de ceux qui n'attendent plus rien de la vie qu'un peu de pitié et les miettes du grand festin des riches.

En cinquante ans, la physionomie de New York a beaucoup changé : exode de la classe moyenne blanche dans le New Jersey, stagnation du prolétariat noir, immigration de Portoricains et d'Hispaniques la plupart du temps sans formation, sans qualification, sans perspectives. Et la pauvreté frappe de plein fouet les jeunes des minorités. Alors, les déçus du grand rêve américain règlent leurs comptes à la misère et au désespoir : dans les gangs, ou à travers la drogue.

Avec la mort au bout.

3 - Des vies fracassées

Les adolescents des ghettos cumulent tous les handicaps. Victimes de discriminations, condamnés à la pauvreté, au chômage et à l'inactivité forcée, acculés à vivre dans des bas-fonds, confrontés à des difficultés d'intégration de tous ordres, ils s'enrôlent dans les gangs ou s'engagent dans des comportements déviants pour prouver qu'ils existent, pour exorciser leurs sentiments de frustration, pour s'arracher au désespoir. Cette stratégie de survie peut d'ailleurs déboucher sur la glorification de conduites asociales, violentes, illégales.

La misère est le terrain d'éclosion du gang, une misère qui vous colle à la peau et qui explique tous les comportements. Mais les Etats-Unis sont le pays industrialisé le plus touché par ce phénomène de la violence chez les jeunes. Depuis Reagan, les inégalités ne cessent de s'accroître, en dix ans, les Américains les plus aisés (0,5% de la population) ont doublé leur richesse, tandis que le nombre de pauvres continue inexorablement d'augmenter. Les citoyens ne sont pas égaux devant l'éducation, la santé, l'emploi, l'insécurité, la mort, et l'on assiste au développement d'une culture gagnants-perdants. La précarité, d'ailleurs, varie en fonction des Etats, et progresse plus vite dans les centres urbains. Aux USA, un habitant sur sept, soit un peu plus de trente quatre millions, vit au-dessous du seuil de pauvreté ; deux millions de clochards – un chiffre en constante augmentation[1] – n'ont pas d'abri ; les retraités nourrissent des familles entières ; depuis 1974, la situation des enfants ne cesse de se détériorer, et 2/3 d'entre eux grandiraient dans la plus grande précarité ; à New York, vingt mille adolescents vivent dans les rues ; c'est dans les principales villes, et particulièrement dans les familles monoparentales dirigées par une femme, que le taux de pauvres est le plus dramatique. La prospérité américaine reste un

---

[1] + 20% tous les cinq ans, depuis 1980.

mythe pour la plupart des citoyens, les Etats-Unis sont dans une situation sociale catastrophique, et de nombreux Noirs subiraient encore des conditions d'esclavage révoltantes, qu'on croyait révolues et qui pourtant resurgissent périodiquement, surtout dans le sud, sous l'influence d'un Ku-Klux-Klan revigoré grâce aux réseaux d'Internet et qui lynche toujours au nom de la suprématie de la race blanche.

En dépit des efforts du Président Lyndon Johnson pour éradiquer la pauvreté au moyen d'ambitieux programmes sociaux, la société américaine est toujours gangrenée par la précarité, et des millions de citoyens survivent avec des moyens dérisoires et sans aucune perspective d'avenir. Un travailleur social explique :

— Près de 35% des Américains vivent dans des conditions épouvantables, en dessous des normes. Sans éducation, sans logement décent, sans travail, sans activités – il n'y a ni parcs, ni terrains de jeux, ni foyers de jeunes dans les ghettos – les enfants de la misère n'ont pas le choix, ils sont coincés, acculés à la violence : le gang de rues, c'est la délinquance des pauvres soumis à un environnement socio-économique totalement négatif. Et ces influences négatives contribuent à entretenir toutes sortes de sentiments de frustration, de haine, d'agressivité, à l'origine de flambées de violence ou même d'affrontement généralisé par l'intermédiaire de petits groupes belliqueux. Le pire, c'est que les gangs se livrent une lutte fratricide avec l'accord tacite de la communauté, ravie de les voir s'entretuer et de participer eux-mêmes à la décomposition du ghetto. Il n'y a pas que la prison qui soit criminogène ; la rue l'est aussi. Le gang est organisé en réaction à l'univers hostile du ghetto, il est le moyen, pour un jeune, de faire face à son environnement. La misère sociale, conjuguée à la misère affective et morale, explique l'attraction qu'exercent les gangs sur une jeunesse désœuvrée, privée de repères, de buts, de raisons de vivre, en proie à toutes les maladies sociales, à toutes les hostilités, à toutes les discriminations – à toutes les tentations aussi : celles de la violence comme celles de la société de consommation. Ainsi les jeunes, aujourd'hui, se croient obligés de porter des vêtements de marque pour se sentir valorisés, alors ils volent, ils rackettent, ils commettent toutes sortes d'exactions. Dans notre société, marquée par l'accroissement des inégalités et la perte des valeurs, l'Etat ferme les yeux, il se débarrasse du problème en laissant le ghetto s'autodétruire. Doit-on se résigner à l'intolérable ?

Et l'intolérable, il est aussi dans le paysage urbain, attestant que la société d'abondance ne concerne qu'une infime partie de la population. Essor rapide des villes où s'agglomèrent toutes les misères, urbanisation mal conçue, H.L.M. verticales sans espaces verts ni aires de jeux ou maisons de jeunes, ensembles décatis, logements hors normes, forte concentration d'habitants au m2, promiscuité, insalubrité, tous ces facteurs créent des désordres irrémédiables sur le plan mental et physique. L'origine de la violence, c'est en grande partie dans les mauvaises conditions de logement qu'il faut aller la chercher. Personne ne peut s'épanouir dans un ghetto ; il condamne à l'échec, il fabrique des êtres tordus, il génère des vies fracassées.

— Tout le monde veut habiter la Cité, commente un habitant, désabusé. Car tu ne paies ni gaz, ni électricité, tu paies seulement le loyer, cent dollars par mois. Mais quand tu vis ici dix ou vingt ans, c'est dix ou vingt ans de gâchés.

Et dans ces immeubles, les condition de vie sont effrayantes : bâtiments bruyants, puants, plafonds qui fuient, cris, disputes et jurons à chaque étage, et même parfois coups de feu, portes qui claquent, radios à plein volume, appartements surpeuplés, logements exigus, prolifération de rats et de cafards, voilà la machine à fabriquer des exclus, des drogués, des membres de gangs, des desesperados, des criminels. Les forces de destruction sont à l'œuvre ! Dès le départ, les dés sont pipés. On s'y résigne, ou on explose. Le ghetto est une poudrière sociale.

Visite d'un appartement avec deux policiers, chargés d'enquêter sur des violences familiales : plusieurs enfants en bas âge croupissent au milieu de piles de vêtements entassés par terre ; des excréments jonchent le sol ; il y a des cafards partout ; des chiens faméliques vont et viennent ; le frigo est vide ; la nourriture est moisie. Un spectacle d'apocalypse, en plein New York, dans le pays des libertés !

Les enfants sont aussitôt placés en foyer. Moi, j'ai la nausée.

Comment demander à un jeune de rester chez lui alors que la rue, fina-lement, lui semble plus accueillante ? Et le piège se referme. Car la rue appartient aux gangs, au dealers, aux prostituées. Aux gangs, surtout.

4 - Programmés pour l'échec

L'enfer commence à la maison, et se poursuit à l'école. Loin d'être sanctuaire, celle-ci est devenue, au fil des années, le lieu de tous les dangers : écoles-bunkers hérissées de grilles, écoles réceptacles de tous les maux de la société, écoles champ clos des confrontations armées. Ici, les gangs font la loi, quand ils ne prennent pas le contrôle de tout l'établissement, en perturbant les cours, en rackettant, en traversant les couloirs bruyamment, en envahissant les salles de classes et les cours de récréation, en intimidant les jeunes pour qu'ils s'enrôlent dans leurs bandes, en attaquant les professeurs, en terrorisant les élèves, en réglant leurs comptes, en recherchant les affrontements, en se livrant à toutes sortes d'exactions et d'actes de vandalisme, en imposant la loi du plus fort et le silence sur leurs activités. Avec les gangs, la loi de la rue entre dans les établissements scolaires, c'est celle de la bande la plus puissante, la plus arrogante, la plus brutale. Les jeunes desperados des ghettos ne connaissent l'école que pour la brûler. Mais avant de devenir agresseurs, ils sont d'abord victimes de la violence institutionnelle, car l'Institution peut engendrer une certaine violence quand elle renforce le sentiment d'échec, quand elle exacerbe les frustrations, les rancœurs, les animosités.

Et même quand les gangs n'investissent pas l'école, celle-ci est le théâtre des pires désordres : agressions à main armée, vols, viols, passes dans les toilettes, actes de vandalisme, attaques verbales, brimades, mutineries de classe, rackets aux devoirs pour obtenir de bonnes notes, tortures, agressions pour un vêtement ou un objet, dégradations, violences contre élèves ou enseignants, menaces, provocations, incendies volontaires, pillages, extorsion de monnaie, vente de drogue, bagarres et même meurtres, la liste des méfaits est impressionnante.

Selon une étude du Département de l'Education datant de 1998, les pires exactions sont le lot d'un établissement scolaire sur dix. Et près de la moitié d'entre eux (47%) ont fait état en 1997 de cent quatre vingt dix mille actes de délinquance (agressions et bagarres sans armes). Non seulement l'école intègre les violences de la société, mais, d'une certaine manière, elle les exacerbe. Le droit n'y a plus sa place. Même les grands frères et sœurs accourent pour devenir les justiciers de leurs cadets ! Et un enfant sur cinq pénètre en classe chaque matin, avec un couteau ou une arme à feu dissimulée dans un sac à dos ou dans une poche de blouson. On trouve même de plus en plus souvent des pistolets chargés dans les cartables des écoliers des classes primaires et des jardins d'enfants ! En 1997, le Vice-Président Al Gore annonce à la télévision que plus de six mille écoliers et lycéens avaient été exclus de leurs établissements durant l'année scolaire précédente, pour y avoir apporté une arme, la plupart du temps une arme à feu ! Les plus malins cachent fusils à pompe ou pistolets à grenaille sur les toits ou dans les caves ; les armes sont mises en communs pour être utilisées par l'un ou par l'autre en cas de coup dur, ou même par simple jeu ! Un professeur explique :

— Aujourd'hui, les enfants n'osent plus aller à l'école sans être armés, ils revendiquent le droit de se protéger, ils utilisent couteaux ou guns (revolvers) pour résoudre les conflits, que ce soit à l'école ou dans la rue. Les plus âgés se servent de leur arsenal pour intimider des rivaux et régler leurs comptes. Un nombre croissant de lycées sont équipés de détecteurs d'armes à l'entrée de leur établissement. De plus en plus d'écoles doivent adopter des mesures extrêmes de sécurité et font appel à des policiers armés en permanence.

Effectivement, aux Etats-Unis, aujourd'hui, on prend l'habitude de renforcer le contrôle des armes à feu à l'entrée des écoles publiques. Les élèves sont fouillés dès qu'ils pénètrent dans l'établissement ; ces contrôles routiniers évoquent ceux des aéroports. Mais dès que les détecteurs de matériaux sont démontés, les jeunes s'arrangent pour introduire leurs armes, planquées par exemple dans une cabine téléphonique proche de l'établissement.

— La plupart des mecs cachent leur gun dans un coin, ou bien ils dissimulent leur cutter dans la bouche, reconnaît un membre des Savage Skulls. Et quand ils veulent te taillader la gueule, ils recrachent la lame.

Le climat d'insécurité pèse lourdement sur les enseignants. Ceux-ci sont molestés, chahutés, insultés, menacés, agressés, ils redoutent de faire leurs cours devant une classe déchaînée qui ne respecte rien, et surtout pas l'autorité du professeur. Dans certaines écoles, les enseignants sont si terrifiés qu'ils ferment à clefs leurs classes dès que les élèves y pénètrent, pour éviter l'irruption intempestive de gangs prêts à tout, même à les violer. La plupart d'entre eux sont épuisés moralement et physiquement, et quand ils partent se faire soigner, impossible de trouver un remplacement. Un professeur raconte :

— On n'en peut plus, on est à bout de nerfs ; il faut vraiment s'accrocher pour faire un cours. Et d'ailleurs, le mot cours est un bien grand mot. On ne les prépare même plus. On est en permanence sur nos gardes. Les élèves sont excités, ils friment, ils nous insultent, ils sont violents, ils ne respectent rien – et comment pourrait-il en être autrement avec les parents qu'ils ont ! L'autre matin, j'en ai surpris un qui disait à son fils, en le déposant : « Amuse-toi bien ». Les choses les plus sérieuses sont tournées en dérision, même l'école ! Alors, les jeunes sèchent les cours, ils y vont pour dormir ou pour s'amuser, ou pour se moquer des professeurs qu'ils prennent pour des « bouffons ». Un jour, ma classe s'est mutinée ; j'ai été séquestré, les chaises volaient, les élèves se bagarraient. Voilà l'ambiance. Même nos voitures sont lacérées, attaquées, brûlées ! Alors, les absences se multiplient...

La violence se referme sur les enseignants, les élèves et même les parents. Car l'école reflète et grossit toutes les tensions de la société, en particulier raciales. Ainsi, les Noirs ou les Latinos parlent une langue qui les exclut d'emblée, la barrière linguistique multiplie les confrontations. Cookie Rodriguez, ancien membre de gang, raconte :

— Les Noirs ne comprenaient pas notre Espagnol, et nous ne comprenions pas leur Anglais. En classe, personne n'était intégré. Et quand les professeurs convoquaient les parents, ils comprenaient encore moins que leurs enfants ; tout était déformé. C'était la honte, la honte pour tous ! Et comme on comprenait tout de travers, on s'endurcissait, on se battait, on insultait les professeurs. C'était notre manière d'extérioriser notre souffrance. En arrivant de Puerto Rico, à onze ans, je ne parlais même pas un mot d'Anglais, tout me semblait étrange, je devenais complexée, dépressive. La langue, c'est une sacrée barrière ! Et le seul moyen de survivre, c'est de se fabriquer une carapace, de devenir plus dur. On n'a pas le choix, on est coincé ! Au début, je n'appartenais à aucun gang, alors on se moquait de moi, on me faisait des croche-pieds dans les couloirs, on m'arrachait les livres des mains. Comme je n'étais protégée par personne, je devenais une cible facile pour tout le monde, j'avais toujours peur. C'était invivable ! Finalement, je suis rentrée dans un gang, comme tout le monde !

A l'école, les discriminations raciales et sociales sont amplifiées ; les élèves ne comprennent pas l'enseignement, ils ont une image d'eux-mêmes de plus en plus négative, leurs complexes sont renforcés, ils ont l'impression de ne pas exister. Exacerbée, la haine se transforme en colère violente contre le premier venu, contre n'importe quel bouc-émissaire. En définitive, l'école confirme les sentiments négatifs que les jeunes ont en eux, elle devient le lieu de cristallisation de toutes les frustrations, une machine à exclure davantage. Puisque la vie à l'école est encore plus difficile qu'à la maison, les élèves se réfugient dans la rue et bientôt dans le crime.

En fait, l'école n'est pas adaptée à la mentalité des jeunes du ghetto, incapables d'accepter les contraintes et de se projeter dans l'avenir.

— L'école ne prépare pas à la vie, et encore moins à la vie dans la rue, explique un professeur. On gave les élèves de connaissances intellectuelles, théoriques, superflues et de plus en plus complexes ; les programmes ne sont pas adaptés ; le travail est conçu de manière compétitive et comme facteur de réussite. L'émulation ne signifie-t-elle pas l'écrasement des plus faibles ? Désespérés, les élèves cherchent le succès dans la violence. Je connais de nombreux membres de gangs qui essaient de compenser leurs échecs scolaires en écrasant les autres, en affirmant leur force, leur autorité, leur influence au sein du groupe, par tous les moyens possibles, même illégaux, même criminels. Vous savez, l'école ne signifie rien pour les jeunes, elle n'a aucun sens pour eux, la rue est leur prof. Après tout, ils savent ce qui les attend : le chômage et la galère. Leurs frères et sœurs sont passés par là ! Ils ne se font pas d'illusions. Au lieu de bourrer les élèves de connaissances inutiles et doublant la ségrégation sociale et raciale d'une ségrégation scolaire, ne débouchant sur rien, on devrait se contenter de donner des repères aux enfants, de leur enseigner à lire, écrire, calculer, réfléchir et surtout à vivre ensemble. Le comble, c'est qu'on renforce la ghettoïsation en appelant nos classes des « classes à problèmes » ! Oui, je le dis clairement, l'école renforce le sentiment d'échec, d'autant plus que le moindre faux pas entraîne l'exclusion du système scolaire. Les jeunes savent tout cela, et ils réagissent à leur manière, imprévisible, désordonnée, brutale, violente.

Mais il y a pire qu'être au lycée, c'est de ne pas y être. La pire violence que les élèves exercent contre eux-mêmes, c'est en effet l'absentéisme, une sorte de processus d'auto-exclusion puisqu'ils n'ont personne derrière eux, généralement, pour leur rappeler les règles, les contraintes, les devoirs. Au lieu de veiller scrupuleusement à l'assiduité de leur progéniture, les parents démissionnent, laissent faire – se résignent au pire : car les élèves qui sèchent les cours sont trois fois plus susceptibles de commettre des délits.

— Moi, je vais pas à l'école parce que j'ai pas de fringues comme les autres, reconnaît Léonardo, un membre du gang « Les scorpions ». De toutes façons, on arrive à rien avec moi, je sais même pas lire et écrire. Alors, à quoi bon ? D'ailleurs, à quoi ça sert d'aller à l'école puisque c'est le bordel, tout le monde hurle, s'insulte, on peut même pas se concentrer ! On finit par en avoir marre, on traîne avec les bandes. La rue, c'est mieux. Il y a de l'espace, et on y apprend plein de choses. On apprend toutes les ficelles du métier !

C'est un fait reconnu, l'école confirme l'échec, un échec vécu douloureusement dès la maternelle. A quoi bon travailler, se disent les gamins, puisque cela ne sert à rien, pour eux comme pour le reste de leur famille ? Les dés sont pipés d'avance. Et plus les élèves sont faibles, plus ils posent de problèmes. Comme ils sont d'emblée en situation d'échec, ils se construisent une image valorisante en rentrant dans la peau du perturbateur. Et ils y prennent goût. Alors les infractions se multiplient, vite contagieuses. La classe devient incontrôlable, et les « perturbateurs » sont renvoyés. D'autres les remplacent aussitôt ; c'est un cycle sans fin.

L'école conduit à la rue et au crime. Le processus social devient manière de vivre.

5 - Underclass

Si l'école ne résout rien ou amplifie les problèmes, elle débouche inévitablement sur le chômage à vie, l'ignoble cancer des ghettos, la plaie dont on hérite à la naissance et dont on ne se débarrasse jamais. L'Amérique d'aujourd'hui ne propose plus d'emplois à plein temps pour les ouvriers non spécialisés, il y a de moins en moins de travail industriel, les minorités sont les plus touchées, même si le secteur des services s'agrandit, avec ses exploités, son cortège d'emplois précaires et subalternes, ses salaires de misère ne permettant pas de nourrir une famille. Quand ils ne sont pas exclus de l'école, les jeunes en sortent sans qualification, sans diplôme, sans perspective d'emploi, sans même l'espoir d'un stage ou d'une formation. Classés comme « underclass », les laissés pour compte de la prospérité américaine n'ont pas de place dans le système économique : c'est ainsi, et l'Amérique qui réussit n'en a cure. Certes, les marathons de danse des années 30 où les chômeurs devaient bouger jusqu'à l'épuisement total devant un public pariant sur leurs chances de victoire, ne sont pas encore revenus à la mode. Mais, déjà, des concours d'endurance du même type sont organisés, pour le plus grand plaisir d'une foule carnivore se repaissant de déchéance humaine. Aux Etats-Unis, on a les passe-temps que l'on peut.

Pour un emploi, on se livre une lutte sans merci. Les plus chanceux vont d'un boulot précaire à l'autre, d'un emploi subalterne à l'autre, mal payés, ne s'accompagnant d'aucune protection sociale. Et ils passent d'un appartement à l'autre. Quand on a un travail et qu'on le perd, la famille se disloque, divorce, s'éparpille ; les enfants sont placés en foyer ou en famille d'accueil. Il y a une corrélation étroite entre les courbes du chômage et celles de la délinquance. Privés d'emplois, de qualification, de perspectives, les jeunes s'engouffrent dans l'économie souterraine, ils plongent dans la criminalité de survie. Il n'y a pas d'autres débouchés dans le ghetto. Aux Etats-Unis, l'apartheid social et économique existe, on en hérite à la naissance et il est très difficile d'en sortir, surtout lorsqu'on est Non-Blanc.

A son tour, le chômage débouche sur l'exclusion du système de santé : plus de quarante millions d'Américains sont totalement dépourvus d'assurance maladie. Dans ce pays prétendument civilisé et qui ambitionne de devenir un phare pour le monde entier, on est soigné non en fonction de ses besoins, mais en fonction de ses revenus, et on meurt faute de soins, faute de pouvoir payer l'hôpital ! Le taux de mortalité infantile est élevé parmi les minorités noires et latino-américaines, on assiste à la réapparition de maladies répandues au 19e siècle, comme la tuberculose, les malades mentaux errent dans les rues faute de place dans les Instituts spécialisés : l'Amérique qui aspire au leadership, lâche ses fous dans la rue.

Depuis 1993, les coûts des soins se sont emballés, le prix d'une hospitalisation est dissuasif, les honoraires des médecins sont prohibitifs, et les médicaments sont hors de prix. Pour les pas-de-chance, les éternels perdants, il reste l'hôpital public – si l'on y arrive à temps ! Certes, les plus de soixante-cinq ans sont couverts par un programme public baptisé « Medicare », et les plus démunis bénéficient, sous certaines conditions, du programme « Medicaid ». Mais, depuis dix ans, le nombre d'Américains sans assurance médicale augmente constamment. Par exemple, en 1998, ils étaient 44,3 millions, soit 16,3% de la population, et 883 000 de plus que l'année précédente. Près d'un Américain sur trois a vécu, à un moment ou à un autre, sans couverture médicale au cours des trois dernières années, et la situation ne cesse d'empirer ! En effet, une simple hospitalisation, aux Etats-Unis, se chiffre en dizaines, voire en centaines de milliers de francs, en raison des tarifs prohibitifs qui sont pratiqués. Aussi les classes moyennes parviennent-elles de moins en moins à intégrer dans leur budget le coût d'une assurance médicale[1]. Et la création d'une couverture universelle devient un thème brûlant lors des campagnes électorales.

---

[1] Et ne parlons pas des personnes, plus à l'aise financièrement, mais que les compagnies d'assurances refusent de couvrir du fait de leurs antécédents médicaux.

Pour avoir accès à un traitement, les malades mal ou pas assurés se résignent à recourir aux essais thérapeutiques. Ils ne savent pas ce qu'ils avalent, ils sont entièrement soumis aux chercheurs des laboratoires pharmaceutiques, trop heureux d'avoir été sélectionnés pour devenir les cobayes de la médecine des riches : tout le monde n'a pas ce privilège.[1]

Reste le Welfare, l'Assistance publique : bons de nourriture ou de chauffage, distribution gratuite de denrées ou d'équipements de base. Si on n'a pas de travail et aucun espoir d'en trouver, on dépend donc des aides sociales. Encore faut-il avoir un logement pour en bénéficier ! Les sans domicile fixe sont exclus de toute allocation comme ils le sont, d'ailleurs, des statistiques et des programmes du gouvernement. En août 1992, un million de New Yorkais sont passés par un bureau d'aide sociale. Mais on est loin de la guerre contre la pauvreté mise en place par le Président Lyndon Johnson ! Aujourd'hui, les temps sont aux restrictions budgétaires pour les plus démunis,[2] on démantèle le " Welfare State ". Dès son arrivée au pouvoir, le Président Reagan a fait supprimer les bons de nourriture à plus d'un million de personnes, ainsi que l'aide aux famille ayant des enfants à charge. La politique ultra libérale de Reagan, en réduisant de façon drastique les budgets sociaux, d'un côté, et les impôts pour les plus favorisés, de l'autre, a creusé le fossé qui sépare les nantis des pauvres et plongé le pays dans la délinquance, la drogue et la criminalité, conséquences directes de la précarité galopante. La culture américaine, d'inspiration puritaine, a tendance à blâmer les pauvres pour leur pauvreté. Et les conservateurs de tous poils, égoïstement accrochés à leurs privilèges de nantis, à leurs rêves de puissance et même de domination du monde, tout en se prétendant de bons chrétiens, osent prôner « l'Amour dur » (éloigné de l'Amour

---

[1]   Il faut réussir toutes sortes d'examens médicaux pour être choisis, il faut satisfaire toutes sortes d'exigences, surtout si la mise au point des produits nouveaux nécessite l'enrôlement d'un petit nombre de cobayes.

[2]   Les priorités des derniers gouvernements sont ailleurs : dans la réduction des aides accordées aux villes, dans la diminution des impôts des plus riches, par exemple. Depuis Reagan, les disparités entre les revenus des familles les plus pauvres et des familles les plus riches n'ont cessé d'augmenter. Et la précarité s'étend : à New York, par exemple, en 1980 23% de la population vit en dessous du seuil de pauvreté, contre 15% en 1975. Et 25 000 sont sans toit.

authentiquement évangélique préférant les pauvres et les étrangers), la fin de l'Assistance publique qui, selon eux, génère une « culture de la dépendance » : alors qu'elle conduit au désespoir, aux gangs, à l'exacerbation des frustrations, des violences, des tensions ![1]

Avec l'Administration Clinton, le ton est différent : on ne supprime plus, on restreint, on modifie. D'après la nouvelle réforme, les droits à l'aide sociale sont limités à une durée de cinq ans, pour les parents comme pour les enfants[2]. Ensuite il faut prendre un « boulot d'insertion ». Un allocataire explique :

— Désormais, pour bénéficier des allocations, il faut travailler. On est 35 000 à bénéficier de l'aide sociale rattachée à ce programme d'insertion par le boulot. Je suis l'un d'eux. Je nettoie les trottoirs, les couloirs de métro, les toilettes publiques... En contrepartie, on me paye mon logement social, je perçois des bons d'alimentation et un peu d'argent pour, entre autres, les frais de transport. Mon désir le plus cher est d'obtenir un poste fixe d'employé municipal : pour cela, il faut entretenir de bons rapports avec son supérieur.

La nouvelle loi sociale prétend stimuler l'initiative personnelle. Mais on oublie que beaucoup de gens n'ont même plus la force de se battre, ils sont usés par les privations, la misère, le désespoir, et marqués par les échecs répétés. Et pour Don Friedman, le célèbre avocat new-yorkais des pauvres, ce travail d'insertion est une véritable régression sociale :

— Avec cette réforme, la Ville n'embauche plus, elle ne propose plus d'emplois fixes. Pire, elle licencie de nombreux employés municipaux, et ceux qui ont encore un boulot sont menacés par les centaines de milliers de chômeurs que l'on fait travailler à moindre coût ; dans les négociations salariales, leur position est très affaiblie. Quant à ceux qui bénéficient d'un travail d'insertion à la place de l'assistance publique, ils ne sont pas considérés comme des salariés, ils ne bénéficient d'au-

---

[1]   Pour les conservateurs et les ultra-religieux, un seul credo : les problèmes sociaux doivent être résolus par la famille, l'Eglise, la Communauté, mais surtout pas par le Gouvernement fédéral.

[2]   La majorité des allocataires sont des mères célibataires. Pour leurs enfants aussi, le droit à l'aide sociale ne dure que cinq ans !

cun droit, d'aucune protection : ils ne touchent que leur seule allocation d'insertion, le salaire minimum, ils occupent des emplois qui étaient mieux payés avant, ils n'ont ni couverture sociale ni assurance maladie ni même congés payés, ils n'ont pas de syndicat, enfin ils ont peu de chance de trouver un emploi stable parce qu'on n'embauche plus. Cela relève plus de l'esclavage que du travail. Depuis le « New Deal » de Roosevelt en 1935, les pauvres bénéficiaient de l'aide sociale à vie. Maintenant, c'est fini, c'est une régression.

Les programmes d'aide sociale sont constamment amputés, les institutions publiques et privées du ghetto disparaissent les unes après les autres, aujourd'hui, les habitants sont isolés dans des poches de pauvreté et d'inactivité, alors qu'autrefois il existait pour eux des possibilités d'emploi, des hôtels pour sans-abri, des lieux de distraction, des commerce. L'atmosphère est de plus en plus tendue, les files d'attente aux soupes populaires s'allongent sans cesse, la révolte gronde.

— Elle est belle, la société américaine ! proteste une victime des restrictions budgétaires en matière d'aide sociale. Tout le monde est à la rue, maintenant, même les Blancs ! Les gens vont se faire braquer, les gangs vont imposer leur loi, voilà le modèle de vie américain. Finalement, on est mieux en prison. On en a tous marre, ça va péter !

L'Eldorado américain a son revers angoissant : un enfant sur cinq vit dans la misère, beaucoup sont sans logis, les orphelinats accueillent la progéniture des parents trop pauvres pour les nourrir et même leur offrir un toit, d'autres vivent dans des voitures ou sous la tente ; les familles constituent la catégorie des sans-abri qui croît le plus vite ; les soupes populaires ne désemplissent pas, comme aux pires moments de la dépression ; les cantines d'accueil pour sans-abri affichent complet ; les « hoover-villes »[1], ces camps de toile en usage lors de la grande crise économique, ont eux aussi réapparu pour ces nouveaux nomades.

Aux Etats-Unis, désormais, les contrastes sont de plus en plus violents, de plus en plus insupportables, de plus en plus scandaleux. Et New York est à l'image du reste du pays : ville de tous les extrêmes, ville de toutes les réussites et de toutes les misères.

---

[1]   Du nom de celui qui fut Président des Etats-Unis de 1929 à 1933, Hoover.

Et sur le terrain de la misère, les gangs prolifèrent, toujours plus arrogants, toujours plus provocants, toujours plus meurtriers.

6 - Famille, je te hais !

Le gang prospère dans la rue, son deuxième foyer : il échappe ainsi à la souffrance d'une famille divorcée, désunie, monoparentale, en proie à toutes les tensions, à toutes les difficultés, à toutes les violences. La plupart des boys des ghettos n'ont qu'un seul parent, pas de vraie famille, pas d'équilibre.

Dans les grandes villes américaines, le nombre de mères célibataires ne cesse d'augmenter ; et elles sont de plus en plus jeunes, surtout chez les Noires : la moitié est enceinte avant d'avoir vingt ans[1]. Une forte proportion d'entre elles décide d'avorter[2]. Mais le gouvernement fédéral ne rembourse plus les avortements depuis 1976, sous l'influence des Conservateurs.

Dans la plupart des cas, l'enfant n'est ni prévu, ni désiré. D'autres fois, il est souhaité pour compenser des carences affectives. Dans tous les cas, les mères adolescentes se révèlent incapables d'élever seules leur enfant, elles sont sans travail, sans ressources et immatures, elles ont d'énormes problèmes émotionnels et sont souvent dans un état mental fragile. Dès que quelque chose ne va pas, dès que la progéniture risque de mal tourner, elles baissent les bras, elles abandonnent, elles renoncent.

Les bébés nés de teen-agers, les Américains les appellent « les enfants des enfants ». Pour eux, la mère se révèle plus une adolescente à problèmes qu'un parent capable d'aimer réellement, de discipliner, de gui-

---

[1] Soit le double du chiffre enregistré chez les ados blanches ; et environ 15% de teen-agers enceintes le sont de nouveau un an plus tard, et 30% deux ans plus tard. D'une façon générale, aux Etats-Unis, plus d'un million de jeunes filles de 14 à 18 ans se retrouvent enceintes. Et 4/5 ne sont pas mariées.

[2]   Environ 45% des teen-agers enceintes aux Etats-Unis optent pour l'avortement, procédure légale depuis 1973.

der, de sécuriser. Comment, en effet, prendre vraiment soin d'un enfant lorsqu'on a été victime de maladresses éducatives, ou carencée affectivement, ou violée très tôt, ou abusée sexuellement par un proche parent ? Comment nouer un échange fructueux avec son enfant quand on a grandi dans une famille alcoolique et qu'on n'existe pas soi-même en tant qu'individu différencié ? Comment être une mère authentique alors qu'on accumule en soi un énorme potentiel de ressentiment et de rage à cause de tous les sévices qu'on a subis et peut-être, aussi, de la souffrance de ne pas avoir été un enfant désiré ? Comment être père et mère à la fois, si l'on ne rencontre autour de soi que mal de vivre et misère ? Alors, quand l'enfant pleure, ses pleurs ne sont pas entendus, ou il est battu ; quand il réclame de l'amour, il n'en trouve pas ; quand il a besoin de repères, de fermeté ou de sécurité, ses besoins ne sont pas satisfaits...

Chez les Latino-Américains, le scénario est le même pour tous. La famille débarque à New York dans l'espoir d'une vie meilleure, mais le mari ne trouve pas de travail à l'inverse de sa femme qui, alors, commence à porter le pantalon. L'homme, habitué à commander, supporte mal la situation, il se sent dévalorisé, humilié, il boit ou cherche une autre femme. L'épouse reste seule avec les enfants, qui n'ont plus de père, se retrouvent privés de l'image paternelle, de la figure masculine du foyer. L'équilibre est rompu. Dans les familles noires, 54% des enfants grandissent en l'absence d'un père ; ou bien ils en ont plusieurs, incapables de le remplacer[1]. Quand le beau-père est toléré, on ne lui obéit plus ; ou alors le beau-père ne supporte pas les enfants nés en première noce ; les désordres s'installent. Parfois, aussi, la pauvreté contraint les parents à éparpiller leur progéniture aux quatre coins de la ville ; les enfants souffrent de l'éclatement de la cellule familiale et se réfugient dans la rue, confrontés à toutes les misères, à tous les dangers, à toutes les violences.

---

[1]   Il n'est pas rare de voir des mères célibataires élever la progéniture de plusieurs conjoints ou compagnons successifs.

Quand les mères ne trouvent plus de travail,[1] elles s'adressent au Welfare. Et lorsque les aides sont supprimées, elles boivent à leur tour, leur perception des êtres et des choses s'altère, elles commencent à avoir des angoisses, des complexes, des troubles de comportement, des désordres de la personnalité, elles sont perturbées émotionnellement, elles deviennent instables, elles ont une relation défaillante avec leurs enfants qui à leur tour plus tard, ne peuvent fonctionner comme des hommes et des femmes, des maris et des épouses, des pères et des mères parce qu'ils n'ont pas appris à aimer mais à blesser.

D'autres mères fuient le réel dans la drogue ; et pour payer leurs doses quotidiennes, elles se lancent dans la prostitution, dont elles deviennent rapidement esclaves. Pendant ce temps, les gamins n'ont plus personne, ils sont abandonnés à leur sort[2], privés de soins, de nourriture, d'affection, parfois même attachés à leur lit. Sous l'emprise de la drogue, on ne voit plus son enfant, on n'entend plus ses cris, on ne réalise même plus qu'il a faim.[3]

Quand les mères célibataires peuvent s'occuper elles-mêmes de leurs enfants, elles sont vite dépassées, surtout à l'âge de l'adolescence, où elles sont débordées, exténuées, à bout de nerfs. D'ailleurs, sans soutien, privées de l'appui paternel, elles ne savent pas faire preuve d'autorité, elles ne savent pas comment élever leur progéniture, elles ne savent pas comment affronter les copains. La plupart du temps, d'ailleurs, la mère ignore tout des activités de son fils, elle ne contrôle pas son emploi du temps, elles ne se doute même pas qu'il est dans un gang. Et si elle l'apprend, elle est fatiguée de l'en dissuader, elle commence à haïr l'homme en lui, ou bien elle vit dans l'angoisse de le perdre : bien des mères pleurent un fils, effrayées à l'idée d'en perdre un autre. Et les raisons de se culpabiliser ne manquent pas : l'une se reproche de rentrer tard de son travail, l'autre de n'avoir pas su conser-

---

[1] Et quand elles en ont un, les enfants restent seuls dans la journée ou sont confiés à des voisins. Mais le soir, la mère est trop fatiguée pour s'occuper d'eux.

[2] Les garderies sont trop chères.

[3] La Police a retrouvé des enfants morts de faim, ou bien gavés de somnifères.

ver son mari, la troisième d'avoir manqué d'autorité ou de ne pas avoir déménagé...

Enfin, certaines mères chefs de famille encouragent leur progéniture à rapporter de l'argent ou de la nourriture par n'importe quel moyen, gagné ou volé.

Comme la femme est le pilier de la famille du ghetto, c'est sur elle, en définitive, que repose la responsabilité de l'enrôlement dans les gangs et d'une vie de crimes. Mais si les dommages causés par la mère seule sont profonds, le père, quand il y en a un, ou le beau-père, provoquent eux aussi des dégâts irréversibles sur leur progéniture.

« Père manquant, fils manqué », si l'on en croit le titre d'un livre. Le père peut être absent physiquement, qu'il soit divorcé, décédé, ou en prison, et cette absence s'ajoute à l'inconsistance de la mère. Dans ce cas, les jeunes manquent d'une autorité en face d'eux, d'une figure paternelle, d'une présence forte, sécurisante, sachant marquer les limites, renvoyant une image positive : leur seule morale, alors, est de ne pas se faire prendre. Un membre des « Scorpions » explique :

— Mon père, c'est juste un type qui a fait un môme à ma mère ; je le hais, parce qu'il l'a abandonnée sans raison ; et ma maison, elle est avec mes potes, dans le gang, là je me sens bien.

Le rôle du modèle paternel est plus important que celui de la mère pour déterminer le comportement criminel des jeunes. Or, dans les ghettos des grandes villes américaines, quand le père est présent physiquement, c'est une présence-absence, comme s'il n'était pas là, le dialogue n'est pas possible, ou il dégénère en affrontement, les limites ne sont pas marquées, les contraintes ne sont pas imposées : il n'y a pas de modèle auquel on peut s'identifier, sous les nimbes de l'alcool. Tout est tourné en dérision, même les choses les plus sérieuses, les jeunes ne savent plus à quoi se raccrocher, ils ne peuvent pas s'appuyer sur un parent solide, capable de leur transmettre des valeurs, des repères, un cadre, des interdits.

Les père du ghetto ne trouvent pas de travail ou ils n'en cherchent pas, ils ne supportent pas plus les contraintes d'un emploi que celles de l'entourage, ils se réfugient dans la boisson ou la drogue, ils ne sont plus le vecteur indispensable de la cohésion familiale, leur autorité est morcelée entre les différents services sociaux, elle est contestée, rabaissée, niée jusque dans leur foyer, les jeunes ne respectent plus rien, ils font ce qu'ils veulent quand ils le veulent. Sous l'effet de l'alcool ou de la drogue, les pères n'arrivent plus à se situer, ils font preuve d'instabilité, d'immaturité, ils fuient leurs responsabilités, ils se démettent de leur fonction, ils passent alternativement par des phases d'apathie complète et d'agressivité violente, ils démissionnent parce qu'ils se sentent incapables de gérer les comportements de leur progéniture. Un travailleur social explique :

— L'absence de père ou, pire, la présence d'un père défaillant, et c'est tout l'avenir du jeune qui est compromis. Un père peut être présent physiquement, mais émotionnellement absent, immergé dans sa propre quête d'identité, de reconnaissance, de statut ; la mère doit alors tout porter, mais elle est vite dépassée, elle ne parvient pas à contrôler ses mômes. Quand la présence du père est réduite, l'image de l'homme est totalement dévalorisée, l'identification ne se fait plus, il n'y a plus d'opposition constructive, le jeune recherche d'autres modèles, d'autres repères, plus pauvres, parmi les rockees, dans les gangs, chez les motards, qui incarnent pour eux la virilité à travers le refus des normes, l'opposition systématique, la provocation. Quand le père travaille, il ne voit pas son fils, ou quand il peut le voir, ça se passe mal. Le père ne supporte rien, pas même le disque de rock ou de rap, il perd tout contact avec son fils, et surtout tout contact véritable. Et s'il n'a ni travail ni métier ni qualification, il ne transmet pas de lui une image valorisante, son autorité est rabaissée, dénigrée. D'une façon générale, les jeunes, et surtout les adolescents, ont besoin d'avoir le maximum de contacts avec leur père pour construire une image de l'homme plus forte, plus sécurisante, plus positive.

Quand il ne leur est pas possible de se confronter avec la loi paternelle, les jeunes ne peuvent pas faire l'apprentissage des lois sociales, ils ne sont pas préparés à vivre en société ou dans une famille, ils se croient tout permis. Et quand par hasard ils se heurtent à un refus, c'est la catastrophe, ils ne comprennent pas, ils vivent ce refus comme un rejet de leur personne. Quant aux filles privées de père ou de repère, elles compensent plus tard en recherchant un homme paternel ou un homme fort auquel elles se soumettent volontiers.

Parfois, le père absent est remplacé, mais on ne lui accorde aucune valeur, ou bien on le rejette. Un membre du gang « Les Fils de Satan » raconte :

— J'ai toujours été de trop, même que mon paternel disait toujours : « Je te hais, j'aurais voulu que tu ne sois jamais né, tu nous coûte trop cher ». Et quand il est parti, ma vieille s'est mise en ménage. Mon beau-père, il me bat parce que ma tronche ne lui revient pas, et aussi parce que je refuse de l'appeler papa. Ce n'est pas mon père, je hais ce type. Et ma vieille ne dit rien pour me défendre, alors je la hais aussi. Je ne suis pas heureux, alors voilà, je vais dans le gang, là au moins on m'écoute, on m'accepte comme je suis, on m'apprécie.

Les parents qui n'en sont pas – mères immatures ou dépassées, ou pères qui ne donnent pas d'eux une image masculine – ont des enfants à problèmes, livrés à eux mêmes, à la rue, à ses dangers, à ses tentations, à ses brutalités, à ses activités souterraines, à ses voies sans issue... Derrière chaque membre de gang, il y a une rupture familiale, une carence affective ou éducative, un relâchement des valeurs, des règles, des codes de conduite. Des conditions de vie et de logement épouvantables, une école impuissante à régler les problèmes, l'absence de perspectives d'emplois, une famille en situation d'échec, tous ces facteurs expliquent la prolifération des gangs, dernier refuge des âmes blessées et ultime possibilité d'acquérir l'identité masculine à laquelle les boys des ghettos aspirent tant.

7 - L'apprentissage de la violence

L'environnement familial constitue le principal obstacle à la socialisation des adolescents des ghettos ; les membres de gangs n'ont jamais fait l'expérience d'une vraie famille, chaude, sécurisante, stable, remplissant ses fonctions éducatives. Les problèmes humains qu'ils ont eu dans leur enfance se répercutent dans la bande, seul refuge qui leur reste, même s'il est illusoire.

A l'origine d'un gang, il y a presque toujours des mômes de familles déracinées, éclatées, éparpillées, désorganisées, désunies, à la dérive. Les enfants sont traumatisés par les divorces, les séparations, les remariages, les recompositions, la rupture des liens familiaux traditionnels. Quand les parents divorcent ou se séparent, les gamins ont le sentiment, brusquement, de perdre tout repère, ils sont déstabilisés ; l'insécurité qu'ils ressentent les rend très vulnérables et ils compensent en cherchant une fallacieuse sécurité dans le gang. Lorsque le divorce se passe mal, c'est encore pire : il crée des situations insupportables pour la progéniture que l'on s'arrache. Quand des disputes éclatent, les enfants culpabilisent, ils se sentent responsables, ils se replient sur eux-mêmes, ils intériorisent leurs souffrances. Trop souvent, les parents oublient qu'ils ont d'abord des devoirs, celui d'assurer stabilité et bonheur. Une famille unie, soudée, c'est le meilleur gage d'une vie d'adulte réussie, équilibrée.

Il arrive pourtant que des parents restent ensemble. Mais au lieu d'être soudés, ils se disputent, ils se battent, ils sont prostrés devant la télévision, ils fuient leurs problèmes dans l'alcool ou la drogue ; les hommes terrorisent les femmes qui leur répondent par le mépris, un gouffre les sépare ; entre eux, tout rapport humain est empoisonné ! Chaque fois que les parents sont en colère contre eux-mêmes, contre leur conjoint, contre la vie, contre la misère, contre la fatalité, ils tournent cette fureur contre leurs enfants, injustes boucs émissaires d'une situation qui leur échappe complètement et dont ils se sentent responsables. Les parents, alors, perturbent leur progéniture au lieu de leur offrir un foyer stable et sécurisant, ils ne remplissent plus leur mission, ils renvoient une image dévalorisante. Les enfants n'ont pas de repères. Pire encore, ils sont parfois entourés de parents qui ont fait l'expérience de la prison, de la délinquance, de la prostitution, et tout naturellement ils reproduisent leur style de vie. Il devient alors impossible de casser le cycle du crime dans la famille.

C'est dans les ghettos des grandes villes américaines qu'on trouve le maximum de parents mentalement perturbés, n'ayant jamais réglé leurs conflits internes, au pire psychotiques, au mieux passifs ou fragiles sur le plan émotionnel, immatures, incapables de communiquer avec leurs enfants, de les aimer véritablement, de les comprendre, complètement dépassés par leurs besoins et leurs problèmes. Un pasteur du Bronx explique :

— Les parents sont submergés par leurs problèmes matériels, relationnels et internes qu'ils n'ont pas réglés, alors ils manquent à leurs devoirs fondamentaux, ils démissionnent complètement, ils abandonnent leurs enfants à leur sort, ils les négligent, ils sont incapables de les écouter, de les réconforter, de les guider, de leur donner l'affection qu'ils n'ont pas reçue eux-mêmes. Certains parents sont tellement amers qu'ils éprouvent le besoin de blesser leur progéniture, de leur faire du mal, pour se venger de ce qu'ils ont subi... Sans aller jusque là, les parents du ghetto sont incapables de nouer un échange véritable avec leurs enfants, parce qu'ils sont eux-mêmes incapables d'exister en tant qu'individus.[1] Si l'on ne s'aime pas soi-même, si l'on ne s'accepte pas, comment peut-on avoir une relation avec son conjoint ou son propre enfant ? C'est un cycle sans fin que seul Dieu peut briser. La Bible le dit clairement : « Ce qui est impossible aux hommes est pos-

---

[1] Les parents aiment leurs enfants, mais ils sont incapables de manifester cet amour parce qu'ils sont prisonniers d'eux-mêmes, d'un passé douloureux, d'une quête d'identité, d'un manque de repères. Dès qu'il y a un problème, dès que l'enfant menace de péter les plombs, ils décrochent complètement. Cela peut se produire tôt (bébé difficile, ou premières turbulences scolaires), ou plus tard à l'adolescence. Et cela entraîne inévitablement incompréhension mutuelle, intolérance, rejet.

sible à Dieu. »[1] Il est le Père parfait, Il donne le meilleur à ses enfants, Il redresse les vies fracassées pour peu qu'on Lui fasse confiance.

Les parents en grande détresse sociale et morale ne savent pas élever leurs enfants ; à la base, il y a toujours un problème d'autorité. Pour construire son identité, pour se structurer, un jeune a besoin de s'opposer, d'être confronté à une résistance, d'apprendre la loi, la soumission... Or les parents déstructurés laissent leur progéniture faire ce qu'elle veut, par incapacité ou par peur de ne plus être aimés (alors que la sévérité est une preuve d'affection ; l'enfant se sent sécurisé, il est reconnaissant lorsqu'on marque les limites, lorsqu'on fait preuve d'autorité), ils ont une attitude laxiste, ils n'enseignent pas ce qui est Bien ou ce qui est Mal, ils n'apprennent pas le respect à leurs enfants. Quand l'autorité parentale ne joue plus le rôle qui lui revient, c'est tout un système de vie qui s'écroule. Dépourvus de repères, les adolescents ne comprennent pas qu'ils doivent obéir à des règles, ils ne connaissent que la loi de la rue, la règle du plus fort et de l'argent facile. Les gangs sont là !

— Rien ne remplace l'autorité et l'exemple, déclare un policier de la Gang Intelligence Unit. Quand les valeurs morales, les principes, les interdits ne sont pas inculqués, les jeunes font ce qu'ils veulent, ils décident tout eux-mêmes, ils volent ce qu'ils ne peuvent obtenir, ils se servent, ils profitent des autres. Les enfants sont ce que les parents font d'eux ! Quand les valeurs ne sont plus transmises, ils se croient tout permis. Priver un jeune d'autorité et de repères, c'est le priver d'avenir, c'est hypothéquer toute son existence : sans tuteur, un arbre pousse de travers ! L'enfant aussi. Quand ils ne remplissent pas leur rôle fondamental d'éducateurs, les parents sont responsables, pleinement responsables ! Si les lois sont transgressées, c'est parce qu'il n'y a personne pour dire ce qui est permis ou pas !

C'est parce qu'ils ne sont pas psychologiquement en mesure d'éduquer leurs enfants que les parents des ghettos urbains remplissent si mal leur rôle. Comment, en effet, donner des repères à un enfant quand on n'en a pas reçu soi-même ? On parle toujours de parents démission-

---

[1]   Luc XVIII 27

naires ; mais on est démissionnaire quand on sait quoi faire et que l'on n'agit pas. Des parents qui, dans leur enfance, auront été traités comme des chiens, ne pourront inculquer le respect à leur progéniture ; des adultes à qui l'on aura pas enseigné l'obéissance, la soumission, la différence entre le Bien et le Mal, seront incapables de manifester ensuite la moindre autorité envers leurs enfants, ils ne pourront pas leur apprendre les règles et les valeurs. Et ils seront incapables de montrer l'exemple, de proposer un modèle de conduite ! Quand on ne respecte rien, pas même Dieu, il faut s'attendre à des problèmes : carences éducatives, morales, religieuses, affectives, émotionnelles, voilà le terrain d'éclosion d'un gang ! Un jeune dans une bande, un jeune en échec, c'est d'abord l'échec d'une famille qui ne remplit pas son rôle, ses obligations. Les parents ne sont même pas au courant de ce qui se passe ; ils ne savent pas où leurs enfants traînent ni avec qui, ils ne cherchent même pas à savoir pourquoi la chemise de leur fils a des taches de sang ! Entre les membres de la famille, les contacts sont si réduits, la communication si pauvre, les liens si relâchés, les conflits si graves, que n'importe qui peut faire n'importe quoi sans qu'on s'en aperçoive ![1] Alors les jeunes sont livrés à eux-mêmes, à leurs pires instincts, sans frein ni limite. Quand ils cherchent des réponses aux problèmes de la vie, ils n'en trouvent aucune, sauf dans le gang ! Le gang qui reproduit, finalement, la violence du climat familial, celle des adultes qui ne transmettent aucune valeur ou seulement les normes de la délinquance, de la brutalité. En famille, on fait l'apprentissage de comportements criminels ou bien la haine circule de parents à enfants, d'enfants à parents, multipliée par le désespoir, le dégoût de soi, plongeant au plus profond de chacun.

L'apprentissage de la violence commence très tôt, parfois dès le berceau (bébé non désiré ou rejeté, par exemple). Un enfant constamment puni ou battu sera agressif, plus tard, il tendra à développer des sentiments d'hostilité envers ses parents, un enfant menacé aura peur, ils se

---

[1]   Il n'y a parfois plus de famille aujourd'hui, même monoparentale, même éclatée : les parents sont morts du sida, ou en prison, ou touchés par la drogue ou les gangs. Alors les grands-parents prennent la relève : près de quatre millions d'enfants sont élevés par eux aux Etats-Unis. Ils jouent à la fois le rôle de parents et celui de grands-parents, quand bien sûr ils ne fonctionnent pas eux aussi au crack !

sentira insécurisé. Et un adolescent qui apprend de la bouche de son père que pour être un homme, il faut être un dur, sera fier de se battre !

Les maltraitances interviennent surtout lorsque la famille traverse une période particulièrement difficile, comme l'éclatement du couple, la perte d'un emploi, l'alcoolisme :

— L'alcoolisme cause le maximum de ravages, explique un sergent de la Youth Gang Unit. Certains parents vont de la maison au bar et du bar à la maison, et quand ils boivent, ils deviennent violents, ils battent leurs enfants sans raison apparente ; la tragédie, avec les alcooliques, c'est que quand les parents boivent, les enfants trinquent, ils subissent des dommages irréversibles sur le plan mental et émotionnel, ils développent un sentiment aigu d'infériorité, ils deviennent instables, alternant les périodes de dépression et de brutalité, et plus tard ils sont incapables de fonctionner normalement dans toutes les étapes de leur vie d'adulte. D'après les statistiques, la mère est le principal auteur de violences contre les enfants, suivie par le père et le beau-père. Dans certaines familles, il n'y a que confusion et chaos ; les gamins subissent toutes sortes de sévices, physiques et psychologiques, mais les abus sexuels représentent une part importante des cas de maltraitance. Avant de reproduire la violence dans les gangs, les jeunes en ont d'abord été les innocentes victimes chez eux, dans ce qui aurait normalement dû être un cocon familial. Pour les garçons, la vie de la jungle est souvent préférable à la vie à la maison. Et nous, policiers, nous sommes constamment confrontés à cette sauvagerie.

Dans les foyers des quartiers déshérités, les jeunes sont les témoins quotidiens des brutalités familiales, sous l'influence de l'alcool qui décuple la violence ou du crack-cocaïne qui affaiblit le contrôle des impulsions, violences du père contre la mère, de la mère contre les enfants, et par ricochet des enfants entre eux. Depuis leur naissance, les jeunes ont vu leur mère ou les autres membres de leur famille menacés, battus ou même tués. Un ancien membre de gang raconte :

— J'ai appris la violence à la maison. Je ne me souviens pas d'un seul jour sans disputes, sans cris, sans coups, sans hurlements. Tantôt papa se ruait sur maman, tantôt maman se vengeait sur nous, tantôt mes frères battaient mes sœurs. C'était la bagarre générale. Quand je voulais la paix, j'allais dans la rue avec mes potes.

Les futurs criminels des gangs de rues n'ont pas seulement connu la souffrance d'être constamment menacés, humiliés et frappés, ils ont aussi été les victimes d'abus sexuels, parfois systématiques, de la part d'un ou de plusieurs membres de la famille. Angela, 17 ans, raconte :

— J'ai été violée par mon père, après avoir été battue par lui. Et quand il est parti, c'est mon beau-père qui a pris la relève. Mon beau-père, je rêve de le tuer ; il n'est même pas mon père ! Je hais la vie, je hais les hommes, je hais tout, je me trouverai par opposition à ma famille, dans la bande, avec les copines. Là je suis bien !

Marqués à jamais par les souffrances qu'il ont endurées dans leur chair et dans leur âme, les enfants battus et victimes d'abus sexuels maltraitent à leur tour leur progéniture, dans une spirale de violence infernale. Avant de devenir un bourreau ou un criminel, on a d'abord été une victime soi-même.

8 - La haine multipliée

La violence criminelle est l'exutoire de la violence sociale, raciale et familiale. Comme ils ne parviennent pas à s'intégrer dans la société, les
kids des ghettos urbains recourent aux activités illégales, souterraines,
délictueuses et ce qu'ils ne trouvent pas chez eux, ils le cherchent dans
le gang, ultime refuge des mal-aimés, des exclus de partout, des laissés
pour compte, des desperados.

Seul, un membre de gang est un jeune paumé, assoiffé de tendresse, de
reconnaissance, de statut ; en groupe il devient un fauve, semant la terreur dans le quartier. Il y a en lui une dualité profonde : à l'extérieur, il
donne le change, il se croit puissant, invincible, immortel, il joue les
durs, les caïds, il montre au monde entier qu'il n'a besoin de personne.
En réalité, il est timide, angoissé, craintif par rapport à tout ce qui n'est
pas le gang, il n'a pas confiance en lui, il se cherche, il a peur de vivre,
il a peur des autres, il dépend complètement de la bande à laquelle il
appartient. Un membre de gang reste un adolescent sous la carapace
de dureté qu'il s'est forgée parce qu'il n'y a pas d'autre moyen d'exister.

Cette dualité, on la retrouve dans les poèmes écrits par les jeunes artistes des rues :

On est seuls, alors on marche tous ensemble dans le gang,
Parfois on se demande s'il ne vaudrait pas mieux être à la mai-
son.
Quand on est dans un gang, on est un dur,
Mais au fond on sait qu'on a soif de tendresse, de reconnais-
sance.
On est les caïds du quartier, les rois du ghetto,

Et pourtant on a peur, peur de mourir.
On se retrouve avec les potes pour rigoler,
Mais dedans on est tristes, très tristes.
Si je dois être tué et mis sous terre,
S'il vous plaît dites aux gens que j'ai fait de mon mieux.

Quand on interroge l'auteur de ce poème, seize ans, membre des « Savage Skulls » (crânes sanglants), il répond :

— J'ai ma place nulle part. A la maison, mon père boit, ma mère ne me comprend pas, elle n'a pas le temps, elle a trop de problèmes. A l'école, on m'a répété que j'étais un bon à rien. J'ai pas de vraie famille, pas d'amis, pas de travail, pas d'argent, c'est une vie, ça ? Alors je vais dans le gang, avec des potes comme moi. On se comprend, on se serre les coudes, le gang, c'est notre famille. On est mieux dans la rue, ensemble, qu'à la maison, chacun de son côté, voilà ce que je pense. Et j'écris pour passer le temps, et aussi pour prouver que j'existe, que je sais faire quelque chose.

Les garçons oscillent entre deux pôles : se décrier au maximum, parce qu'ils n'ont pas appris à se respecter ; et s'affirmer le plus possible, montrer qu'ils sont les meilleurs, au besoin par la violence. Un membre de gang essaie de contourner sa vulnérabilité par une forte agressivité, et il multiplie les efforts pour légitimer, ensuite, ses comportements déviants. Il se moque de tout, rien n'a d'importance pour lui :

— Moi, reconnaît un garçon du gang « Les Scorpions », je me fous de tout, de la vie, des autres, de la mort. La vie c'est de la merde, les gens c'est des pestiférés, moins on les fréquente, mieux on se porte, et plus vite on crève, mieux ça vaut. Rien n'a d'importance.

Et parce que rien ne compte vraiment pour les kids, ni le passé, ni l'avenir, ni même, finalement, le présent, ils agissent de manière désordonnée, imprévisible, impulsive, versatile, irresponsable, ils ne pensent pas au long terme, aux conséquences de leurs actes, ils songent seulement aux plaisirs immédiats. Un éducateur explique :

— Les garçons ne voient pas au-delà de la situation présente, ils n'ont pas de but, pas de plan, pas de préparation. Ils sont d'une immaturité totale, leur champ de conscience est limité au présent immédiat, l'émotion prime sur la réflexion, ils sont incapables de se mettre à la place de l'autre, de penser à l'intérêt de la communauté, d'avoir la moindre compassion. Le problème, c'est que ces jeunes ont été privés d'enfance, d'amour, d'autorité, de repères, de valeurs. Ils n'ont pas eu de famille véritable, avec un père absent ou alcoolique et une mère inconsistante, complètement déséquilibrée, ils n'ont pas appris à s'aimer, à se respecter, à respecter les autres et l'autorité. Même s'ils n'ont pas été carrément rejetés, ils manquent de confiance en eux, ils manquent d'affection et de compréhension, ils se retrouvent à la rue, avides de reconnaissance et d'émotions fortes, le gang comble leur vide intérieur. Toute l'amertume qu'ils ont en eux, les gamins la retournent contre les autres, injustes boucs émissaires d'une enfance ratée. Et la perpétuelle quête d'identité trouve son aboutissement dans la bande, elle se noie dans le groupe qui devient la référence, la valeur suprême.

La haine que les membres de gangs extériorisent contre les autres, est en fait la haine qu'ils éprouvent envers eux-mêmes. Pour les kids des gangs de rues, la violence est une façon d'exister, un moyen d'échapper à la dépression, une manière de transmuer leur propre faiblesse en démonstration de force.

Les adolescents, surtout, ont besoin d'amour, de respect, qu'on leur fasse confiance, ils désirent qu'on s'intéresse à eux, qu'on les accepte comme ils sont. S'ils ne sont pas écoutés et pris au sérieux, s'ils sont solitaires, désabusés ou rabaissés, dévalorisés, alors ils s'affirment à n'importe quel prix, même au mépris des autres et de leur vie. Un garçon du gang « The Turbans » raconte :

— Quand j'étais petit, personne m'a montré le moindre sentiment. Pourquoi est-ce que j'en aurais pour les autres ? Moi, quand on fend en deux un type, je me fends la gueule. Et si je descends un type, je m'en fous. On m'a pas appris à aimer, on m'a dit que c'était bien de tuer quand on est un homme. Un jour, ma mère m'a dit : Y a rien de bon en toi, tu réussiras jamais, dommage que tu sois né. Ça, je l'ai pas oublié. Je suis parti dans la rue, elle est moins dure que ma mère. Je suis moche, le quartier est moche, le monde est moche. D'abord, le monde entier est contre moi, ma mère, les profs, les flics, les voisins, les commerçants... Personne me comprend, personne veut de moi. Et parce que j'ai la peau noire, je suis un citoyen de seconde zone. On m'a jeté dans la rue, j'y suis resté, j'y suis bien. Parce que là, au moins, j'ai une place, j'existe, le gang est ma famille, ma vie, toute ma vie.

Les kids s'affirment ensemble parce qu'ils sont incapables de le faire seuls. Dans leur environnement, en effet, il n'y a pas de force positive, rien ne leur permet de se réaliser, de s'épanouir, personne ne les encourage, ils sont sans arrêt complexés, découragés, dissociés du monde réel, enfoncés, et cela dès le plus jeune âge ; les choses essentielles de la vie sont ridiculisées, faute de mieux ; quand des valeurs sont inculquées, ce sont de fausses valeurs comme l'égoïsme, le chacun pour soi, la dureté, la cruauté, le mépris de la femme – considérée comme un simple objet, utilitaire ou sexuel –, le mépris de la vie, de Dieu, des autres, de soi, de la politesse, de l'éducation, de l'école, des autorités... Parce qu'ils n'ont rien reçu dans des foyers perturbés, profondément déséquilibrés, parce que tout autour d'eux n'est que désordres et confusion, parce qu'ils n'ont aucune place dans la vie sociale, parce qu'ils n'ont rien sur quoi s'appuyer pour construire leur identité, à leur tour les jeunes des ghettos urbains n'ont rien à donner d'eux-mêmes à leur entourage, au contraire ils reproduisent les conflits qu'ils ont vécu dans leur enfance, ils accusent tout le monde de leurs malheurs, ils propagent autour d'eux leur mal-être intérieur, leurs conflits internes, ils transmettent leurs angoisses, leur désespoir. Pire : l'amertume chronique se tourne contre les autres, la haine de soi débouche sur le désir de se venger sur n'importe qui, de faire du mal, de nuire, voire même de tuer pour exorciser sa propre souffrance. La violence est érigée en mode de vie pour celui qui n'a rien, et donc rien à perdre. Et les garçons se laissent influencer par le premier gourou rencontré, le leader de n'importe quel groupe ou même le simple recruteur d'un gang.

Ainsi, le ghetto urbain des grandes villes américaines engendre sa propre logique de survie, implacable, destructrice, le gang devient l'ultime compensation de toute une génération de garçons frustrés, agressifs, hostiles. Chaque membre finit par se conformer à l'image que les autres ont de lui, et plus il est mauvais, plus il brave les interdits, plus il attaque les normes de la société ambiante, plus il est populaire. Celui qui va en prison ou qui est tué dans un combat de gang devient un héros pour ses pairs, c'est la loi de la jungle. Un travailleur social du Bronx commente cette logique :

— Comme tout être humain, les kids du quartier ont envie d'être aimés, écoutés, compris, respectés, ils ont besoin de se sentir en sécurité, ils ont besoin de modèles d'identification. Dans leur enfance ils ont été cassés, meurtris, ils ne se sont sentis à leur place nulle part et donc ils ont besoin de fuir. Pour apprendre à aimer, il faut, déjà, apprendre à recevoir l'amour. Au lieu de cela, les garçons ont vécu les humiliations, les privations, les coups, les insultes, ils ont été blessés si souvent qu'ils ont rentré en eux-mêmes leurs émotions, leurs sentiments ont été émoussés, ils se sont formé une carapace de durs pour se protéger contre de nouvelles blessures, ils ont la haine des autres, ils sont en colère contre tous, ils croient solutionner leurs problèmes en vandalisant, en faisant souffrir, en tuant. En fuyant le réel, c'est eux-mêmes qu'ils fuient, en blessant, c'est eux-mêmes qu'ils blessent. Et les plus jeunes sont souvent les plus agressifs, les plus arrogants, les plus imaginatifs dans la cruauté. Leur hargne, leur brutalité sont le reflet d'une immense solitude morale, d'une très grande détresse de vivre ; il faut comprendre la révolte qui les amène et qui les conduit directement dans le gang, seul créneau qui leur reste pour assouvir leurs sentiments de haine, leurs désirs de vengeance, de puissance. En naissant, personne ne veut devenir un criminel ! Parce qu'ils sont des victimes avant de devenir des tueurs, parce que la vie ne leur offre rien, que des occasions de destruction, les membres des gangs de rues ont plus besoin de soins que de notre incompréhension ou de séjours en prison.

Les kids des gangs n'ont qu'une idée en tête : faire du mal, le plus de mal possible. Le groupe est l'excuse pour tout, dans la bande on peut tout se permettre, on traite les autres comme des ennemis potentiels, on ne pense pas aux conséquences de ses actes, on tue comme dans les jeux vidéos, on se sent fort, invincible, sûr de son impunité, on n'éprouve pas le moindre regret, le moindre remord, le moindre sentiment de culpabilité.

Avec ses valeurs négatives, sa sous culture en rupture avec la culture dominante, le gang devient la vie des kids des ghettos urbains, leur famille, leur but, leur référence suprême – et aussi, parfois, leur mort.

Puisqu'ils n'ont ni père ni repères, les kids se cherchent des compères, des amis dans la même situation qu'eux. Le gang devient alors le substitut de leur famille, leur identité, leur raison d'être, leur vie sociale et même, parfois, leur nation (ainsi la « Zulu Nation ») ; Carlos, 18 ans, des Savage Skulls, raconte :

— Le gang remplace la famille qu'on a pas chez soi, les aînés sont comme des pères. Si ça va pas pour un pote ou pour sa copine, ça va mal pour les autres, on se serre les coudes, on peut compter sur les potes. Bien sûr on a nos désaccords, mais on se bagarre pas beaucoup entre nous. Ce qu'y a de bien, avec la clique, c'est qu'on a un feeling d'appartenance, on partage tout, les filles, les activités, les combats. J'aime sentir les copains autour de moi, c'est trop cool ! Ensemble, d'ailleurs, on se sent plus forts, on est des héros, des big men, des supermen. On s'accepte, on s'apprécie, on se fait confiance ! C'est ça, le gang, notre deuxième famille, une vraie famille celle-là ! La bande, le quartier, voilà notre vie !

Il est rare qu'un garçon rentre dans le gang par faiblesse, par facilité, par impuissance à trouver une autre solution, ou parce qu'il y est contraint. La plupart du temps, c'est un choix personnel, une adhésion complète ; les boys des ghettos savent qu'ils ont besoin du gang pour survivre, pour surmonter les tensions internes et les conflits d'un environnement défavorable. Un travailleur social commente :

— Ces gosses ne savent pas qui ils sont réellement, ils ont besoin de prouver qu'ils sont des hommes, mais ils ne savent pas comment s'y prendre, ils ne savent même pas ce qu'est un homme ! Ils croient que l'image de l'homme de la rue est la bonne, et ils plongent dans la sous-culture des classes populaires avec ses normes : le gang, le sexe, la violence. Pour atteindre le succès, les garçons ne disposent pas des moyens légaux, légitimes, cela cause en eux des frustrations, et ils compensent dans le gang, dans les bagarres, dans les activités criminelles. Ils n'ont qu'un objectif, s'imposer coûte que coûte. Adhérer à un gang, aux Etats-Unis, c'est un acte aussi naturel que, par exemple, traîner dans les centres commerciaux pour les jeunes de vos banlieues. En groupe, les jeunes oublient leurs problèmes, ils se trouvent des ennemis communs envers qui ils peuvent décharger leur agressivité, leur hostilité.

Les kids ont également besoin de se sentir en sécurité. Certes, le gang représente pour eux la vie libre, l'occasion de jouer les durs, l'opportunité d'éprouver de grands frissons et des excitations collectives, mais en même temps il est là pour protéger leurs droits, pour satisfaire les besoins que l'environnement ou la famille ne permet pas de combler en matière de sécurité.

— Protection, man ! proclame fièrement la jeune recrue d'un gang nouvellement constitué. Protection ! On est pas tout seul comme un con, on est entouré, il faut du monde derrière soi, on est des potes, on est des frères, quand on est attaqué on protège les gars. On laisse tomber personne, même s'il y a des embrouilles, on est comme une immense famille, on s'entraide ! On en a assez d'être harassé, harcelé, alors on se protège, on se défend, pour survivre il faut du monde derrière soi et être plus méchant que les autres, parce qu'il y a trop de mecs qui nous cherchent des noises. C'est ça, le gang, tout un groupe derrière toi, prêt à t'appuyer en cas de coup dur ! Si t'es pas dans une bande, tout le monde te tombe dessus ; on fait pas de vieux os si on appartient pas à un gang !

Pour les jeunes damnés des ghettos américains, le gang sert d'exutoire. En effet, les kids ont une identité masculine mal affirmée, alors ils rêvent d'atteindre le statut élevé pour eux d'homme, et ils ont soif de pouvoir, de puissance. La bande ne procure pas seulement des sensations fortes, viriles, elle offre une identité, un statut, des références, un sentiment d'appartenance à un groupe, elle est le moyen de prouver au monde qu'on existe et même, aussi, d'acquérir un certain prestige aux yeux des autres membres comme de la communauté.

— A la maison, reconnaît un kid de la Nation Zoulou, personne s'occupe de moi, c'est comme si j'existais pas, on me traite de stupide, et à l'école c'est la même chose. Dans la rue, avec les copains, au moins, je fais mes preuves, je montre que je suis là, et tellement là que je suis comme un roi, avec les potes on est des célébrités, les célébrités du quartier ! Tout le monde parle de nous, ça c'est exister.

Les jeunes éprouvent le besoin naturel de se regrouper, d'être entre eux, de s'associer avec leurs pairs. Mais plus que l'amitié, le soutien, la sécurité – même si elle est illusoire – , le gang représente la cohésion, la solidarité, l'esprit de corps, la conscience de groupe, et pas seulement l'attachement au territoire ! Puisqu'ils ne peuvent s'exprimer seuls, ils dissimulent leur faiblesse dans la camaraderie virile, dans le gang avec son style de vie particulier, ses buts, ses aspirations, ses émotions :

— La bande, c'est le pied ! Ici on se connaît tous, on descend de chez nous et on se retrouve entre copains, ça réchauffe, on s'entraide, on s'aide financièrement, jamais on laisse tomber un pote, surtout s'il a des ennuis, on lui paie un avocat et tout le bazar ! La solidarité, man, c'est ça le gang ! A plusieurs, on se sent plus forts, on est les rois du quartier, tout le monde tremble devant nous.

Ensemble, les mômes accomplissent plus de choses que s'ils étaient séparés, isolés les uns des autres. Le gang offre des solutions collectives à tous les problèmes qu'ils rencontrent, il représente aussi, parfois, l'excuse à leurs forfaits : les kids sont solidaires devant l'adversité comme devant la répression ! Lorsqu'il est commis en groupe, le délit ou le crime acquiert une sorte de légitimité, il revêt une certaine immunité.

Pour beaucoup, le gang est la seule alternative possible. Les kids n'ont rien à eux, ils n'ont aucune référence, alors ils se regroupent dans les rues pour former des clans artificiels, ayant leur propre territoire, leurs règles, leurs lois et tournant autour de la violence. En même temps, le gang change le comportement de ses membres : les choses que l'on fait en groupe, on n'ose pas les faire seul ! Il y a un phénomène d'entraînement. Les garçons sont à la recherche d'un nouvel équilibre dans la rue, se substituant à celui, défaillant, de leur famille ; et ils se trouvent impliqués dans des activités délictueuses et sombrent, peu à peu, dans une vie criminelle. En tant que groupe, le gang, finalement, ne fait que renforcer l'agressivité, la colère, la haine. C'est un cercle vicieux : les kids ont besoin du gang pour exorciser leur souffrance de vivre, et en même temps celui-ci augmente leurs problèmes sans qu'ils s'en rendent eux-mêmes compte. Un sergent de la Young Gang Unit commente :

— Les boys ont besoin d'extérioriser leur haine, pour eux la clique est un exutoire ; en même temps, elle exaspère les sentiments de colère et de frustration. En effet, le gang accepte le comportement antisocial de ses membres et en même temps le renforce.

Le sergent marque une pause ; il se gratte le menton. Puis, soudain :

— Moi, je n'hésite pas à accuser la télévision, elle entretient la haine, elle pousse à la violence, elle entraîne un sentiment d'impunité à travers le monde virtuel qu'elle crée.

La télévision exerce une influence très négative sur les jeunes qui ne savent pas distinguer le virtuel du réel. Ce qu'ils ont vu, ils le mettent aussitôt en pratique. La télévision fait le lit de la délinquance en proposant des modèles, en banalisant la violence, en laissant le sang dicter sa loi.

Si l'on se tourne du côté des magazines, surtout des périodiques bon marché, ce n'est guère mieux. Ils détaillent à longueur de pages les crimes les plus crapuleux, ils glorifient les gangs, ils médiatisent à outrance les forfaits de mômes de plus en plus jeunes, de plus en plus pervers, de plus en plus sadiques. En accordant une telle place aux membres de gangs, ils font d'eux des héros, des vedettes : pour que l'on parle d'eux, les kids sont tentés de commettre des délits de plus en plus graves, de plus en plus sophistiqués. Une émulation se crée entre les jeunes pour attirer encore davantage l'attention :

— Nous, dit un membre des « Turbans », on est contents quand on parle de nous, quand on fait la une des journaux, ça nous donne du prestige, on est fier de faire partie d'un gang, de poser pour des photos, on raconte nos exploits, ça c'est vivre à cent à l'heure.

La forte médiatisation du phénomène des gangs peut avoir un effet d'entraînement, comme d'ailleurs la violence à la télévision. Ces fac-

teurs renforcent l'effet pernicieux de la propagation des valeurs purement négatives et de la destruction toujours plus importante des traditions philosophiques et religieuses.

Les gangs rêvent de puissance, mais ces rêves se transforment en cauchemars : ils débouchent sur le quasi génocide de toute une génération
de jeunes hommes avides d'exploits guerriers, et, à terme, sur l'autodestruction du ghetto urbain. N'est-ce pas le but recherché, d'ailleurs ?

10 - De gré ou de force

La bande représente tout pour les enfants des rues. Dans de nombreux quartiers où la plupart des activités sont contrôlées par les gangs, c'est presque une nécessité pour un gamin de se mettre sous la protection du clan local s'il veut survivre. La plupart des adhésions sont volontaires : pour échapper à la solitude, à l'insécurité ou encore pour se faire une réputation, pour acquérir du prestige, la notoriété, qui sont des valeurs typiquement américaines.

— Man ! dit une jeune recrue d'un gang du Bronx particulièrement violent, les « Dirty Dozens ». Dès que je suis entré dans le gang, je suis devenu comme un héros, subitement ! Les bagarres, c'est cool ! Si je tue un mec, on me respecte ; et si je vais en prison, on m'admire.

Les gangs de rues exercent un puissant attrait sur une partie de la jeunesse des ghettos urbains, tant par le statut social de réprouvés qu'ils s'attribuent que par les ressources dont ils disposent et les relations qu'ils entretiennent avec leur communauté. Leur prestige est rehaussé par l'adhésion de nouveaux membres, surtout s'ils ont la réputation d'avoir du cran, d'être très costauds. La plupart des recrues s'enrôlent dans les gangs pour se protéger des autres bandes, ou tout simplement parce qu'ils ont appris, très tôt, qu'il est dangereux d'être seul, isolé :

— Moi, poursuit le jeune membre des Dirty Dozens, j'ai vite compris que si on ne rejoint pas un gang, on est inquiété, harcelé, exterminé. Ici, on a pas le choix. Ou on est avec les mecs, ou on se fait taper dessus. Tu peux pas être le seul garçon du bloc qui adhère pas à la bande. Dans notre secteur, personne se balade à moins d'être membre. C'est comme ça, c'est la loi du quartier, on y échappe pas. Le gang est organisé pour la protection, et notre rôle, c'est de nous battre. D'ailleurs, si tu te fais remarquer, si tu as des tripes, tu peux devenir conseiller de guerre ou même président, tu peux contrôler de vastes territoires. Cool, man !

Les techniques d'enrôlement sont variées. Les boys surveillent attentivement le voisinage pour voir s'il n'y a pas un nouveau venu susceptible d'être recruté. Dès qu'ils en repèrent un, ils essaient de le persuader d'adhérer au gang.

— Allez, mec, rejoins notre bande, on est les plus forts, on est les maîtres du quartier. Ici, si tu es tout seul, on t'insulte, on t'attaque, tu peux pas accepter ça. Rejoins-nous, on te soutiendra, on est des frères, en cas de coup dur on laisse jamais tomber un pote.

Les kids savent se montrer convaincants, et généralement le nouveau venu choisit la sécurité du gang. Mais il arrive qu'il résiste ; deux méthodes sont alors possibles : d'abord, le charme. Le garçon convoité est invité à une party où il danse, boit, fume des joints. Puis il est entraîné dans une pièce retirée du repaire, bien gardée, souvent au dernier étage. Deux membres de « L'escadron de la mort », le noyau dur du gang, montent la garde à l'extérieur de la pièce en exhibant leurs muscles et en brandissant des fusils à pompe. Le Président se tient debout derrière une table où s'entassent pêle-mêle toutes sortes d'armes destinées à impressionner la future recrue. Tout est mis en œuvre pour le convaincre d'adhérer, le discours, comme la mise en scène est particulièrement convaincant.

Tous les recrutements ne sont pas volontaires, certains sont forcés[1]. Ainsi, les gangs utilisent l'école pour trouver de nouveaux membres. Ils arrivent avec leurs couleurs, en claquant des doigts pour impressionner les élèves. Le noyau dur se poste à la sortie de l'établissement pour repérer ceux qui ne sont pas membres et les inciter à rejoindre la bande, de gré ou de force ; le discours varie peu :

— Tu es avec nous, ou contre nous ? On est amis, ou ennemis ? Si t'es pas avec nous, tu risques ta gueule partout où tu vas. T'as pas intérêt à promener ta tronche dans le quartier ; tout seul, tu es fichu. Nous, on

---

[1] A New York, les gangs compteraient environ 25% de jeunes enrôlés de force.

est là pour t'épauler, on est une famille, on se serre les coudes. Alors, tu es des nôtres ? Si tu n'es pas avec nous, tu fais pas de vieux os dans le quartier. On te tombe dessus, et tu avales ton bulletin de naissance.

Les méthodes de recrutement sont parfois très musclées. L'élève convoité est battu quotidiennement ou racketté, on lui vole chaque jour l'argent de ses repas, on l'oblige à apporter sa contribution monétaire jusqu'à ce qu'il décide d'adhérer au gang. Et il finit par adhérer.

Le gang doit impérativement recruter pour affirmer sa force, augmenter son pouvoir, c'est pour lui une question de survie – et de prestige : celui-ci est rehaussé par l'addition de nouveaux membres, et un recrutement massif donne une force supplémentaire qui attire à son tour de nouveaux adhérents. Et plus le nombre de membres est important, plus l'organisation s'institutionnalise. Ainsi, quand les « Vice Lords », à Chicago, accrurent leur influence, ils durent se scinder en sous-gangs, appelés « branches » et reliés entre eux de manière souple. Pour recruter, tous les moyens étaient bons : les Vice Lords persuadaient les nouveaux venus dans le quartier de s'enrôler, ils faisaient pression pour qu'ils les rejoignent en présentant les avantages du gang comme le prestige et la protection, la possibilité de participer à des activités ou d'acquérir un statut. Ceux qui ne se laissaient pas convaincre étaient intimidés, menacés, rançonnés, battus jusqu'à ce qu'ils cèdent. La tactique de la peur s'avéra payante : les Vice Lords recrutèrent dans tous les blocs, leur prestige attira de plus en plus de jeunes, et le gang devint le point de ralliement de tous les Noirs du quartier. Dès l'âge de huit ou neuf ans, les nouveaux venus étaient sollicités par les recruteurs du gang ; ils devaient prouver leur aptitude à faire partie du clan en servant de guetteur, en volant, en rossant les ennemis des Vice Lords.

Il arrive cependant qu'un garçon ne soit pas admis dans le gang, parce qu'il n'a pas assez de tripes, de biceps ou de courage. Dans ce cas, le refus est d'autant plus mal vécu qu'il renforce le sentiment d'échec à la fois légitime et illégitime.

Si l'admission n'est pas toujours aisée, le départ s'avère parfois encore plus difficile. Certes, il arrive qu'un jeune puisse appartenir à un gang un jour, et le quitter le lendemain ; mais c'est l'exception.[1] La plupart du temps, celui qui désire abandonner l'organisation est menacé, battu, envoyé à l'hôpital, il doit subir une épreuve cruelle : les membres, armés, se mettent sur deux longs rangs, face à face, et ils tapent à tour de rôle sur le candidat à la liberté. Lorsqu'une fille veut partir, elle est l'objet de toutes sortes de brimades[2], ou bien elle est obligée d'avoir des relations sexuelles avec tous les garçons de la bande.

Une fois accepté par le gang, un nouveau membre a peu de chances de quitter l'organisation sans être blessé, parfois gravement. Beaucoup préfèrent éviter une rupture qui peut conduire à l'infirmité, voire à la mort :

— Moi, explique un ancien membre de gang devenu missionnaire chrétien, je savais que cette vie me conduirait à la prison ou à la morgue, et j'ai vite regretté de m'être laissé influencé. Mais c'était trop tard, on ne part pas des Savage Nomads comme on veut. Il a fallu que je subisse l'examen de sortie. On m'a tapé dessus, on m'a cassé les reins, mais j'ai tenu bon, j'ai réussi là où beaucoup échouent. Je crois que le meilleur moyen de quitter un gang, c'est d'attendre qu'il vole en éclats ou que le leader soit arrêté, ce qui cause des divisions et toutes sortes de confusions à l'intérieur du gang. Par contre, je connais un chef qui a décidé lui-même de mettre fin aux activités de sa bande avant qu'il ne soit trop tard. Il a dit : « C'est fini, le gang est over, on arrête, ça suffit la peur, les morts inutiles, la guerre contre n'importe qui, j'en ai marre d'aller à l'enterrement des copains. » Et le gang a été dissous. Mais un sursaut comme ça, c'est l'exception.

Les Sergents de la Young Gang Unit tentent de dissuader les jeunes d'adhérer à un gang, ils leur conseillent d'avertir les parents et d'appe-

---

[1]   Un membre a beaucoup de mal à quitter le gang, surtout s'il est un « soldat », car son départ affaiblit les forces de la clique. A l'inverse, il est plus facile pour un leader de s'en aller sans sanction disciplinaire, car il a des fonctions de commandement, pas de combat. De toutes façons, si on autorise un membre à quitter le gang, ce n'est jamais pour rejoindre une autre bande.

[2]   Ainsi, une fille des « Seven Immortals » fut sévèrement battue avec chaînes et ceintures cloutées, au point de devenir infirme.

ler la Police ; inlassablement, ils rappellent que faire partie d'un gang constitue aux Etats Unis un délit, un crime.

11 - Au péril de leur vie

On n'entre pas facilement dans un gang de rues ; il faut au préalable subir des rites d'initiation élaborés, brutaux, pouvant inclure des démonstrations de valeur personnelle qui, parfois, rappellent celles des Hell's Angels.

L'épreuve la plus courante est celle du « passage à tabac », on l'appelle « All down the line », ce qui signifie « tous en ligne ». Il s'agit de se frayer un passage à travers deux files de garçons menaçants, armés de chaînes, de bâtons ferrés, de coups de poing américains, de cannes pointues, de battes de base-ball et même de fusils. Réussir à franchir deux rangées haineuses, agressives, sans être gravement blessé, constitue un exploit. C'est pourtant ce qui est arrivé à Mikaël, seize ans, des Fils de Satan, obligé de franchir en courant la haie de corps sauvages, de muscles gonflés, de mains meurtrières, d'yeux injectés de sang, bref au cœur d'une foule carnivore, avide de mort. La force de Mikaël, ce fut son extraordinaire rapidité, il fonça comme un bélier au milieu de la horde bestiale, avant même qu'elle eût trouvé le temps de réagir. Surpris par tant d'audace, les Fils de Satan n'avaient pu lui porter les coups destinés à le briser.

— Tu as prouvé que tu avais des tripes, lui dit le Président, admiratif. Maintenant, tu es des nôtres, tu es un Fils de Satan à part entière, tu peux être fier, tu vas fréquenter de vrais fils de putes. Ensemble, on est forts, tout est possible : casser les cabines de téléphone, braquer, arnaquer, détrousser, crocheter les serrures, s'approvisionner en armes, conduire à toute blinde, piquer des voitures, les brûler, les désosser, boire, fumer, glander, peindre sur les murs, embêter les vieux, les zonards, les alcooliques ou les pédés, baiser, écouter de la musique à pleins tubes... on peut tout se permettre, même refroidir un gars, ou simplement l'amocher ! On est un gang, on a nos activités, nos lois, nos chefs, notre territoire, tout nous appartient.

D'autres fois, un nouveau venu doit démontrer son courage en se battant victorieusement contre trois ou quatre membres particulièrement costauds, armés de battes et de couteaux, ou en fournissant la preuve qu'il a blessé physiquement quelqu'un, ou même en commettant un acte criminel, vol, ou attaque à main armée. Il s'agit, dans tous les cas, d'accomplir un acte qui confère du prestige aux yeux des autres membres. Un policier explique :

— Pour les mômes des gangs, les rites d'initiation ont une grande importance et ils sont la plupart du temps très brutaux. Un nouveau venu doit être capable de s'imposer, de se battre contre des garçons plus âgés, de se défendre contre des membres plus forts, de faire du mal et bien sûr de prouver sa loyauté. En fait, les accès au gang sont variés. Par exemple, les « Savage Skulls » suspendent un nouveau venu à un arbre et le battent pour voir ce qu'il peut endurer physiquement, quelle est sa réaction face à la douleur Les futures recrues feraient n'importe quoi pour être acceptées dans un gang ! Ainsi, certains boivent de grosses quantités de bière pour prouver leur virilité en ayant des relations sexuelles avec plusieurs filles du groupe. Dans la plupart des cas, cependant, être pleinement accepté comme membre demande pas mal de temps.

Une fois qu'il a réussi l'épreuve d'initiation, le nouveau membre est félicité, puis il doit choisir un surnom, à moins qu'on ne le lui impose. Ainsi Mikaël, chez les Fils de Satan, reçut-il celui de Goliath, en hommage à sa force virile, tandis que le Président de son gang portait le sobriquet de Graffiti, parce qu'il adorait recouvrir les murs de sa signature, et que le Vice Président s'était attribué le surnom de Killer, parce qu'il aimait tuer.

Ensuite, la nouvelle recrue est autorisée à visiter le repaire. Celui-ci est installé tantôt dans un immeuble appartenant à la Ville et promis à la démolition, tantôt dans le sous sol d'un bâtiment privé abandonné et muré, ou encore dans un entrepôt désaffecté, en toute impunité. Exception à la règle, les gangs les plus opulents, c'est-à-dire ceux qui ont réussi dans leurs activités, paient un loyer pour leur local.

Le club joue un rôle important dans la vie du gang, il est le centre de toutes les occupations, on y organise les parties ou les ébats sexuels, on y planifie les futurs combats, on y passe des heures à se raconter les dernières aventures, les exploits prétendus ou réels. Le repaire sert à la fois de retraite, de refuge, de centre d'information et de renseignements, d'entrepôt d'armes et d'objets volés, d'abri pour les membres en fugue ou en rupture de vie familiale insupportable, de centre social avec bar, fumerie, discothèque et salle de jeux, d'hôpital improvisé pour les blessés qui ne doivent pas être officiellement soignés, et même, le cas échéant, de cachette. Personne ne peut rentrer dans le repaire d'un gang sans sa permission, hormis la Police qui effectue périodiquement des raids dans ces squats, au grand dam des kids qui préféreraient garder secrètes leurs activités.

Dans les ruines insalubres et chaotiques, au milieu de monceaux d'ordures, d'escaliers qui tanguent et de murs lézardés, la vie s'organise comme elle peut, soumise aux aléas du moment. L'intérieur d'un club se compose en général de deux ou trois pièces ; si le sol de la cave est bétonné, on y installe le quartier général du gang, meublé de tables et de chaises branlantes, de bancs, de matelas éventrés et de coffres à moitié pourris. Les murs sont couverts de posters, de drapeaux américains ou portoricains, d'emblèmes de gangs, et souvent des couleurs, des jackets et autres objets récupérés dans les combats, sinistres trophées de victoires sanglantes contre les bandes rivales. Quant aux facilités sanitaires, elles sont inexistantes. Pour l'éclairage, il suffit de quelques bougies plantées dans des bouteilles de Chianti. Avec un peu d'ingéniosité, les kids se branchent sur une ligne de force et amènent le courant dans les différentes salles du club.

L'emplacement du repaire est déterminant pour la fonction du gang ; il est toujours situé au cœur du territoire que s'attribuent ses membres et que nul ne doit violer, sous peine de mort, et il comporte toujours au moins une issue de secours en cas de problème.

Le « turf », le territoire, revêt une importance capitale aux yeux des gangs qui vivent la plupart du temps dans la rue, sur les trottoirs, aux pieds des immeubles en ruines. Mais la notion de « turf » a évolué au fil des années. Pour les gangs de combats des années 50, le concept de Territoire était vital, et les kids étaient prêts à s'entretuer pour des parcelles supplémentaires, pour de nouvelles rues ou d'autres pâtés de maisons, ou encore pour la jouissance d'un terrain de basket. La moindre violation de territoire pouvait conduire à la guerre, aux célèbres « rumble » (combats de rues) immortalisés par le film « West Side Story ». Dans les années 70, le concept de turf n'était pas aussi rigide. Ainsi, les policiers avaient remarqué que deux ou plusieurs gangs pouvaient cohabiter harmonieusement, pendant des années, dans un secteur précis, et même dans un bâtiment unique ; ce fut le cas dans le Sud du Bronx (41e Precinct), ou plusieurs gangs alliés se partagèrent un ensemble de bâtiments partiellement abandonnés : les « Seven Immortals » occupaient le 2e étage, les « Savage Nomads » le 3e, et ainsi de suite. Il n'était pas rare de voir quelques centaines de membres cohabiter sous le même toit, sans qu'il y eût le moindre problème entre eux.

Le « turf » est l'espace contrôlé par les gangs[1], la référence de base pour les kids, qui n'ont aucun travail, aucune perspective, aucune activité susceptibles de leur faire quitter le quartier. Ces gosses sans attaches familiales et sans statut s'identifient littéralement et exclusivement à leur territoire, la seule valeur reconnue, l'unique vecteur de socialisation, la grande obsession de leur jeune vie. Le « turf » définit le gang en même temps que le périmètre de ses activités, tout en marquant la limite territoriale entre les bandes rivales. Comme les jeunes des classes défavorisées n'ont pas accès à des espaces privés et donc à des activités, contrairement aux classes moyennes qui disposent de terrains, de clubs ou autres lieux,[2] ils s'octroient une parcelle privée au sein même de l'es-

---

[1] En général, quelques pâtés de maisons, une ou plusieurs rues. Une des fonctions principales du gang, c'est de protéger son territoire, de maintenir son intégrité.

[2] Comme la Police, les habitants tentent d'expliquer aux gangs que les rues font partie du domaine public. Les officiers, eux, doivent connaître avec exactitude le périmètre que les jeunes s'octroient, ainsi que l'emplacement de leur club, pour traiter efficacement le phénomène des gangs.

pace public, au risque d'enfreindre la loi, d'entrer en conflit avec elle. Sur le secteur qu'ils s'attribuent, les kids ont une liberté relative, ils se sentent chez eux, en sécurité, ils se livrent à leurs activités favorites sans craindre une invasion de groupes rivaux puisque leur territoire n'est ouvert qu'aux membres de leur clan.

Si la Police ne reconnaît pas aux gangs le droit de posséder leur espace – tout en comprenant qu'ils puissent considérer leur quartier comme le leur –, en revanche la transformation d'artères publiques en territoire privé est accomplie avec l'accord tacite et même la coopération des habitants du secteur[1]. Il arrive qu'un commerçant considère les membres de gang comme sa propre famille, qu'il les prenne sous sa protection et les suive dans leur vie quotidienne pour, éventuellement, la guider, l'orienter, la réorienter. Réciproquement, les gangs interdisent à leurs boys de voler les commerçants du quartier et même de causer le moindre désordre dans le secteur qu'ils contrôlent. Les enfants des rues tiennent à leur territoire, ils le protègent au péril de leur vie ; puisqu'ils n'ont jamais rien à eux, ils retrouvent la fierté d'eux-mêmes et de leur race à travers le gang et la défense de son secteur, ils se raccrochent à leur quartier qui devient leur raison de vivre, leur unique but.

— Il est à nous, ce territoire, et on le marque en le taggant, proclame fièrement un membre des « Latin Cow boys ». C'est notre quartier, il nous appartient, on contrôle tout, les immeubles, le terrain de basket, le parc, la décharge, le centre commercial, le cimetière de voitures... La rue, c'est chez nous ; à la maison, il n'y a pas de place, pas d'intimité, rien, on est de trop. Puisqu'on est les rebuts de la société et qu'on est éjecté de partout, alors on se venge à notre façon en contrôlant par la force le secteur, tout le bloc est à nous, on ne le laisse à personne d'autre, nous en sommes les maîtres, aucun étranger n'a le droit d'y pénétrer ou de le traverser. C'est sacré, notre barrio[2], on est prêts à le défendre jusqu'à la mort contre des envahisseurs, même si c'est seulement un tas de pierres calcinées, on se bat si un autre gang veut prendre le

---

[1] Parfois, au contraire, un gang prend le contrôle d'un quartier pour le terroriser, pour le placer sous sa coupe.

[2] Quartier, en Espagnol.

contrôle de notre secteur pour agrandir le sien, pour avoir plus d'espace.

Les kids ne sont pas en sécurité dans toutes les parties de leur territoire ; plus ils approchent des limites d'une autre clique, plus ils risquent d'être attaqués par le groupe rival. A la frontière d'un clan ennemi, il y a autant de possibilité pour eux d'être attaqués que pour leurs adversaires. Si un membre se trompe de bloc, cela peut lui coûter la vie. Quand la Police est excédée par les agissements des gangs, elle menace de lâcher les garçons en plein territoire ennemi, avec leurs couleurs sur le dos !

Une des causes principales de bagarres entre les groupes rivaux, c'est le passage de la frontière invisible qui sépare deux territoires. Si un gang se trouve sur un trottoir et un autre en face, il suffit qu'un garçon passe la ligne, par provocation ou par hostilité, pour occasionner une bataille générale. La frontière invisible sépare, exclut, mais ne protège pas ; il ne faut jamais empiéter sur le terrain du voisin, sous peine de mort : toute incursion est vécue comme une agression[1], et elle entraîne une riposte immédiate, sanglante, surtout s'il s'agit d'un raid ou d'une attaque-surprise d'un commando ennemi. Dans la jungle des grandes villes américaines, l'instinct du territoire rend les affrontements entre les bandes particulièrement violents.

---

[1]   Les gangs des années 70 avaient décrété que certaines zones ou bâtiments devaient être considérés comme neutres, à l'abri des incursions des bandes rivales. Les sanctuaires étaient toujours les mêmes : hôpital, commissariat, établissements funéraires, églises, bibliothèques. Mais les gangs ne se privaient pas de violer ces territoires neutres au moindre prétexte.

L'initiation est terminée. Le Président prend alors la parole pour féliciter la recrue à travers un rituel bidon bien rôdé qui fait partie du jeu. Désormais, la nouvelle recrue est considérée comme un membre à part entière, elle est acceptée dans le clan et elle doit se présenter, prouver, par exemple, qu'elle n'appartient pas à une bande rivale, qu'elle n'est ni juive ni communiste, toutes choses que les groupes détestent.

Ensuite, le Président présente les ressources et les avantages du territoire ; nul n'est censé les ignorer : un bon membre doit connaître le moindre recoin du quartier, les ruelles, les passages, les impasses, les passerelles, les toits, les caves, les issues, les chemins de traverse, les moyens d'accès, et même tous les habitants du secteur. Les jeunes obéissent à une logique de territoire, ils sont ghettoïsés, ils ne connaissent que leur quartier, que leurs voisins, rien d'autre. Et au sein de ces zones de non-droit, les jeunes reconstruisent leur propre Droit : « Si nous ne tenons pas étroitement notre territoire, si nous ne le connaissons pas parfaitement, les autres peuvent venir nous attaquer, et attaquer les gens du quartier », plaident-ils. La notion de « turf » implique des droits, mais aussi des responsabilités, le devoir de défendre son secteur contre les envahisseurs ennemis ; pour bien s'acquitter de cette tâche, les kids doivent connaître parfaitement leur territoire. En rejoignant un gang, ils doivent se soumettre à des règles, à des rites, à des codes de conduite soigneusement élaborés et variant parfois d'une bande à l'autre – sauf lorsqu'il s'agit du devoir sacré de protection du « turf ». Ceux qui ne respectent pas les règles sont sévèrement sanctionnés, voire exclus du groupe : si un membre se soustrait à l'obligation d'assistance physique, il est traité de lâche ; mais s'il se dérobe au devoir de défense du territoire, il est injurié, frappé et même lâché en plein secteur ennemi. Par contre, aucune condamnation n'est prononcée envers un garçon qui tue pour protéger sa vie, ou à l'encontre d'un groupe qui fuit devant des adversaires supérieurs en nombre. Un travailleur social explique :

— Le gang constitue une micro-société, une société miniature avec ses lois, ses règles de vie, ses croyances, ses valeurs, ses règlements, son propre langage, sa discipline quasi militaire, ses tabous, ses privilèges[1], ses récompenses régissant le comportement des membres assumant l'identité particulière du clan. Les jeunes ont besoin de sentir qu'ils appartiennent à un groupe précis avec ses signes de reconnaissance, ses codes secrets, ses mots de passe, ses rites qui permettent d'affronter la peur au lieu de la refouler. Une bande, d'ailleurs doit savoir se faire respecter, sinon elle cesse d'exister. Dans leurs relations, les garçons doivent observer une « étiquette sociale », tous les comportements ne sont pas tolérés, certains sont considérés comme justes et d'autres non. Et gare aux contrevenants ! Ils sont attrapés, battus, chassés et même tués. On ne viole pas impunément le code d'honneur des gangs ! Les garçons ont peu d'estime pour eux ; on ne leur a pas appris à se respecter. Alors, la bande devient leur référence, ils se sentent obligés de sauver la face au sein même du clan, faute de pouvoir le faire à l'extérieur. Et pour sauver la face, pour s'imposer, ils sont impitoyables, ils se battent, ils exercent des représailles ; ce qui compte, c'est de gagner l'approbation de ses pairs, en montrant qu'on est le plus courageux, le plus dur, le plus impitoyable.

La première règle, la règle d'or, c'est la loyauté au groupe. Si on se fait prendre, par exemple, pas question de dénoncer un pote, d'être un donneur, de « balancer un mec », il faut impérativement « la fermer ». Le pire crime, pour un membre de gang, c'est de dénoncer quelqu'un pour s'innocenter lui-même, ou de révéler les secrets du clan. On exige de tout nouvel adhérent le silence, la discrétion, la loyauté, la fidélité.

Une autre règle d'or, c'est l'aide mutuelle, l'entraide matérielle et physique qui font partie intégrante de l'étiquette sociale. Dans le gang, on partage tout, le repaire comme la nourriture, l'argent comme les vêtements ou les boissons – et même les filles ! Si un garçon a besoin d'un

---

[1] Parmi les privilèges liés à l'appartenance, citons la protection du territoire, la réputation, la possession d'un arsenal de guerre, les filles, la participation aux activités du gang, l'assistance physique et matérielle, la loyauté envers les membres...

avocat, s'il est mis à la porte par ses parents ou s'il sort de prison sans ressources et sans domicile, les membres ont le devoir de subvenir à ses besoins.

L'assistance peut être physique. Si un kid est attaqué, le groupe doit lui prêter main-forte, quel que soit le risque personnel encouru, même chose pour les activités illicites, l'entraide est de rigueur. Tout refus est assimilé à un acte contre l'étiquette sociale et interprété comme une attitude hostile : on ne transgresse pas impunément le code d'honneur et d'aide mutuelle !

D'autres règles sont incontournables ; voici comment un Président de gang de rues les présente à une jeune recrue :

— Okay, baby, maintenant tu es des nôtres, tu as droit au label de la bande. On va prendre soin de toi, il y a des membres qui s'occupent des nouveaux. Moi, je te mets au parfum. On est un gang, on a nos lois, nos règles, on doit s'y soumettre. D'abord il faut être prêt à donner sa vie pour les potes et, surtout, ne jamais rompre le contrat. Si tu te fais prendre, il faut la fermer, il faut pas dénoncer un pote. Et puis il faut pas chercher des crasses à un frère, il faut pas se battre mutuellement, sinon on te rate pas, tu piges ? Les conneries, chez nous, ça se paie au prix fort, on t'arrache les boyaux un à un. Bon, notre loi c'est aimer la bande et haïr les autres ; les ennemis, on s'en trouve toujours, hein, un beau baston, ça pose ! Bon. Si tu as des problèmes, c'est notre affaire, on te laisse pas tomber ; quand tu te barres de chez toi ou que tes vieux te foutent à la porte, tu peux compter sur nous, on a notre gourbi, d'accord c'est pas le Hilton, mais il y a des matelas et de la bouffe, c'est l'essentiel. Maintenant, tu dois savoir qu'on frappe jamais son chef, on respecte les nouveaux et les parents des potes, on viole pas la fille d'un mec, on consomme pas d'héroïne, on s'occupe des nouvelles recrues, on ne refuse jamais de participer à un meeting ou à un combat, et bien d'autres choses encore... Surtout, retiens ceci : on honore seulement son club, on s'associe avec personne d'autre, ça c'est la base. Et la justice, on la fait nous-mêmes. Voilà. Ah, j'oubliais ! On paie sa cotisation chaque semaine, c'est notre assurance sociale à nous. Le pognon, c'est l'affaire de notre secrétaire trésorier. Donc, tu craches dix dollars par semaine, vingt en temps de guerre, c'est pour les sorties, les munitions, l'essence, les médicaments et même l'avocat. Tu les as pas ? Alors tu les trouves, n'importe comment, en braquant, en arnaquant, en détroussant, en faisant les troncs. Avec une bonne lame, on obtient tout, c'est un argument irrésistible, surtout avec les poivrots, les pédés, les camés, les couards, c'est des pauvres types, ils savent pas se défendre. Voilà, maintenant tu sais l'essentiel, on t'apprendra les autres règles au fur et à mesure. Okay, baby ?

Payer sa cotisation est un devoir pour les membres de gangs de rues. Les mini-cliques exigent un à trois dollars chaque semaine, les bandes plus importantes dix à vingt dollars, et il n'est pas rare de voir une organisation comptant plus de cinq cents membres collecter des sommes jusqu'à 50 000 dollars. Les chefs contrôlent eux-mêmes l'utilisation des sommes ; elles servent à l'achat de boissons, de nourriture, de médicaments, d'essence, de matériel de réparation pour le club, au versement du prix de la caution quand c'est nécessaire ou encore aux honoraires d'avocats et même, le cas échéant, aux frais d'enterrement. Comme les leaders ne rendent pas compte de leurs dépenses, dans la plupart des cas ils utilisent les fonds du gang pour leurs dépenses personnelles.

Les membres qui oublient de verser leur cotisation sont sévèrement punis ; on les considère comme des traîtres.

En adhérant au gang, les garçons doivent se conformer aux codes de conduite élaborés par le groupe, et notamment à l'obligation d'apporter sa contribution financière. Mais ils doivent également se soumettre à l'Etat-Major du gang, et d'abord à son chef, dont l'autorité n'est contestée par personne.

Le leader est celui qui exerce le pouvoir, qui a de l'ascendant sur les membres ; il est élu par acclamation. On le choisit pour ses qualités : ambition, courage, bravoure, intelligence, sang-froid, rapidité d'action, calme, efficacité, imagination... Le Président, le « Prez », doit être le meilleur, le plus capable de s'exprimer avec aisance. Il est souvent le plus âgé, le plus « cultivé », le plus à même de contrôler les membres en période de crise et de leur imposer des solutions. Dans les années 70, un nouveau type de chef était apparu sur la scène des gangs, le « top Prez » ; ce titre s'appliquait au leader suprême de gangs importants, ayant des sections dans tous les quartiers, dirigées par un chef obéissant aux instructions du responsable le plus haut placé. Quand le « top Prez » est arrêté, un autre le remplace, chargé de maintenir la cohésion de l'ensemble des sections et de perpétuer avec panache jusqu'à la mort, son statut de chef aux yeux des différentes divisions réparties dans la ville.

Le pouvoir du Président varie d'un gang à l'autre, mais dans tous les cas son rôle est essentiel. C'est lui qui assure l'unité du groupe et le représente auprès des différentes instances et des autres clubs, lui, aussi, qui prend les décisions, détermine les objectifs, conduit une assemblée, exerce la discipline, coordonne les activités et la politique du gang ; le Président doit être capable de conseiller, d'encourager, d'éduquer, de former, de superviser, de planifier ; ses responsabilités sont immenses, même s'il en délègue une partie à des collaborateurs immédiats.

Le leader est assisté d'un vice-Président, qui le remplace quand il ne peut plus assumer ses fonctions, en cas d'emprisonnement ou lorsqu'il décède. Le vice-Président est fidèle au Président et à sa politique, il soutient ses décisions en toutes circonstances et les fait respecter. C'est lui, également, qui administre les affaires internes du gang, rituels, règles et même discipline.

En cas de conflit, le « war counselor », le Ministre de la Défense prend la direction du gang jusqu'à ce que les problèmes soient résolus. C'est lui qui décide, en liaison avec le conseil de guerre, si oui ou non le groupe doit se battre ; les résolutions sont approuvées à la majorité du conseil. Une fois la décision prise, le Ministre de la Défense contacte les bandes rivales et choisit avec elles le jour et l'heure de la confrontation, ainsi que les armes qui seront utilisées. Puis il planifie la stratégie, cherche des alliés, s'occupe de l'armement et dirige les opérations. Beaucoup de combats ne sont même pas précédés de discussions, tout se passe très vite et dans ce cas, les confrontations ou les raids sont provoqués par lui ; de toutes façons, personne ne peut commencer à se battre sans son autorisation, sans qu'il donne le premier coup de poing ou tire le premier coup de feu. A lui, aussi, de décider si une insulte doit être tolérée ou vengée pour l'honneur du gang. En temps de paix, le Ministre de la Défense se mue en instructeur, il forme les jeunes recrues au maniement des armes, il enseigne les tactiques guerrières, il choisit les lieutenants pour le seconder pendant les conflits, les préparant à assurer la défense d'un secteur ou la direction d'un groupe si une bande rivale attaque son clan. Dans les gangs les plus organisés, il est à la tête de la « gestapo squad », l'escadron de la gestapo, de la mort, un groupe de membres particulièrement violents chargés de faire respecter les lois du gang et de régler les problèmes internes ou externes par la force. Les missions les plus dangereuses leur sont confiées.

Aux côtés du conseiller de guerre se trouvent « l'armorer », responsable de l'arsenal militaire dissimulé dans le repaire, le « peacemaker »[1], l'émissaire chargé de négocier la paix, de renforcer les alliances ou d'atténuer les tensions entre les gangs, et le « spokesman », l'officier de renseignements, le porte-parole du groupe, son homme de confiance, toujours très bien informé. En tant que représentant personnel du Président du gang, il a le pouvoir de conclure les traités, de signer les alliances.

Tous ces membres, ainsi que le secrétaire-trésorier, composent le noyau dur du gang, son élite, les cerveaux qui exercent une influence décisive sur le reste du groupe. Ils sont cinq à dix, suivant la taille du club, et c'est ce petit pourcentage qui intéresse particulièrement la Police, car il contrôle et dirige toutes les activités ; un officier explique :

— Le noyau dur est redoutable. Il recrute les nouveaux membres, au besoin par l'intimidation ou la force, il détient les armes, il organise les opérations criminelles ou les combats, il imagine les tactiques, il coordonne les activités, c'est lui qui constitue la plus grave menace pour la communauté et la loi. Les leaders sont obsédés par le pouvoir, ils rêvent de puissance, ils sont prêts à tout même à mourir pour leur bande, ils n'ont aucun remords, ce sont les membres les plus agressifs et les plus violents du gang. Nous les tenons à l'œil, mais en même temps nous essayons d'avoir de bons rapports avec eux pour tenter d'infléchir leurs orientations. Quant aux autres garçons, membres régu-

---

[1]   Le médiateur est généralement un membre plus âgé, parlant bien, ayant du discernement, et bon arbitre.

liers à plein temps[2] ou périphériques, marginaux[3], à temps partiel, ils sont moins dangereux parce que moins soudés, moins motivés et moins ardents. Le problème, c'est qu'ils se laissent facilement entraîner.

La Police redoute particulièrement le « gang advisor », le conseiller du gang, souvent un adulte, plus âgé, qui s'implique dans le clan pour l'orienter dans un sens plus criminel afin d'en tirer des avantages personnels. Ces conseillers très spéciaux, en général des repris de justice ou des vétérans de la guerre du Vietnam, entraînent les kids dans des activités illicites et leur enseignent l'art d'échapper à la Police. Ils se comportent parfois comme des leaders de mouvements nazis et font preuve d'une rare cruauté.

Ainsi, le gang fonctionne selon un modèle corporatiste, il manifeste un grand esprit de cohésion à travers une hiérarchie stricte, des leaders respectés, des fonctions bien définies, des règles précises, des normes sévères. A leur insu, les mômes des rues recherchent au sein d'une structure artificielle peut-être, mais organisée, la discipline et l'ordre qu'ils ne trouvent pas chez eux.

---

[2]   Parmi ceux-ci figure un personnage essentiel, le guetteur ; souvent juché sur le toit du repaire, il observe les allées et venues pour avertir le gang en cas de danger, si par exemple la Police arrive ou un gang ennemi.

[3]   Ce sont les soldats, les « fantassins », le gros des troupes ; on les appelle les « followers », les disciples. Ils s'impliquent moins, ils ne sont pas disponibles pour toutes les activités, ils se contentent de faire le nombre, de suivre les autres membres.

13 Fiers d'être dans un gang

La sous-culture des gangs de rues est puissamment chargée de symbolisme : uniformes caractéristiques pour marquer l'appartenance au gang, code vestimentaire particulier, recours à des références originales, recherche exacerbée d'un look souvent provoquant, panoplie complète, emblèmes variés, et même utilisation d'un langage différent ou d'expressions spécifiques, tout est fait pour affirmer l'identité du groupe.

La tenue vestimentaire diffère d'un gang à l'autre : pour l'un, ce sera le port de vestes en jean sans manches et de baskets blanches All-stars, pour l'autre une salopette ou un kaki bleu et un sweat-shirt, pour le troisième un blouson de cuir noir avec des étoiles et des clous brillants, un jean étroit et de lourdes bottes de l'armée, ou encore un blouson de basket-ball et des chaussures dont le bout est garni de pointes acérés avec lesquelles on peut tuer un homme en quelques instants. Actuellement, les kids se croient obligés de porter des vêtements de marque pour se sentir valorisés, tout en arborant avec toujours autant de plaisir les fameuses vestes de base-ball ornées de logos sportifs ou de simples initiales (en général celles du nom de la bande) et les foulards dont ils se couvrent le visage quand ils partent accomplir ce qu'ils appellent leurs « missions »[1]. Les garçons aiment également se parer de lunettes noires de tueurs et de toutes sortes de bijoux, bagues, colliers de perles, chaînes en or, bracelets et médailles. Certaines particularités symbolisent la hiérarchie : ainsi, le port d'un collier plus long ou d'un col de fourrure indique qu'il s'agit d'un leader.

Pour manifester leur puissance, leur violence et la protection qu'ils offrent à leurs membres, les gangs se parent volontiers de leurs cou-

---

[1] Et quand le foulard bleu d'un gang croise le foulard vert d'une autre bande, la poudre ne tarde pas à parler !

leurs, généralement portées sur le dos de leur blouson. Les couleurs identifient le groupe, elles en sont l'emblème, la marque quand les garçons traversent leur territoire ; lorsqu'ils sont envoyés en mission ou qu'ils entrent en conflit avec d'autres bandes, ils sont fiers d'exhiber sur leur dos ce signe distinctif et terriblement provocant. Perdre ses couleurs au profit d'un gang rival est considéré comme la pire catastrophe qui puisse arriver, inversement s'emparer d'emblèmes ennemis constitue l'honneur suprême, l'apothéose de la vie d'un kid des slums[1] américains. Les gangs ont leurs normes, leurs valeurs, leurs symboles pour manifester leur appartenance, leur identité culturelle.

Depuis les années 70 où les garçons étaient fiers de montrer qu'ils faisaient partie d'un gang en portant tous les mêmes couleurs, le même bandeau ou la même casquette[2] qu'ils inclinaient de la même façon, les choses ont bien changé. Aujourd'hui, les jeunes répugnent à porter leurs signes distinctifs ouvertement ; de peur d'être interpellés par la Police et interrogés, ils essaient de se faire oublier dans la mesure du possible :

— Quand tu portes le nom du gang en grosses lettres sur le dos, explique un « Devil's Disciples », ça prouve que tu es plus seul, que tu as trouvé une famille, que tu as derrière toi quelques dizaines de mecs prêts à t'appuyer en cas de coup dur, tu te sens plus à l'aise dans les rues ! Protection, man ! Seulement voilà si tu portes les couleurs ouvertement, ça peut te mettre en danger de mort, surtout en territoire ennemi. Avec les couleurs sur le dos, tu te fais tuer ! Ou bien tu attires les flics, après ils te posent plein de questions sur les activités, sur les affaires, ça ne les regarde pas. Alors, on retire nos vestes pour passer inaperçus, ou bien elles sont réversibles pour induire en erreur la Police.

Aujourd'hui, les garçons se méfient ; pour ne pas être repérés ils évitent de porter leurs uniformes ou leurs emblèmes ; s'ils se font prendre, ils n'ont plus intérêt à revendiquer leur appartenance : devant les tribunaux, ça peut leur coûter cher ! Alors, modestement, ils se contentent

---

[1]   Slums, taudis, par extension ghettos.

[2]   D'autres garçons manifestent leur appartenance à un gang, par exemple en portant une canne, symbolisant leurs origines, les Caraïbes.

de porter un collier ou un badge qui les identifient mutuellement, réservant leurs couleurs pour les grandes occasions, parties, noces, célébrations, combats...

Autre signe distinctif, plus discret cette fois, les tatouages ; un éducateur donne son point de vue :

— Les garçons adorent porter la marque de leur gang sur la peau, ou bien des dessins ou encore une simple signature. Pour eux, c'est un acte social, la preuve de leur appartenance. Lorsqu'il est bien en vue, par exemple sur le cou, le tatouage a valeur de symbole, c'est un signe d'allégeance à la bande.

Aujourd'hui, cependant, l'habitude tend à se perdre car celui qui porte un tatouage devient suspect aux yeux de la Police, il attire davantage l'attention ; les garçons ont appris à devenir prudents. Pour affirmer leur identité, ils préfèrent recourir à un langage codé, l'argot des rues que seuls leurs pairs connaissent : par exemple, le mot « action » signifie, selon le cas, bagarre ou drogue-party. En général, les habitudes de langage des gangs reflètent leurs préoccupations, violences, sexe ou activités illicites, leur argot des rues symbolise une conduite spécifique, des valeurs particulières, il fait partie intégrante de la sous-culture du ghetto.

De la même façon, les kids adoptent un surnom, symbolisant généralement une activité ou un comportement : ainsi, le trésorier d'un club pourra se voir attribuer le surnom de Dollar, ou un garçon particulièrement bagarreur, celui de Rambo. Quant aux noms de gangs, ils ne sont pas choisis à la légère, Ils ont leur signification propre, leur symbolique, eux aussi. Soit ils rattachent le groupe à une activité (« Sex Boys »), à un territoire (« West Side Devils »), à une ethnie ou à une aire géographique (« Latin cow-boys », « Sons of Harlem », « Bronx Ministers »), à une philosophie (« Outlaws » – hors la loi – « Slum Victims » – victimes des taudis –...), soit ils évoquent le désir de puissance, le besoin de proclamer sa force, sa supériorité (« Invincibles », « Immortels »...). Dans les années 50 et 60, les gangs choisirent d'être associés à des noms suggérant la noblesse, des statuts élevés, le courage : Dukes (ducs), Nobleman, The Lords, Young Lords, Warlords (Lords guerriers), Royal Knights (chevaliers royaux), Spanish Knights, White Knights, Barons, King Cobras (Cobras royaux), Latin Queens (reines latines)... Dans les années 70, les noms des gangs prennent une signification différente, plus violente, sinistre, voire diabolique : Javelins, Black Spades (épées noires), Black Warriors (guerriers noirs), Wild Bunch (horde sauvage), Dirty Ones (les sales), Scorpions, Savage Boys, Savage Nomads, Black Assassins, Crazy Homicides (crimes fous), The Assassinators, White Assassins, Latin Homicides, The Bloods, Devils (les Diables), Bronx Devils, Brothers of Satan (Frères de Satan), Satan's children (Enfants de Satan), Red Devils (Diables rouges), Sinners (pécheurs), Crazy Bishops (Evêques fous)...

Les gangs de rues ont en commun la recherche exacerbée d'identité, le recours à des références originales, très dures, le refus ostentatoire des valeurs de la société, l'utilisation d'un langage spécifique, des règles incontournables, un code d'honneur très particulier, et un seul objectif : s'organiser en vue de leur survie personnelle.

En général, le nombre de membres oscille entre quinze et cinquante[1], un gang moyen compte vingt cinq individus, auxquels viennent s'ajouter les amis et les sympathisants. Le club peut être structuré de manière verticale, par tranches d'âges, ou horizontalement, avec des sections dans d'autres quartiers, toutes autonomes, mais unies par des liens d'amitié et d'entraide. Quand les membres d'un gang sont trop nombreux, celui-ci se scinde en plusieurs clubs.

Les Black Spades[2] furent un des clans les plus importants en terme de membres et de sections, chacune ayant sa structure propre et son leader. Le gang vit le jour dans les années 70, en plein Bronx (43° Precinct), mais très rapidement il s'étendit jusqu'à Brooklyn et à Manhattan. A l'origine, il était composé de Noirs, mais des membres d'origine

---

[1]   Certains gangs, les « Nations », ont plus de mille membres, répartis en différents secteurs. Ils ont peu de relations entre eux ; l'interaction se fait au niveau des leaders. Les « Nations » bâtissent un empire, en partie réel, en partie imaginaire, qui les aide à vivre dans la jungle urbaine et à passer le cap d'une adolescence difficile.

[2]   Voir l'étude remarquable du Sergent H. Craig Collins, de la Bronx Youth Gang Unit Youth Aid Division, « Street gangs, Profiles For Police », – City of New York, Police Department, 1979.

hispanique ne tardèrent pas à les rejoindre. Le gang était très structuré avec un Président, un Vice-Président, un Ministre de la Défense, un armurier, un médiateur et, au sommet de la hiérarchie, un « Suprême Président », un commandant suprême. Chaque section avait son « ambassadeur », chargé d'adresser des rapports au chef suprême, et son Président, qui rencontrait régulièrement les autres chefs de zone.

Pour devenir le gang le plus important de la Ville, les Black Spades n'hésitaient pas à recourir à la conscription forcée notamment aux abords des écoles, et à l'intimidation directe ou indirecte, ils appelaient les Noirs à s'unir contre les Blancs et l'Establishment. Lorsqu'une section avait atteint un nombre suffisant de membres, le noyau dur s'installait dans un autre quartier et mettait en place une nouvelle division ou assimilait aussitôt les groupes les plus faibles du secteur et s'assurait l'appui d'adultes du voisinage ayant généralement des activités criminelles.

Les Black Spades furent l'un des premiers gangs à réaliser qu'il était dangereux de maintenir des sections dans des endroits fréquentés, à cause de l'intrusion continuelle de la Police. Ils commencèrent à se recentrer dans des lieux connus seulement des membres, et souvent changés. Le gang était l'un des mieux organisés de New York et certainement le plus sophistiqué, avec un système de communication très perfectionné entre les différentes sections ; les membres étaient systématiquement informés, et le chef suprême entrait régulièrement en contact avec le noyau dur de chaque division ; il connaissait parfaitement les aptitudes de chaque membre.

Les statistiques de la Police font état de l'implication des Black Spades dans toutes sortes d'activités criminelles, possession d'armes à feu, vols, viols, cambriolages, extorsions de fonds, rackets, attaques à main armée... Le gang s'en prenait à la Police et à l'Establishment, et il lui arrivait d'être impliqué dans des confrontations raciales avec les Blancs autour des écoles, dans les parcs, sur les terrains de foot ou de basket. Les Black Spades eurent des contacts avec certains groupes révolutionnaires, notamment les Black Panthers et les Black Muslims.

Le gang cessa toute activité en 1976, cinq ans après sa naissance. Mais nombre de ses membres continuèrent à être impliqués dans des activités criminelles, violentes, subversives, et la Police les redoutait particulièrement.

Autre exemple, la Nation Vice Lord était, par l'absorption de petits clubs, divisée en « branches »[1], chacune ayant son nom particulier, son propre État-Major, son territoire. Puis les branches se scindèrent en sections, essayant d'acquérir plus d'autonomie au point, même, de démarrer leur groupe auxiliaire féminin.[2]

La Nation Vice Lord avait à sa tête un corps exécutif de huit membres, chargé des problèmes affectant le clan dans sa totalité. Comme elle, les gangs des années 70 cherchaient à assurer la pérennité de leurs activités en créant sans cesse de nouvelles sections dans d'autres quartiers de la ville. Aujourd'hui, les bandes comptent également de nombreuses divisions, et il n'est pas rare de voir un gang revendiquer mille membres ou davantage, comme la Nation Zoulou, vaste regroupement de sections s'étendant à des quartiers entiers, voire même à toute la ville. Parfois, des querelles éclatent entre les différents clubs, ou entre des individus en compétition pour le leadership d'une branche particulière. Quand les chefs sont incarcérés, le gang s'affaiblit. Et de nouvelles bandes naissent sur les ruines des précédentes. Mais les gangs ne sont pas toujours structurés de manière horizontale, avec des sections dans chaque quartier ; ils peuvent choisir la forme verticale caractérisée par la division en tranches d'âges. Ainsi, les « Bandits » sont scindés en quatre groupes, les « Brigands » (dix huit à vingt et un ans), les « Bandits seniors » (seize à dix huit ans), les « Bandits Juniors » (quatorze à seize ans), et les « Midget Bandits » (douze à quatorze ans). Dans d'autres gangs, il y a trois sections, les « Youth », ou « Junior members » (les plus jeunes), les « Middle Age » ou « Regular members » (les moyens) et les « Old Age » ou « Senior members » (les vieux), tandis que certaines bandes adoptent, pour les plus jeunes, la division sui-

---

[1]   Les branches se réunissaient seulement en période de conflits.

[2]   Certaines sections avaient des responsabilités particulières, par exemple elles devaient surveiller les activités des autres gangs et rapporter ce qu'elles avaient vu ou entendu.

vante : Baby (douze et moins[3], Junior (douze – quatorze), Young (quatorze – seize ans). L'âge moyen, dans un club, est quinze ans. Les gangs les plus âgés, plus influents et opulents, songent toujours à assurer la relève, tandis que les plus jeunes sont les plus éphémères ; les premiers s'en prennent à la propriété privée, les autres à eux-mêmes ou à leurs pairs dans le bloc voisin.

Dès leur entrée dans le gang, les plus petits sont pris en charge ; la formation est assurée par les grands frères ou les membres les plus âgés – ceux qui ont un statut élevé, d'ailleurs, prennent sous leur protection certains jeunes nouveaux venus. Les gamins sont utilisés pour les commissions, les larcins (en particulier, le vol de bouchons de réservoir et autres accessoires automobiles qui seront ensuite vendus pour gonfler la trésorerie du club), le transport d'armes, l'espionnage des gangs rivaux, le guet sur le toit du repère ou en jouant dans le bloc ennemi. Les petits sont à l'école des grands, ils idolâtrent leurs aînés, ils aiment entendre parler de leurs exploits, ils n'éprouvent aucun remords, ce sont les membres les plus acharnés, les plus vindicatifs qui soient. Un travailleur social explique :

— Il est difficile pour les mômes de réussir à travers les moyens légaux ; très tôt, ils apprennent la frustration qui, rapidement, s'extériorise à travers un comportement violent, antisocial. Ils doivent prouver qu'ils sont des durs, alors ils sont mûrs pour les opérations les plus dangereuses, même en secteur ennemi ; ce sont eux, par exemple, qui s'introduisent au milieu des gangs rivaux pour en rapporter ensuite des informations déterminantes. Ils commencent par faire des petits trucs, puis ils s'attaquent à de grosses affaires pour se faire une réputation, et les voilà plongés dans un univers criminel auquel ils échapperont difficilement. La plupart d'entre eux ne pensent qu'à tuer ; ils savent, d'ailleurs, que la Justice ne poursuit pas les plus petits. Et ils en profitent ! Oui, les mômes sont les plus durs, les plus mauvais que j'ai jamais rencontrés.

---

[3] Les tout petits (moins de huit ans), on les appelle les « cubs » (petits d'un animal) parce qu'ils suivent les plus âgés et se contentent, à cet âge-là, d'apprendre d'eux.

Pour accroître leur pouvoir et leur prestige, pour mieux se protéger des bandes ennemies, les gangs essaient par tous les moyens d'augmenter leurs effectifs, même en utilisant des gamins de six à huit ans.

Et même en enrôlant des filles.

14 - Plus dures que les hommes

Les gangs de rues sont une institution spécifiquement masculine, mais la plupart d'entre eux ont des sections réservées aux filles, simples auxiliaires de la bande ou girlfriends et sœurs de membres. En principe, les petites amies restent en dehors du groupe, mais elles sont parfois amenées à participer à leurs activités ; par contre les sœurs et les auxiliaires, appelées « Debs »[1] ou « Suzies », font partie intégrante du gang, elles sont comme les garçons, l'asservissement en plus.[2]

— J'avais quatorze ans quand on m'accepta comme « deb », c'est-à-dire membre de la section des filles d'un gang d'une centaine de membres, « les Diamants », explique Cookie Rodriguez. Le gang comblait le vide de ma vie et remplaçait la famille que je n'avais pas : dans la bande, en effet on se serre les coudes ! Les gens me regardaient différemment, car ils savaient que je n'étais plus seule. Dans le gang, certaines filles étaient membres à temps partiel, moi je l'étais complètement, je faisais tout comme les garçons, je volais, je commettais des actes de vandalisme, je me battais, je prenais part aux combats, j'étais encore plus violente qu'eux, j'étais une dure à cuire, particulièrement coriace ! En tous cas, j'étais contente d'avoir un gang derrière moi, comme ça j'avais un statut, des conseils, une protection, et... le fun ! Le gang, c'est le pied pour les filles qui ont été formées à l'école de la rue, c'est vraiment leur style de vie !

---

[1] Abréviation de débutantes. Dans un gang, les leaders masculins et féminins sont connus respectivement sous le nom de « Pops » et de « Moms ». Les Moms sont traitées avec respect par tous ; on ne cherche pas à avoir des relations sexuelles avec elles.

[2] Elles sont traitées comme la propriété du gang et elles se soumettent à tous les désirs des garçons. En matière de discipline, le gang est très sévère : elles n'ont pas le droit, par exemple, de se droguer. En cas d'infraction, les filles sont fouettées avec des ceintures en cuir, à moins que le Président lui-même ne leur inflige des coups.

Les debs sont étroitement associées aux activités des garçons, tout en étant leur propriété : soumises à leurs copains, et impitoyables envers les autres :[1] on leur apprend à manier les armes ou à les transporter sur le terrain des opérations, on leur enseigne l'art de racketter, de voler à l'arraché ou avec effraction, et toutes sortes d'actes de vandalisme. Comme leurs pairs masculins, elles sont presque toutes engagées dans des activités criminelles, elles sèchent les cours, elles boivent, elles squattent les cages d'escaliers, elles s'amusent à détériorer le matériel public ou la propriété d'autrui, elles se livrent à toutes sortes d'exactions... quand elles ne sont pas obligées de rester à la maison garder leurs frères et sœurs plus jeunes !

Les filles démarrent leurs activités criminelles plus tôt que les garçons, elles apprennent incroyablement vite, leur délinquance est beaucoup plus cruelle, souvent effroyable ; comme elles ont pris le goût et l'habitude de l'argent, leur réinsertion est difficile. Néanmoins, la plupart d'entre elles abandonnent leur comportement antisocial à l'âge adulte, ou bien elles se tournent vers la prostitution.

Mais certaines adolescentes préfèrent former leur propre gang ; à Chicago, par exemple, sur mille trois cents bandes, on en comptait seulement cinq ou six de filles, clairement organisées autour de la délinquance. A New York, par contre, il y a davantage de gangs spécifiquement féminins, structurés de manière autonome avec leur propre leadership, leurs statuts, leurs lois. Au moment où la ville compta le maximum de gangs, c'est-à-dire près de mille cinq cents en 1973, on dénombrait environ vingt bandes de garçons pour une de filles[2], ayant les mêmes préoccupations, les mêmes objectifs, les mêmes codes d'hon-

---

[1] Parfois, les filles essaient d'arranger les choses en discutant, mais la plupart du temps, elles sont la cause des pires ennuis ; ainsi, des bagarres éclatent à cause d'elles, et même des guerres de gangs, quand par exemple une deb prétend qu'un garçon d'une bande rivale lui a fait des avances.

[2] Citons, par exemple, les « Ghetto Sisters », les « Play girls Gangsters », les « Females Savage Nomads », ou les « Molls », un gang composé de filles blanches, Irlandaises, Catholiques. Comme leurs homologues masculins, elles étaient généralement structurées de manière verticale, selon les groupes d'âges. Ainsi, les « Bandettes » avaient entre quatorze et seize ans, les « Little Bandettes », entre douze et quatorze ans.

neur. A Philadelphie, les gangs mâles avaient des branches « femelles », tandis qu'à Chicago les Vice-Lords s'enorgueillissaient d'avoir un groupe de « Vice-Ladies » par section, indépendant de leur homologue masculin. Les Vice-Ladies avaient leur Etat-Major et leurs leaders, elles tenaient leurs propres meetings et prenaient elles-mêmes les décisions qui les concernaient, et les Vice-Lords n'exerçaient pas de monopole sexuel sur elles. La fille qui allait avec le Président des Lords était généralement considérée comme le chef des Vice-Ladies.

Les gangs féminins ont souvent des noms qui singent ceux des garçons, et ils prêtent volontiers main-forte à leurs homologues masculins, notamment en cas de conflits, car leurs membres savent se battre : elles griffent, elles mordent, elles tirent les cheveux et elles font même usage d'armes à feu, le cas échéant. Mais, contrairement à leurs pairs masculins, les filles comptent dans leurs rangs des membres de différentes nationalités, Blanches, Noires et Chicanos.

En cas de conflit généralisé, elles se groupent entre elles pour former les bandes auxiliaires des gangs de garçons. La Police les redoute particulièrement, car dans leurs cabas elles transportent les armes sur les lieux de la rumble, sachant parfaitement que seules des officiers féminins[1] peuvent les fouiller. Elles servent aussi d'alibis, notamment en cas de procès, ou pour le recel ou encore comme guetteur, quand elles ne fournissent pas des cachettes aux prisonniers évadés. Un officier raconte :

— Les filles sont terribles. Pour passer le temps, elles sont capables de tuer les chats du quartier. Quand les garçons ont besoin d'aide, elles sont là pour cacher les armes ou les transporter, elles sont envoyées en reconnaissance, elles recherchent des informations, elles se renseignent, elles participent aux combats, n'hésitant pas à tuer comme les boys. Lors des rumbles, ce sont elles qui partent en avant pour estimer la force de l'ennemi ou pour déceler la présence des policiers. Elles feraient tout pour avoir la réputation d'être une bad girl ![2]

---

[1]   La loi interdit à un agent de Police de fouiller une fille.

[2]   Une sale fille !

Leur joie est complète quand elles ont un boy-friend membre de gang. Car pour elles, les activités sexuelles comptent autant que les bagarres !

15 - Du sexe au crime

La cérémonie du mariage est un temps fort dans la vie des gangs de rues. Une fois l'initiation terminée, l'Etat-Major présenté et les règles expliquées, dans les bandes mixtes la nouvelle recrue doit prouver sa virilité en choisissant son « épouse de clan », sa « légitime », sa « régulière » parmi celles qui sont libres, encore célibataires ou déjà veuves. Le Président en personne dirige la cérémonie, il bénit l'union, la sacralise à travers un rite précis : couper le poignet et mélanger les sangs. Ensuite, les jeunes époux sont conduits dans la chambre nuptiale où on les enferme pendant vingt quatre heures avec pour tout mobilier un matelas et un seau d'aisance, et comme provisions des sandwiches et des canettes de bière. Dans certains gangs, la nuit de noces a lieu en présence des autres membres, à la vue de toute l'assemblée.

Désormais, la nouvelle recrue fait pleinement partie de la bande, elle peut participer à toutes les activités, en particulier sexuelles, à condition de respecter certaines règles. Par exemple, la plupart des gangs interdisent aux membres d'avoir des relations sexuelles en dehors du clan, sous peine de sanctions sévères. Les debs, elles, ne doivent pas avoir de rapports avec plus d'un garçon à la fois. Quant au Président, il peut avoir deux ou trois épouses[1], et même se permettre ce qu'en termes de gang on appelle un « viol consensuel », c'est-à-dire une relation sexuelle avec une jeune recrue, ravie de cet honneur.

---

[1] Elles ne sont pas toujours choisies en raison de leur beauté ! Le Président recherche parfois des filles aussi dures que lui, aussi effrontées, aussi perverses.

Le gang organise des surprises-parties dans les bars, les sous-sols, les appartements vides ou tout simplement dans une salle de son repaire ornée de posters érotiques ou de photos pornographiques. Ce sont des moments d'ivresse et de débauche, où l'on rivalise de prouesses sexuelles.

On s'éclate, explique un kid, parce qu'on se permet tout, la boisson, l'herbe, le flirt, la sodomie, les jeux sadiques, toutes les dépravations, c'est trop cool ! On est entre nous, alors ça roule, on fait circuler les bouteilles et les filles ; le sexe, c'est notre spécialité, notre passe-temps préféré, tout est possible.

La recherche de satisfactions sexuelles est l'une des préoccupations majeures des membres de gangs, sexe pour le sexe, sans amour, éphémères parties de plaisir ne comblant pas et laissant, en définitive un goût d'amertume. Mais qu'on ne s'y méprenne pas ! Le mépris des garçons pour les filles ravalées au rang d'objets de consommation, de violence ou de conquête, va de pair avec leur recherche effrénée de reconnaissance, d'affection ; et si, dans les gangs, les debs sont des citoyennes de seconde zone uniquement destinées à satisfaire les besoins des hommes, elles aussi rêvent de rapports plus vrais, de sentiments profonds et durables ; comme leurs homologues masculins, elles ont soif d'exister pour elles-mêmes, elles recherchent l'approbation sincère.

Les filles des gangs sont généralement issues de foyers perturbés ou de familles monoparentales sans père ni homme, elles sont carencées affectivement et donc frustrées, amères, vindicatives, effrontées. Beaucoup d'entre elles ont subi des sévices sexuels ou ont été rejetées, ce qui augmente leur ressentiment, leur révolte, leur rage intérieure. Dès l'âge de dix ans, ce sont de vraies petites femmes, très précoces sur le plan sexuel même s'il leur manque les plus élémentaires informations sur leur corps. Quand, parfois dès l'âge de onze ou douze ans, elles se lancent dans des activités sexuelles au risque de tomber enceintes ou d'attraper toutes sortes de maladies sexuellement transmissibles, c'est pour faire comme les copines ou pour s'émanciper du giron familial. Elles montrent qu'elles n'ont pas peur des garçons, alors qu'en réalité elles leur vouent souvent une haine féroce, parce qu'elles n'ont pas eu de père, parce que leur mère a été abandonnée ou battue, parce qu'elles n'ont pas une image positive de l'homme. Les debs sont rarement féminines, leur identité est mal assurée, elles ne songent qu'à compenser les manques de leur enfance avec n'importe qui, n'importe comment, en masquant leur besoin de tendresse sous une carapace de grande dureté. Inévitablement, les premières expériences sexuelles sont confuses, traumatisantes, souvent suivies d'avortement ou de grossesse précoce. Les demoiselles, dans les gangs, ne sont pas toujours consentantes, elles subissent leur partenaire mâle plus qu'elles ne l'acceptent, elles sont passives, manipulables, soumises, résignées à satisfaire seulement des appétits sexuels. Au fond d'elles-mêmes, elles voudraient qu'on les traite comme une personne ayant des sentiments plutôt que comme de simples objets. Mais dans le gang, les debs sont dominées, exploitées, piétinées par des garçons sans scrupule, méprisants, misogynes, arrogants. On se sert des filles pour tirer un coup, pour obtenir des informations sur les bandes ennemies ou pour transporter les armes, on ne les aime pas pour elles-mêmes, elles sont traitées comme la propriété exclusive du gang, elles existent en fonction des garçons qu'elles suivent aveuglément ; leur statut dépend uniquement d'eux. Gare aux debs qui veulent s'émanciper du joug masculin. La réponse est impitoyable : un joli petit minois peut être défiguré pour la vie, en représailles[1].

L'une des occupations favorites des jeunes membres est le « gang bang », le viol collectif de filles faciles ou d'adolescentes non consentantes. Les « Savage Skulls », par exemple, avaient une très mauvaise réputation. Sous l'emprise de la boisson, ils recouraient fréquemment aux services d'une équipe de choc, « l'escadron de la violence », chargé de se procurer des filles par la force, ou de se venger d'un gang ennemi en capturant la petite amie ou la sœur d'un de ses membres.

En général, les victimes ne portent pas plainte, pour ne pas avoir affaire à la Police, parce qu'elles ont honte, ou peur de représailles. La Police, d'ailleurs, accepte les déviations sexuelles tant qu'une plainte n'est pas déposée. Quant aux violeurs, ils acquièrent du prestige dans

---

[1]   Par exemple, entaille du visage pour que plus personne ne s'intéresse à l'adolescente. A moins qu'il ne soit brûlé ! Les kids n'ont aucun scrupule, aucune compassion.

les gangs. Pour les kids, tout est fun, même les activités les plus perverses.

Surtout les activités les plus perverses !

Privés d'activités, de perspectives et d'avenir, les kids des gangs s'emparent de la rue pour y organiser tous les moments de leur existence, en rejetant violemment la communauté dont ils se sentent exclus.

Pour tromper l'ennui qui dévore leur temps et leur âme[1], les adolescents qui sont malheureux chez eux errent sans but précis dans les centres commerciaux, ou bien ils traînent devant les immeubles en ruines, dans les terrains vagues, sur les marches des maisons abandonnées ou au sous-sol des bâtiments à demi calcinés. L'été, avec sa canicule, est la période la plus dure de l'année ; les teen-agers ont chaud, ils sont très excités, prêts à exploser. Pour se calmer, ils ouvrent avec une clef anglaise les vannes des bouches à incendie, en dépit des interdictions. Un immense geyser d'eau retombe en cascade, aspergeant les gosses à demi nus. La rue, finalement, recèle de nombreuses possibilités. Mais comment y occuper son temps ? Une vie sans travail, sans but, sans activité spécifique, conduit fatalement à l'oisiveté, aux non-projets, au désœuvrement. Dans les gangs, pourtant, l'ennui devient le principal moteur de l'action et, parfois, du crime.

Quand les jeunes ne savent plus quoi faire, ils s'installent au pied des immeubles éventrés pour se raconter leurs histoires, leurs délires, ils parlent de leurs dernières conquêtes, ils se vantent de leurs exploits passés ou imaginaires. Et naturellement, ils élaborent ensemble les plans de leurs prochaines aventures ou expéditions.

L'essentiel de leur journée, qui commence d'ailleurs très tard, les teen-agers des gangs le passent dans leur repaire ou autour de celui-ci en

---

[1] NB. Ils sont comme beaucoup, ils tuent le temps avant d'être tués par lui. Triste existence privée de sens !

compagnie de leur transistor hyperlarge qui déverse à pleins tubes des airs de disco. Ils jouent aux cartes, ou au billard s'ils en ont récupéré un, ils fument des cigarettes ou des joints, ils se défoncent à la bière ou se dopent à l'Angel Dust.

— Moi, ce que je veux, dit un membre des Latin Cobras, c'est des joints, de la bière et du cul. Le cul et l'alcool, ça donne du piment à l'existence. Et quand on sait plus quoi faire, avec les potes on se tape une fumette, on fait un tour dans une bagnole volée, ou bien on danse la salsa ou le rock, on fait la fête sur des airs de disco, sinon on organise une virée à la mer, on prend le métro direction la plage de Coney Island, et là tout est fun !

Pour les jeunes des ghettos urbains, boire est un mode de vie qui permet de se sentir accepté et d'affirmer sa virilité ; avec l'alcool on refoule les problèmes qu'on ne veut pas voir ou régler, on fuit un réel insupportable. Les membres de gangs s'enivrent avec de la liqueur, de la bière ou du vin bon marché, le Night Traïn, qui a la particularité de griser très vite ; et ils n'hésitent pas à jouer à qui boit le plus au cours de « drinking parties » si arrosées, qu'elles dégénèrent parfois en disputes.

Dans la vie de nombreux gangs de rues, le « pulling jive »[1] est l'un des événements les plus marquants. Après un combat de gangs ou un vol réussi, les garçons boivent à leur façon selon une tradition bien établie. Avant que le vin, la liqueur ou la bière ne circulent de mains en mains, une partie est versée sur le sol avec les lettres du gang, en mémoire des membres tués ou incarcérés.

La musique tient aussi une place importante dans la vie d'un gang. Les teen-agers balancent à bout de bras d'énormes magnétophones qui hurlent les mêmes airs de disco, de salsa ou de rock ; d'autres fois, ils réussissent à se brancher sur une ligne de force et ils amènent le magnétophone sur le trottoir grâce à une rallonge pendant d'une fenêtre. Le son jaillit des hauts parleurs ; plus le niveau de décibels est élevé, plus les esprits s'échauffent et deviennent incontrôlables.

---

[1]   C'est le nom qu'ils donnent à leurs « drinking parties ».

Pour échapper à la misère de leur existence, certains membres n'hésitent pas à se tourner vers les substances illicites. Dans les années 70 où éclataient les célèbres « rumbles », l'usage des narcotiques était formellement interdit sous peine d'exclusion ou de graves sanctions.[1] Les gangs imposaient à leurs membres des lignes de conduite très strictes en matière de consommation de drogue.

Si dans certains cas l'usage de la marijuana et la pilule étaient acceptés parce que ces deux substances ne semblaient pas incompatibles avec la philosophie du groupe, en revanche il était interdit, sauf pour les « junkie gangs », de se piquer à l'héroïne ou de sniffer de la colle[2]. Pour les membres, en effet, ces drogues diminuaient les forces physiques et restreignaient l'ardeur à se battre :

— Nous, on est des guerriers, proclame avec fierté un teen-ager, on tient à notre réputation ! On ne peut pas compter sur un drogué pour se battre, il n'a plus d'énergie, ce n'est plus un homme, c'est de la marmelade, un camé ne peut même plus penser, il ne fait que dormir et rêver. Pour nous, membres de gang, l'héroïne, la cocaïne, la colle sont nos ennemis, comme la Police ! On n'est plus un gang quand on consomme ces saloperies ! Certains clubs tolèrent le LSD ou la cocaïne, pas nous, on n'accepte même pas la marijuana, on n'a pas besoin de se relaxer, nous, on est des guerriers.

Durant la grande période des gangs de combats, c'est-à-dire dans les années 70, de nombreuses bandes se vantaient de ne pas consommer de drogue[3] et même de débarrasser le quartier des dealers ; certains

---

[1] Après un avertissement initial, les gangs punissaient sévèrement les membres surpris en train de consommer de l'héroïne ou de la cocaïne. Parmi les mesures coercitives, la défenestration ou l'administration de punitions corporelles : par exemple, le chef lui-même brisait un bras du contrevenant ou lui cassait une jambe.

[2] Les gangs distinguent les drogues hard et soft (marijuana, hashish, LSD, barbituriques, amphétamines, bières ou boissons alcooliques...). Pour eux, ces drogues n'empêchent pas les activités du gang.

[3] Sauf éventuellement pour l'expérimenter. Le gang des « Turbans », composé d'anciens du Vietnam, avait, lui, une position originale : il interdisait l'usage des drogues dans la bande, tout en étant largement impliqué dans la vente de stupéfiants.

membres, en effet, s'improvisaient « justiciers » chargés de déloger les dealers des blocs dont ils avaient le contrôle.

Dix à quinze ans plus tôt, les gangs de rues avaient connu un certain déclin ; les sociologues et les policiers l'attribuaient à l'usage de drogues dures causant la disparition de nombreuses bandes. Un officier explique :

— Un teen-ager ne peut s'impliquer dans des combats s'il est excité ou somnolent. Quand ils se piquaient, les gars n'avaient plus envie de se battre, ils étaient à moitié assoupis. A l'époque, l'héroïne se vendait à chaque coin de rue. D'autres garçons essayaient la poudre, une poudre piquante qu'ils plaçaient dans chaque narine pour la renifler profondément et, ensuite, planer très haut. Dans ces années-là, un autre phénomène causa la disparition de nombreuses bandes : l'implication dans les Mouvements des Droits civils comme les Black Panthers ou l'Armée de Libération. La fin de l'engagement politique et de la consommation de drogues dures, vers 1970, entraîna la réapparition des gangs, plus belliqueux que jamais, engagés dans d'interminables rumbles qui causèrent encore plus de morts que la consommation de substances illicites.

Mil neuf cent quatre-vingts marqua le début d'un nouveau cycle : les drogues dures retrouvèrent un regain de faveur, entraînant à nouveau le déclin des gangs de rues. Au lieu de s'en prendre aux autres groupes rivaux, les bandes retournèrent la violence contre elles-mêmes, en se shootant, en se piquant, en reniflant de la colle, provoquant ainsi leur disparition. Des membres utilisaient plusieurs drogues à la fois, par exemple l'héroïne et la cocaïne ; ils n'avaient plus envie de se battre, ils passaient leur temps à somnoler[1]. Cette nouvelle sous-culture de la drogue conduisit peu à peu de nombreux jeunes à mener une vie criminelle. On vit apparaître des gangs de drogués, surtout portoricains et dominicains, s'entretuant pour les parts de marchés convoitées. L'objectif de ces groupes était d'apparaître comme les maîtres incontestés du

---

[1]   Dans les années suivantes, de 1986 à 1989, le nombre de teen-agers qui se droguaient augmenta de 268 % dans la seule ville de New York.

secteur, et des fusillades éclataient parfois en plein jour. Les résidents ne les dénonçaient pas, par peur de représailles. Un sergent raconte :

— Ces dernières années, les choses ont changé, tout le monde vend de la dope, les jeunes sont passés de la consommation de drogue à la vente de produits illicites comme la coke ou le crack pour subvenir à leurs besoins personnels d'héroïne. Pourquoi se faire cinq dollars par heure chez MacDo, alors qu'ils peuvent avoir cent vingt dollars par jour en vendant de la drogue ? Même les pré-ados se lancent dans le business, quand ils ne sont pas employés pour quatre-vingts dollars par jour comme guetteurs. En effet, les kids admirent les petits caïds qui mènent grande vie et roulent au volant de grosses cylindrées ; ces caïds font des émules ! Les jeunes quittent l'école de plus en plus tôt ; ce qu'ils veulent, c'est faire du fric rapidement : un dealer propose beaucoup d'argent et très vite. En plus, s'ils se font prendre, les gamins sont envoyés dans un centre pour délinquants juvéniles dont ils sortent aussitôt car ils sont mineurs. De nos jours, ces drogués-dealers sont solitaires, c'est le chacun pour soi, ou bien ils font partie de bandes spécialisées dans le trafic de stupéfiants, se livrant une lutte impitoyable pour le contrôle de certains secteurs ; c'est sur fond de guerre des gangs que se déroule une partie du trafic, aujourd'hui !

Les jeunes sont à la merci de groupes à caractère mafieux ou de réseaux de petits délinquants qui, progressivement, les entraînent dans le trafic organisé. Les gangs ont deux préoccupations, la drogue et l'argent, ils tournent autour d'activités criminelles. On est loin des bandes d'antan, l'économie de la drogue a détourné la violence juvénile des amateurs de rumble en lui donnant un caractère moins chevaleresque et plus meurtrier, notamment par l'utilisation d'armes sophistiquées : aujourd'hui, sur cinq crimes à New York, quatre sont liés au trafic de stupéfiants, et certains sous-quartiers sont devenus de véritables plaques tournantes du commerce de la drogue, parfois avec la complicité de parents qui ont perdu tout repère et ne pensent qu'à tirer parti des activités illicites de leur progéniture.

Faute d'alternative, les gangs, aujourd'hui, en sont venus à jouer le rôle de pourvoyeurs de ressources communautaires. Au mépris de leur vie et de celle de leurs pairs[1].

---

[1] Les communautés américaines les plus déshéritées sont abondamment alimentées en drogue. Objectif : neutraliser les énergies, manipuler les esprits, criminaliser les jeunes sans perspective pour qu'ils se détruisent mutuellement. Le grand mot d'ordre est « plutôt accros et criminels que politisés ». Les nantis ont encore de beaux jours devant eux !

17 - Une sous-culture du crime

Les jeunes ultraviolents des sous quartiers sont perpétuellement à la recherche d'excitations, de frissons, de sensations fortes. Puisqu'on leur refuse le droit de vivre normalement, puisqu'ils n'existent pas aux yeux de la société et qu'ils ne disposent d'aucun statut, puisqu'ils sont rejetés de partout et sans cesse humiliés, les damnés des ghettos américains se vengent à leur façon : en violant les normes établies, en commettant d'innombrables dégradations, en s'en prenant à la propriété privée et aux biens publics. Les teen-agers sont pétris d'amertume et de rage ; la haine qu'ils éprouvent envers eux se tourne contre les autres, surtout s'ils représentent l'Establishment : policiers, juges, avocats, professeurs, commerçants, hommes d'Eglise, membres du gouvernement, et d'une façon générale ceux qui réussissent. Pour exprimer leur hostilité envers la communauté, les kids se livrent à toutes sortes d'actes de violence gratuits, ils vandalisent, cassent, dégradent, menacent, insultent, humilient, terrorisent. C'est aussi leur façon à eux de tuer le temps avant qu'il les tue. Un membre des Savage Skulls raconte :

— On a peur de rien, on est des durs, alors quand on sait pas quoi faire, on prend du bon temps à notre façon, on cherche des ennuis, ça nous met en appétit et puis ça nous fait des muscles. Et les ennuis, on les trouve ! Par exemple, on coince un mec tout seul, on assomme un poivrot ou un pédé, on roule tous feux éteints, on brûle les feux rouges, on écrit des obscénités sur une statue, on tourmente les vieux, on leur arrache les sacs à provisions, on vandalise l'école, les abris-bus ou les cabines téléphoniques, on brise les vitres des voitures, on tagge les murs et plein d'autres trucs. Nous, la propriété, la société, l'autorité, on chie dessus. D'abord, on détruit ce qu'on peut pas acheter parce qu'on a pas de fric. Et on aime ça, terroriser les gens ! Quand on fait peur, on se sent forts. Vous savez, nous les membres de gangs, on est pas des enfants de chœur, on a du cran, on craint pas le danger, la prison et même la mort !

Pour les teen-agers en colère contre l'absence d'activités et de perspectives, les actes de destruction vengeurs sont le meilleur moyen d'extérioriser leur rage de vivre. Et tout est bon pour exprimer sa souffrance : attentats à la bombe envers les bureaux de Police, dégradations commises contre les cabines de téléphone ou les distributeurs du métro, bris de matériel dans les écoles, destruction par le feu des équipements publics, pillage des églises ou des laveries, incendie de véhicules ou d'abris-bus, vandalisme de parcmètres, de distributeurs de billets ou de machines à sous, bris de vitres... Les kids sont heureux de casser, de détruire, de démolir, c'est leur revanche sur l'existence. Avec eux, le saccage prend la tournure d'un sinistre jeu de société, d'un défi permanent à la communauté. Et quand ils ne commettent pas d'actes de vandalisme, les mômes des gangs s'amusent à menacer, intimider, humilier, semer la confusion pour exprimer la haine rentrée depuis tant d'années. Leur rage se tourne contre les boutiquiers, les directeurs de super-marché, les travailleurs sociaux, les gardiens de parking, contre tous ceux qui ont le malheur de croiser leur chemin, dans la rue, dans les transports publics, les hôpitaux, les parcs, les cours d'écoles... Les teen-agers menacent souvent sans raison, sans la moindre provocation, ils lancent des pierres sur les passants, ils envahissent cimetières, maisons funéraires, bibliothèques, palais de Justice, hôpitaux et autres bâtiments publics pour le plaisir de détruire, ils écrivent des obscénités sur les murs, ils urinent dans les corridors, ils tirent pour s'amuser sur les façades d'immeubles, ils menacent les boutiquiers de brûler leur magasin s'ils refusent de le fermer une journée en mémoire d'un des leurs tué dans un combat de gangs, ils organisent des rodéos automobiles dans leur quartier pour intimider les habitants... les sauvageons des bas-fonds américains ne respectent rien !

Et ce qu'ils respectent le moins, c'est la propriété privée, parce qu'ils en sont exclus. Dans les années 70-80, le vol constituait d'ailleurs la principale activité criminelle des gangs, soucieux à la fois d'obtenir la reconnaissance de leurs pairs et de se procurer facilement et rapidement de l'argent.

Les bandes pratiquent deux sortes de vols : le vol utilitaire, et celui qui est effectué pour le plaisir, la gloire, les prouesses, le danger, ou encore pour passer le temps, faire souffrir, défier la Police, narguer la communauté :

— Moi, commente un kid des Javelines, je m'amuse à piquer des trucs pour embêter les mecs, je vole pour la beauté du coup, pour le frisson. J'entre dans un super-marché, je me sers, ensuite je vais dans un magasin, et je prends ce qui me plaît, n'importe quoi, même si j'en ai pas besoin, c'est du sport, c'est le pied, c'est l'extase ! Man, il faut voler, on a rien d'autre à faire ! Et ce qu'on peut pas se payer, on le pique ; la rue est notre moyen de subsistance !

Les kids volent aussi par nécessité ; écartés de la société de consommation, tout en étant incités par la publicité, ils se servent eux-mêmes, ils se font justice, et ils ne se contentent pas de voler, ils cassent et brisent tout ce qu'ils trouvent. L'envie est aussi à la base de ce type de délinquance. Un travailleur social du Bronx explique :

— Les gamins volent pour survivre, ou pour leur famille, en particulier leurs frères et sœurs ; cela leur permet de corriger l'injustice dont ils s'estiment victimes. Dans les grandes villes américaines, en effet, le vol est utilisé par une certaine jeunesse comme moyen de distribution des revenus, pour consommer comme tout le monde.

Mais les kids des gangs volent aussi pour renforcer leur réputation de durs, pour gagner le respect de leurs pairs, pour acquérir un statut, pour prouver leur virilité ou être admirés par leur petite amie :

— C'est très important pour eux d'être reconnus par leurs pairs, commente le travailleur social du Bronx. Les membres de gangs doivent faire leurs preuves s'ils veulent être appréciés, respectés et même admirés ; au lieu d'exister en temps que mômes, ils existent en temps que gangsters, c'est le statut de ceux qui n'ont pas d'autre moyen d'être reconnus. D'ailleurs, quand ils volent, ils oublient le sentiment d'infériorité et d'échec qui leur colle à la peau, ils se sentent puissants, presque invincibles. Et ils narguent la société qu'ils détestent ! De toutes façons, pour ces mômes, les dollars subtilisés ont plus de prix que ceux qui sont gagnés ou économisés, les friandises volées ont plus de saveur que celles acquises légitimement par les moyens conventionnels ou pro-saïques. Au fond d'eux-mêmes, les garçons rêvent d'être des citoyens à part entière ! Et pour eux, seuls les dollars leur permettent d'accéder à ce rêve ! En volant, les kids prennent leur revanche sur le destin.

Les membres de gangs, comme tous les teen-agers avides de se payer les marques à la mode, ont de gros besoins financiers, mais la recherche permanente de dollars les pousse surtout aux petits vols, à l'arrachée ou à l'étalage. Rares sont ceux qui passent des délits mineurs aux crimes de plus en plus sérieux, au business organisé, même si certains n'hésitent pas à tuer leurs victimes autant par jeu ou par défi que pour les neutraliser, les empêcher de parler. Cette violence gratuite a générale-ment lieu en groupe de deux à quatre personnes – trop nombreux, les garçons risquent d'attirer l'attention – avec l'approbation d'autres membres du gang, et même, parfois, de la famille. Dans ce type d'acti-vités, la division du travail est largement pratiquée ; un teen-ager ar-rête la victime choisie, par exemple en lui demandant une cigarette, un autre l'immobilise, le troisième la menace d'une arme, le quatrième, en-fin, la vole.

— Quand on vit dans la rue, fatalement on devient délinquant, ex-plique un officier de Police. Et dans ces milieux, le vol est toléré et même reconnu par la famille, la fauche fait partie intégrante du bud-get, on ne cherche même plus à savoir d'où provient l'argent. Au dé-part, la délinquance des rues est un jeu, un moyen de survie, mais elle devient rapidement une réaction de violence, les jeunes ont besoin de casser, de faire souffrir, et bientôt certains n'hésitent pas à tuer leurs in-nocentes victimes pour un larcin de misère : voilà le « street crime », la délinquance à la mode des gangs de rues. Et cette criminalité ne cesse de s'aggraver, obligeant les gens à se terrer chez eux.[1]

Mais dans ce domaine comme dans les autres, les gangs respectent un certain nombre de règles. Par exemple, il est formellement interdit de voler les familles des copains. On recommande également d'éviter son territoire, même si cette consigne est rarement appliquée. Par contre,

---

[1] Déclaration faite dans les années 80 ; depuis, la situation s'est améliorée à New York et dans les grandes villes américaines, comme nous le verrons plus loin.

les modalités et l'heure n'ont pas d'importance – c'est l'opportunité qui fait le larron – et on peut utiliser tous les moyens : mains, pieds, menaces, intimidations, instruments tranchants et même armes à feu. Les gangs n'ont pas d'états d'âme, pas de scrupules, pas de remords. Et ils rêvent de réussir dans la délinquance pour susciter l'admiration de leurs pairs.

La caractéristique principale des délits de rues, c'est leur manque de préparation. Si les kids diversifient leurs activités illicites au gré des opportunités, ils ne planifient pas leurs opérations, ils ne pensent pas aux conséquences de leurs actes, ils ne prennent aucune précaution, surtout si leurs victimes sont vulnérables :

— De toutes façons, explique un travailleur social de Brooklyn, ce sont d'éternels perdants, ils ne connaissent que l'échec, ils savent que tout est tracé d'avance, qu'il n'y a rien à attendre de la vie quoiqu'il arrive. Alors, ils improvisent et saisissent l'occasion qui se présente, ils réagissent impulsivement à la moindre suggestion sans réfléchir aux conséquences. Certains garçons sont si maladroits qu'ils signent leurs coups, d'ailleurs ils travaillent toujours de la même façon sans prendre de précaution. Leur champ de conscience est limité au présent immédiat, à la sollicitation du moment ; aussi leurs vols sont-ils imprévus, leurs actes impulsifs et les conséquences souvent tragiques. Il n'est pas rare de voir un jeune passer d'une conduite délinquante à une vie d'adulte criminelle. C'est la loi des rues !

Il arrive que des membres de gang réalisent le caractère dangereux d'opérations menées à la sauvette, impulsivement, sans aucune préparation ni préméditation. Pour éviter d'être arrêtés, ils préfèrent le crime moins visible du cambriolage ou du racket.

Dans le cas du cambriolage, les garçons opèrent généralement par deux, ils planifient leur action à l'avance, en évitant les opérations à haut risque, notamment en dehors de leur territoire ; en effet, en cas d'ennui avec la Police ils connaissent toutes les ressources de leur quartier, toutes les issues de secours, toutes les cachettes, les moindres recoins. Lorsqu'ils choisissent le racket ou l'extorsion de fonds, les kids procèdent par intimidation, ils travaillent en groupe de quatre ou cinq pour impressionner leurs victimes. Dans le Bronx, les Savage Skulls avaient acquis une certaine notoriété en développant un réseau lucratif de racket auprès des commerçants locaux terrifiés. Ils monnayaient leur protection contre les vols, les incendies criminels et les attaques à main armée, n'hésitant pas à brutaliser ceux qui refusaient de coopérer ou à détruire les établissements récalcitrants. Le gang était si arrogant qu'il présentait un formulaire signé de la main même du Président « promettant de ne pas importuner les propriétaires compréhensifs et leurs employés, et même d'assurer leur protection en cas d'agression ». Ces promesses étaient assorties de menaces en cas de refus d'obtempérer ou de dénonciation à la Police.

Cambriolages et rackets constituent néanmoins une exception dans le monde des gangs de rues, qui leur préfèrent le vol d'armes et de voitures.

Pour se procurer l'artillerie dont ils ont besoin, les kids n'hésitent pas à entrer par effraction dans les résidences privées ou dans les dépôts de l'Armée et de la Marine ; pour eux, tout est bon, fusils, explosifs, munitions, tout ce qui peut être utilisé dans les rumbles ou monnayé, même en pièces détachées.

Mais l'activité favorite des membres de gangs, celle où ils excellent le plus, reste le vol des voitures, particulièrement les grosses cylindrées comme il y en a tant dans les quartiers pauvres.

Plus de la moitié des voitures volées le sont, chaque année, aux Etats Unis, par des jeunes de moins de dix huit ans, essentiellement des membres de gangs à la recherche de fonds pour financer leurs activités ou d'un passe-temps agréable :

— Partir voler une voiture sous la menace d'un 22 magnum, c'est souvent un rite de passage, raconte un teen-ager des Young Latins. Mais pas seulement ! On vole pour le plaisir de faire un tour ensemble, pour l'excitation de conduire à toute blinde une voiture qui ne nous appartient pas, on aime les rodéos improvisés, et puis une bagnole ça nous sert à transporter notre matériel. Comment on fait pour la faire démarrer ? C'est simple, on met en contact un cintre entre l'alternateur et la batterie. Moi je préfère les Mustang 65 ou une Chevrolet. Quand on a fait notre tour, on abandonne la voiture ou bien on la nettoie[1] et on vend les pièces détachées pour se faire du fric.

Le vol de voitures[2] et le commerce des pièces détachées sont une activité particulièrement lucrative. La nuit, des dizaines de mains expertes amputent les automobiles de tous leurs composants, les garçons travaillent rapidement, furtivement, en vrais professionnels ; les pièces détachées sont vendues à des casseurs ou à des magasins d'accessoires, hormis les antennes de radio qui sont utilisées pour la confection des célèbres « zip guns », les revolvers attitrés des membres de gangs.

La sous-culture criminelle des gangs abonde en exemples de méthodes de vol ; les kids ne reculent devant rien pour satisfaire leur soif de profit, leur besoin de narguer la communauté ou leur désir d'occuper leur inactivité forcée.

Si le « mugging », l'attaque à main armée, connaît un succès croissant auprès de la population noire des ghettos urbains, il ne remplace pas les méthodes traditionnelles : braquage de commerçants ou d'automobilistes, rackets à la sortie de l'école, vols à l'étalage, à l'arraché ou à la tire, pillage de troncs d'églises ou de distributeurs de billets, trafics de voitures, hold-up dans les bus ou les rames de métro, substitution de cartes de crédits, gadgets arrachés aux vitrines trop provocantes, tiroirs-caisses dévalisés, vols à la portière ou par ruse, trafics en tous genres, recels variés, et bien d'autres choses encore. La plupart des gangs sont impliqués dans un large éventail d'activités délictueuses, parfois simplement pour le plaisir de parier à celui qui volera le plus, d'autres fois pour des motifs utilitaires, parce que le crime est le seul moyen d'échapper à la misère.

— Moi, se vante un teen-ager, je sais tout faire, vols de voitures ou à l'étalage, braquages, rackets. Vous savez, c'est dur de résister à la tentation avec tout ce qu'on voit autour de soi ! Nous aussi, on veut consommer comme tout le monde ; et puis, on pique des trucs pour le danger,

---

[1]   C'est « désosser » la voiture, la démonter pièce par pièce.

[2]   Aux Etats Unis, on vole une voiture toutes les trente secondes. Les adolescents touchent plusieurs dizaines de dollars par voiture démontée. Les désosseurs d'automobiles sont tous masculins.

les sensations fortes, les frissons, ça compte aussi. Ce que je préfère, moi, c'est planter une lame sous la gorge d'un mec, pour voir la tronche qu'il fait, j'ai vu des gens crier comme des porcs et demander grâce. Là, on se sent fort, puissant, on existe enfin.

Le môme effronté d'à peine treize ans sort un couteau à cran d'arrêt de sa poche. Il l'exhibe fièrement en ajoutant :

— Avec une lame comme ça, vous obtenez tout ce que vous voulez !

Le recours à des actes délictueux est presque une fatalité pour les kids des quartiers défavorisés livrés à eux-mêmes, parfois abandonnés dans la journée dès l'âge de six ou huit ans. Dans la rue, ils font l'apprentissage du mal sous toutes ses formes ; dans les bistrots ou aux pieds des immeubles désaffectés, ils prennent les contacts qui les conduiront aux crimes, et c'est dans les gangs que s'échangent les informations. Puisqu'ils ne peuvent réussir dans la société, les ados se tournent vers des activités contre cette société qui d'une certaine façon les rejette ; très tôt, la vie criminelle exerce sur eux un grand pouvoir d'attraction : elle permet non seulement de subvenir aux besoins élémentaires, mais aussi de satisfaire des envies suscitées par une collectivité qui incite toujours plus à consommer, même au-delà du raisonnable, même au risque de l'inutile. Le vol, dans la sous-culture des gangs, représente bien plus que le moyen de faire face aux problèmes quotidiens de survie et de parvenir à une certaine autonomie : c'est la possibilité d'accéder aux biens de consommation et donc d'exorciser ses propres frustrations – tout est à portée de main et en même temps inaccessible. Le crime constitue une source inépuisable de compensation pour les exclus du travail et de la société d'abondance, c'est le mode de vie des perdants, des pas-de-chance, des mal nés, de tous ceux qui ne peuvent obtenir un statut que par des moyens illégitimes puisqu'ils n'ont pas ou peu d'occasion de réussir par les moyens légaux.

— Les activités illégales souterraines sont une réaction de survie pour compenser des revenus déficients voire inexistants, explique un travailleur social du Queens. Finalement, le crime est le seul moyen qui reste pour ceux qui vivent en marge de la société américaine. Les ados des gangs savent qu'ils ne réussiront pas par les moyens légitimes, soit parce qu'ils s'en sentent incapables, soit parce qu'il n'y a pas d'opportunités pour eux ; alors ils réagissent comme ils peuvent, avec leurs moyens, ils sont contraints à voler, à instaurer une économie parallèle, comme on nomme pudiquement les petits trafics en tous genres qui nourrissent la délinquance juvénile des bas fonds avec l'accord tacite de la communauté. La misère, l'absence de perspectives condamnent des populations entières poussées par l'instinct de survie, à adopter des attitudes de débrouille individuelles et même d'installation durable dans des comportements délictueux. Cela, c'est l'envers de l'Eldorado américain tant vanté !

Dans les bas fonds des grandes villes américaines, chacun doit organiser sa propre survie. Pour les plus honnêtes, des petits boulot complètent les maigres prestations sociales ; pour les autres, notamment les jeunes membres de gangs, il faut oser d'autres activités, il faut inventer des moyens d'exister, il faut improviser une vie souterraine. A défaut d'emplois et de projets, la délinquance constitue pour eux l'unique débouché. Privés de repères, de moyens, d'avenir, ces adolescents s'engouffrent à leur tour, comme leurs aînés, dans les voies sans issue de l'économie secondaire, trafic de drogue, vol de voitures, rackets, recels et autres business de rues aux profits minables et à hauts risques. Dans les enclaves de misère, chacun vaque à ses petites affaires, plus ou moins légales, toute une vie s'organise en marge de la société, avec au bout, dans le meilleur des cas, des jeunes qui ne voient plus la nécessité du travail parce qu'ils sont impliqués dans toutes sortes d'activités souterraines, et dans le pire des cas, la prison et même la chaise électrique, quand l'activité parallèle tourne au drame.

La violence est la raison d'être des gangs, et leur valeur suprême. Il n'y a pas d'alternative : les membres sont destinés à devenir des tueurs, ou des victimes. D'une manière générale, la majorité des meurtres ne sont pas prémédités ; ils sont commis sous l'emprise d'une émotion, telle que la colère, la jalousie, le désespoir. Et ils sont perpétrés dans le quartier, souvent pour des prétextes futiles.

Les motifs sont variés : on tue pour un regard, un geste ou un mot de travers, pour une paire de bottes ou un blouson, pour une remarque déplacée, pour de l'argent, pour rigoler, pour une simple bousculade, pour le leadership, pour un banal différend, pour le plaisir, pour une insulte, pour une vexation, pour des sensations fortes, pour l'aventure, pour montrer qu'on est le plus fort, pour se faire respecter, pour défendre son honneur, pour prouver sa virilité, pour rigoler, pour jouer avec la mort, pour faire souffrir, pour impressionner les filles, pour être le pire de tous, pour venger l'honneur du groupe, pour semer la terreur, pour aller jusqu'au bout, pour riposter à un affront, pour jouer aux héros, pour exorciser ses angoisses, pour se venger du mal qu'on a subi, parce qu'un type ne porte pas la bonne couleur, parce qu'on se sent menacé, parce qu'on n'a rien à faire d'autre, parce qu'on explose intérieurement, ou encore par jalousie, par dépit, par mégarde, à cause de sa bande, d'une provocation ou d'une bousculade, ou bien comme une revanche, bref on trouve toujours de bonnes raisons de tuer, on se bat souvent sans savoir pourquoi ou pour trois fois rien, c'est la loi du ghetto, tuer est une mission, et la guerre des rues une cause sacrée.

Quand un môme est prêt à mourir pour ses couleurs ou pour venger l'honneur du groupe, on est au cœur de ce que signifie appartenir à un gang de rues. Et les membres les plus dangereux sont les plus jeunes, toujours agressifs, imprévisibles, pressés de manifester leur virilité, avides de se faire une réputation et de prouver qu'ils sont des hommes. Pris individuellement, les dix à douze ans sont de braves petits gars, des mômes apeurés, fragiles, indécis, en groupe ils deviennent une horde sauvage, incontrôlable, dangereuse, parce qu'ensemble ils se croient tout permis, invincibles, leur force est décuplée par le nombre, il y a un phénomène d'entraînement. Et les petits sont impliqués très tôt dans les bandes, pour faire comme leurs frères aînés ou pour prendre la relève quand ils sont tués au combat, ou en prison.

— Moi, dit un membre de gang de douze ans insolemment appuyé sur sa canne, je tape parce que j'ai vu mon frangin taper, et de toutes façons je tape parce que personne ne m'écoute autrement. Si je me fais buter, je me fais buter, c'est tout, j'ai rien à perdre parce que la vie c'est de la merde, et puis c'est la règle du jeu, le cimetière ou la prison. Si tu tires pas le premier, on te tire dessus ! Alors il faut être plus rapide. Dans le quartier, on s'explique à coups de fusil, c'est la seule façon de se faire respecter ; moi je suis un soldat, je défends mon bloc, voilà, c'est ma mission.

Et le gang, que représente-t-il pour lui ?

— La bande, c'est tout. Sans la bande, je suis orphelin, ensemble on est multiplié par dix, vingt, trente, on est invincibles, on est super-puissants.

A-t-il tué, à dix ou douze ans ?

— Oui, répond-il en crânant, j'ai fait mon dépucelage dans une rumble, là, dans le tas, tu appuies sur la détente, et c'est réglé, si tu as refroidi un type tu peux en descendre d'autres, après le premier c'est plus facile. Maintenant, faire du mal, ça me démange, j'y ai pris goût.

La violence des ghettos est une violence gratuite, aveugle, absurde, insensée, non planifiée, désorganisée, inutile, la plupart des crimes sont spontanés, impulsifs, imprévisibles, les gamins n'ont pas vraiment conscience de la gravité de leurs actes, et ils n'ont aucune considération pour leurs victimes, aucun remords, aucun sentiment de culpabilité, d'ailleurs pour eux la vie n'a pas d'importance. Dès qu'un nouveau gang voit le jour, il commet aussitôt des actes répréhensibles pour se faire connaître, pour asseoir la réputation qu'il veut se donner. Sans violence, la bande n'existe plus, elle est privée de sens, de but, de prestige, elle devient un simple club social et ne tarde pas à disparaître. Un pasteur du Bronx explique :

— Les jeunes se sentent rejetés, mal aimés, alors ils adhèrent à un gang pour obtenir auprès de leurs pairs la reconnaissance qu'ils n'ont pas dans leur famille, pour acquérir un statut que la communauté leur refuse. Ils veulent prouver qu'ils existent, qu'ils sont vivants, la bande les adopte ; elle est le réceptacle des frustrations exacerbées. Son objectif est simple : chercher à impressionner les autres jeunes, les habitants du quartier, et même la Police. La violence permet de s'exprimer, de démontrer qu'on existe, d'entrer en communication avec l'autre et d'attirer l'attention, c'est un moyen simple, facile, rapide d'avoir du prestige et de se sentir puissant. Finalement, les crimes répondent à la fois au besoin d'identité de chaque individu et à la logique d'honneur du groupe, ils sont la raison d'être des gangs.

Puisqu'ils ne peuvent devenir des hommes, les gamins des rues en situation d'échec font tout pour être des soldats virils, des guerriers, des caïds, des criminels ; c'est la violence pour la violence, sans logique, sans explication rationnelle, c'est la culture des pauvres, la loi des rues. Sans une réelle conversion de cœur, sans une rencontre personnelle avec le Dieu qui sauve, guérit, libère, aujourd'hui comme hier, les mômes de nos quartiers sont perdus ; par contre, lorsqu'ils font l'expérience de la « nouvelle naissance » en Christ[1], ils sont métamorphosés, ils savent qui ils sont, ils se sentent aimés et ils aiment à leur tour, ils deviennent de nouvelles créatures, troquant le fusil contre la Bible, la haine contre l'amour, la tristesse contre la joie. A travers le monde, des milliers de jeunes font chaque année la merveilleuse expérience de la

---

[1] Dans Jean III, Jésus dit à Nicodème : " Personne ne peut voir le Royaume de Dieu s'il ne naît pas de nouveau, s'il ne naît pas d'eau et de l'Esprit Saint ". La « nouvelle naissance », c'est le moment de la conversion, le moment où une vie est retournée, passant des « ténèbres à la Lumière », de « la mort à la Vie ». Tout l'être intérieur est libéré, sauvé du péché, purifié, régénéré ; alors, tout change : la personne sait qui elle est, elle connaît son identité, elle trouve le sens de sa vie, elle est réconciliée avec elle-même, avec l'existence, avec les autres. Et elle a l'assurance d'une éternité de béatitudes.

conversion qui change radicalement leur vie, ils passent de la mort à la Vie.

La violence, en tant que démonstration de puissance, devient la valeur suprême du gang ; elle requiert peu de capacité, peu d'entraînement et pas toujours de la force physique, une arme suffit. Elle est le seul moyen dont disposent les kids des sous-quartiers pour affirmer leur virilité et pour acquérir un certain prestige aux yeux de leurs pairs : mourir en se battant est une récompense, un acte honorifique surtout lorsqu'on meurt héroïquement pour le gang.

— Les gens, affirme un membre des Street Boys, disent qu'on vaut rien. Puisqu'on nous rejette, on s'entoure de tueurs pour prouver qu'on est là ; quand on bute un type on a le sentiment d'exister, de servir à quelque chose. La violence, c'est notre seule carte, notre dernière carte, on tape et on tue parce que personne nous comprend quand on parle, les coups c'est notre façon à nous de nous exprimer, on en a pas d'autres, pour survivre il faut devenir le plus dur. Dans le gang, on ne connaît que la violence, et c'est pas du cinéma, c'est pas Hollywood, c'est la réalité, on tue et on est tué, la loi de la jungle c'est la loi du quartier, c'est notre façon de vivre à nous.

La solidarité de groupe est cimentée par la haine du gang adverse et de la société en général. Et pour les membres de gang, tous les prétextes sont bons pour tuer, même si on ne connaît pas sa victime ; les garçons sont coincés, ils sont acculés au crime car ils n'ont pas le choix, la violence est le seul substitut à l'identité sociale qu'ils ne pourront jamais acquérir par les méthodes légales, ils n'ont pas d'autres moyens d'expression.

Et si tant de rues, aux Etats-Unis, deviennent un vrai champ de bataille, une véritable école de combat, c'est parce que la brutalité est l'ultime recours des individus en situation d'échec, c'est parce que la violence permet de défendre l'honneur collectif du gang, de donner un sentiment d'appartenance au groupe en même temps qu'un sens à sa vie.

Vivre durement et mourir durement, c'est le lot quotidien des membres de gangs. Et quand ils sont tués ou incarcérés, les petits frères prennent la relève. Au péril de leur vie.

19 - Guérilla urbaine

Dans les années 50-80, la rumble, le combat de gangs, était considérée comme l'un des événements les plus importants de la vie des kids ; de lui dépendaient statut et prestige. Le principal sujet de conversation des habitués du macadam, d'ailleurs, tournait autour du comportement pendant les batailles.

Les teen-agers des gangs sont de farouches défenseurs de leur honneur, ils mettent les grandes villes américaines en coupe réglée pour assurer la réputation de leur bande. Parfois, ils ne savent même pas pourquoi ils se battent, ni contre qui ; beaucoup de combats ne sont même pas précédés de discussions, tout se déroule très vite. La violence des rues est l'expression d'une tension interne : la rage que l'on porte en soi depuis longtemps, il faut l'évacuer coûte que coûte. Et c'est ainsi que les bandes rivales règlent leurs comptes pour des prétextes futiles, la guerre des gangs est un défi viril, toujours recommencé, pour la jouissance de quelques rues ou parcelles de terrain supplémentaires, une lutte acharnée pour défendre ses couleurs, ses emblèmes, en sachant parfaitement que les combats se soldent toujours par des blessés, des arrestations, des emprisonnements et des tués. Qu'importe ! L'essentiel est d'assouvir sa haine ; l'hostilité envers l'univers entier est ce qui cimente les membres de gang. Et le désir de prouver leur valeur !

Le nombre de participants varie en fonction des conflits ; généralement, les garçons sont quelques-uns seulement à se battre, mais il arrive aussi que le gang entier participe au combat dans des circonstances d'extrême tension. Lorsque la participation est limitée à quelques membres, ce sont toujours les mêmes qui s'engagent, le « noyau dur » du gang. Certains membres sont dispensés de combats : parce qu'ils vont à l'école ou qu'ils sont mariés, parce qu'ils ont un travail ou qu'ils sont en liberté conditionnelle. Si un membre se trouve avec une autre personne et qu'ils soient attaqués ensemble, tous deux sont tenus de participer aux représailles, c'est la loi des gangs.

Les filles prêtent main-forte, notamment en portant les armes sur le champ de bataille choisi, car elles ne sont pas fouillées par les policiers ; il arrive aussi que de jeunes adultes assistent les combattants, aide verbale et physique, notamment par solidarité ethnique ou de voisinage ; ce sont les auxiliaires des gangs, réputés pour leur expérience ou pour leur savoir faire[1].

Quand un membre est attaqué, tous les autres doivent venir à son aide, quel que soit le risque personnel encouru. Une personne qui ne remplit pas l'obligation d'assistance physique est traitée de lâche, et sévèrement punie ; les autres membres ne veulent plus avoir affaire à elle ; on ne badine pas avec l'honneur des gangs !

D'autres règles sont mises en pratique ; par exemple, les garçons ont le devoir d'assister un autre membre en danger, et le droit d'exiger la même chose. Par contre, si un petit groupe est attaqué par une force ennemie beaucoup plus importante, il doit s'enfuir et demander de l'aide plutôt que de rester à tout prix. D'une façon générale, la possibilité de représailles augmente s'il y a un grand nombre d'incidents et surtout si l'individu attaqué a un rôle important dans le gang : le statut accroît le risque de vengeance, et il n'est pas rare de voir une nation entière mobilisée pour combattre derrière son leader agressé ou insulté[2].

La rumble[3] peut être remplacée par un duel, opposant deux chefs de gangs ou deux membres du noyau dur ; dans ce cas, le gagnant a tous les droits, le perdant est mort. Mais les kids préfèrent les batailles ran-

---

[1] Il s'agit par exemple de vétérans de la lutte armée, du Vietnam notamment, ou de jeunes adultes ayant l'expérience des conflits ou une connaissance particulière des armes et des sports de combats. Ces individus, promus conseillers du gang, ont d'autant plus d'ascendant qu'il s'agit de jeunes recrues.

[2] Si la personne attaquée est un leader, tout le gang est mobilisé. S'il s'agit du chef d'une nation, c'est toute la nation qui est mobilisée.

[3] Dans la rumble, deux gangs rivaux se rencontrent au complet ; aujourd'hui, quand deux bandes s'affrontent, c'est généralement pour la suprématie et le contrôle du trafic de drogue.

gées, qui éclatent pour toutes sortes de raisons : provocations, agressions, raids, attaques de commandos, insultes, viol d'une fille, rencontres accidentelles d'un club ennemi, par exemple à la sortie d'un cinéma, querelles de voisinage, port des couleurs, violations de « frontières », ou tout simplement la haine qui couve au fond de chaque garçon et qui s'extériorise au moindre prétexte contre les teen-agers des autres blocs, parce qu'il n'est pas facile de s'en prendre à l'ennemi invisible qui les a privés d'enfance et d'avenir. De toutes façons, les gamins de la rue apprennent très tôt à se battre dans les terrains vagues, ils ont l'habitude de vivre ensemble toutes sortes d'aventures qui les préparent directement aux combats de gangs aussi vite terminés que commencés.

Il y a quatre phases dans les rumbles : avant que la bataille ne commence, les membres se rencontrent dans leur territoire pour planifier leur stratégie ; pendant cette phase, le gang, réuni en entier, boit, chante, crie, se vante de ses exploits passés et futurs. Ensuite, les bandes ennemies se rencontrent, généralement en terrain neutre : les deux groupes se font face, tandis que les deux conseillers de guerre rivaux échangent menaces et insultes tout en discutant des modalités du combat[1]. Puis vient le moment tant attendu de la confrontation, souvent très meurtrière. Enfin, les rescapés du combat se rassemblent à nouveau dans leur repaire, avec les debs s'il y en a, pour fêter leur victoire – ou au moins leurs prouesses réelles ou imaginaires pendant la bataille.

Lors du meeting, les bandes rivales peuvent décider de déléguer un membre représentatif afin d'organiser un combat à la loyale, un duel entre deux garçons particulièrement expérimentés ; il arrive aussi que le conflit cesse avec l'acceptation des conditions de l'adversaire, ou avec

---

[1] La rencontre, appelée « meeting », a lieu seulement pendant les temps de crise, par exemple à la suite d'un incident qui peut entraîner un combat de gangs, les leaders décident des modalités de la rumble : quand et où aura-t-elle lieu ? avec quelles armes ? les debs y sont-elles admises ? Lors du « meeting », chacun montre sa puissance, on frime, on jauge l'adversaire, et très souvent les pourparlers dégénèrent en bataille rangée. Certains gangs décident de former des « alliances » ou « coalitions » avec d'autres factions amies, appartenant généralement au même groupe ethnique, pour mieux contrer les visées expansionnistes des clubs rivaux.

la conclusion d'une trêve. Lorsque l'incident à l'origine du projet de bataille rangée est basé sur la rumeur ou sur une fausse information, les deux conseillers de guerre peuvent se rencontrer de façon informelle afin d'étudier la situation ensemble et de tenter d'y remédier pacifiquement. Ou bien deux gangs ordonnent la cessation des hostilités, d'un commun accord, quand des excès sont commis dans chaque camp ; ainsi, des Vice-Lords pénétrèrent un jour en territoire ennemi en tuant indistinctement tous ceux qui s'y trouvaient, en l'occurrence une mère et son enfant. La réaction de la communauté fut telle que les belligérants arrêtèrent immédiatement leurs hostilités, sans négociation. D'une façon générale, les travailleurs sociaux et la Police entrent en action dès qu'il y a la moindre rumeur de combat ; les travailleurs sociaux interviennent en tant que médiateurs, et les sergents comme agents dissuasifs. La Police se tient constamment informée en collectant toutes sortes de renseignements sur les gangs, leurs différends, leurs projets, elle interdit tout début de rassemblement et disperse aussitôt les groupes en voie de formation. Quand les futurs participants sont fichés, des officiers se rendent au domicile de leurs parents afin de les informer de ce qui se prépare et de leur demander de garder leurs enfants chez eux, ou du moins de confisquer leurs armes. Généralement, la Police est bien informée, elle connaît les projets de rumbles et elle procède à des arrestations préventives[1], ou bien elle multiplie les patrouilles, n'hésitant pas à se poster aux points sensibles ; sa présence a un impact certain, surtout auprès des membres périphériques, moins motivés.

Les gangs n'apprécient guère les intrusions de la Police ; en représailles, certaines bandes n'hésitent pas à déclarer ouvertement la guerre aux officiers chargés de maintenir l'ordre. Un même sort est réservé aux plaignants : ils sont poursuivis, harcelés, menacés, et même intimidés[2] jusqu'à ce qu'ils retirent leurs accusations. La peur des représailles, d'ailleurs, paralyse les résidents ; dans les ghettos urbains, on ne ba-

---

[1] Ces arrestations concernent surtout le « noyau dur » des belligérants ; ce qui reste du gang n'est plus en état de poursuivre les hostilités.

[2] Par exemple, les garçons placent les couleurs du gang à l'extérieur des maisons des plaignants, pour les inciter à ne pas témoigner contre eux.

dine pas avec la sacro-sainte loi du silence, et ceux-ci deviennent autant de zones de non-droit

Si la délinquance a baissé de moitié au cours des dernières années, notamment à New York, c'est grâce à l'action de la Police qui a augmenté ses effectifs et radicalisé ses méthodes pour contrôler plus efficacement la violence criminelle ; par exemple, les villes sont quadrillées méthodiquement et la collaboration des résidents est sollicitée. Mais les gangs restent très bien organisés et difficiles à démanteler, notamment en raison de leurs techniques d'assaut de plus en plus sophistiquées, de plus en plus musclées, de plus en plus mobiles. Aujourd'hui, en effet, les incursions en petits groupes, armés et motorisés, ont remplacé les traditionnelles rumbles ; ces attaques-surprise sont effectuées sur des territoires voisins, dans une voiture pleine de kids armés de fusils à canons longs, braqués vers l'extérieur. Parfois, les garçons utilisent une fourgonnette volée, pour permettre à un nombre plus grand de tireurs de mitrailler les rues ennemies : plus de tireurs, cela signifie plus de morts. On appelle ces raids en voiture contre les gangs rivaux des « drive by », parce que c'est en conduisant que les teen-agers mènent des actions préventives contre leurs adversaires, ou qu'ils exercent des représailles contre leurs ennemis et ses bases. Arroser le quartier par la portière d'une voiture en marche dans le grand style des gangsters de Chicago, tirer des rafales dans le tas, sur la foule, c'est désormais l'une des tactiques favorites des bandes qui s'en prennent aux gens de leur quartier qu'ils sont censés protéger. Et non seulement les kids attaquent aussi bien leurs ennemis que ceux qui ne font pas partie d'un gang de rues, mais leurs activités ne sont plus confinées à l'environnement immédiat ; ils utilisent le bus, le métro ou la voiture pour commettre leurs forfaits dans d'autres quartiers, et vite retourner sur leur territoire, ce qui laisse peu d'indices à la Police. Toutes les négociations, tous les litiges, tous les différends sont menés par les armes à feu ; il est tellement plus simple, et plus efficace, de tirer et de tuer que d'être impliqué dans des rumbles aux résultats incertains ! Et comme si cela ne suffisait pas, comme si les kids ne se satisfaisaient plus de balayer toute une rue avec un « street sweeper »[1] ou d'organiser des ripostes motori-

---

[1]   Littéralement, « balai de rue », c'est-à-dire une arme semi automatique.

sées toujours plus féroces envers la communauté ambiante qui, déjà, avaient remplacé la dure loi des gangs, voici qu'ils franchissent une étape supplémentaire avec des débordements inouïs de violence irraisonnée, ce qu'ils appellent l' « overkill », les meurtres gratuits où l'on pulvérise un crâne avec plusieurs balles, juste pour s'amuser ! Les teenagers des gangs de rues vont toujours plus loin dans l'horreur parce qu'ils sont de plus en plus malmenés par la vie, et parce que tuer, pour eux, c'est aussi toucher le fond du désespoir.

Et quand ils ne savent plus quoi inventer pour hurler leur détresse, quand ils ne savent plus quoi faire pour passer le temps, ils prennent un calibre 38 à canon court et ils jouent leur vie, oui, leur vie, la leur, avec une balle dans le barillet, et ils appuient le canon sur leur tempe ; si le sort ne leur est pas favorable, ils ont la cervelle éclatée ! Tout est fun dans les gangs, même la mort ! Mais qu'importe la mort, puisqu'ils sont déjà morts dès la naissance ! Quand l'avenir est trop sombre, on préfère ne pas en avoir, on ne pense qu'à se détruire – et à détruire les autres ! Dans la jungle des grandes villes américaines, parce qu'on ne peut pas vivre normalement, on s'autodéchire, on s'entretue, on terrorise, on jouit du droit de vie et de mort sur les autres, on tient sous sa coupe des quartiers entiers, qui sont comme en état de siège ! Les gangs d'aujourd'hui sont terriblement efficaces et bien armés, ils tirent dans le tas, ils s'en prennent à des personnes innocentes, enfants ou adultes qui ont un seul tort, celui de se trouver sur leur route au mauvais moment ; les tueries ont lieu n'importe où, dans les écoles, les parcs, les fast-food, les zoos, et n'importe comment, sans discernement, sans considération pour les victimes. Même des voisins ou des membres de la famille sont froidement exécutés ! Plus question d'annexer des territoires, comme dans les années 50-80, les guerres de gangs ont pour but la destruction des individus et des biens de la communauté. Il faut tuer le plus possible, on compte les points, ou plutôt les victimes, on sème la terreur, la consternation, la douleur. La violence des rues se mue en une terrifiante machine de combat et même en grand banditisme parce qu'il ne s'agit plus de représailles contre des bandes ennemies empiétant sur un secteur, mais d'antagonismes autour de rivalités de business entraînant des guerres de grande envergure, des tueries en chaîne.

Le crime est omniprésent, nul n'est à l'abri ; la violence est le seul langage que connaissent et respectent les gangs de rues, le reste n'a pas ou peu d'importance. Et bien des mères, aux Etats Unis, pleurent leur fils, victime de la barbarie urbaine !

Les ghettos des grandes villes sécrètent leur propre génocide.

Aux Etats-Unis, le flingue est roi, la facilité avec laquelle on se le procure explique en partie la violence dans ce pays. Ainsi, en 1966, les armes à feu ont causé la mort de trente quatre mille personnes, entre les homicides, les morts accidentelles et les suicides ; cinq mille huit cent vingt cinq enfants sont tués en moyenne chaque année. La détention d'armes est permise par la Constitution, elle fait partie de la culture américaine et elle donne un sentiment de sécurité : à un moment ou à un autre, un million d'élèves auraient apporté une arme à l'école !

— Moi, proclame un Savage Skulls, j'ai un 25 automatique[1] et un 357 magnum ; sans armes j'ai l'impression d'être nu, avec un flingue je deviens un homme, je me sens un autre gars, un homme fort, invincible. Je dors même armé ! Et quand on a un flingue, c'est pour s'en servir, pour se faire une réputation, pour prendre sa place parmi les criminels. Tu sais, avec un fusil rien ni personne ne peut vous arrêter. Et quand tu essaies de tuer un type, rien qu'une fois, tu veux forcément recommencer, c'est trop cool, c'est de l'adrénaline pure ! Personne ne peut vivre sans gun[2]. On vous respecte que quand on est armé. Moi, je suis marié avec mes flingues.

Les enfants apprennent à tirer avant d'apprendre à lire. Dès leur plus jeune âge, ils sont élevés avec la certitude qu'un fusil résout tous les problèmes conflictuels, et qu'on ne peut pas se balader sans armes. Ainsi ont-ils très tôt accès au marché des armes[3] ; un mineur peut pos-

---

[1] C'est une arme de petit calibre.

[2] gun : fusil

[3]   Aux Etats Unis, on peut s'équiper facilement en armes. Les apprentis criminels peuvent en acheter légalement dans les boutiques spécialisées des vingt huit Etats qui n'imposent aucune forme de contrôle. Dans les rues de New York, un million d'armes

séder un fusil ou une carabine en toute liberté. Les enfants, quant à eux, ne peuvent pas acheter des armes, mais ils ont le droit d'en posséder, et comme leurs aînés ils règlent leurs disputes à coups de fusils. Depuis 1900, les armes à feu ont tué plus de huit cent vingt cinq mille personnes aux Etats Unis. Les gangs de rues sont les premiers concernés par cette maladie sociale ; et quand ils ont un revolver en mains, les kids ne pensent plus aux conséquences.

Dans les années 50, les bandes se servaient directement dans les dépôts de l'Armée :

— A l'époque, se souvient Roberto, un ancien membre de gang devenu pasteur, on n'hésitait pas à faire un casse dans un dépôt de l'Armée ou de la Marine. On fonçait avec un camion à travers le mur du Western Surplus, et on s'emparait du maximum d'armes et de munitions. Autres moyens de se procurer l'artillerie, on rendait service, on troquait, on encore on entrait par effraction dans une maison. Ce qu'on préférait, c'étaient les « armes chaudes », c'est-à-dire celles qui avaient servi pour un homicide, ça se voyait tout de suite, elles étaient plus sales que les autres. Quand on montait un cambriolage, ce n'était pas dans notre secteur ; on faisait toujours nos mauvais coups sur les territoires des bandes rivales. Et c'était comme à la télé ou dans les films, on était de vrais pros dans le minutage de l'exécution des opérations ; on dénichait le système d'alarme, ça c'était la priorité, et on logeait le contenu de crèmes à raser dans le mécanisme. On s'y prenait avec maestria ! Sinon, on s'approvisionnait aussi chez des usuriers, ou dans des boutiques de prêteurs sur gages. Les armes volées ou achetées étaient cachées à différents endroits, dans le club, dans les autos qu'on piquait, ou encore sur le toit, dans les cheminées ; on en entreposait aussi chez nos petites amies ou dans les appartements de certains membres.

Dans les années 50, l'arsenal était très varié ; les kids utilisaient des battes de base ball, des chaînes, des manches de pioches, des rasoirs, des machettes, des chaînes antivol, des bouteilles de bière cassées, des

---

illégales sont en vente libre. Les jeunes ont accès à ce marché, particulièrement les membres de gangs, lorsqu'ils ne volent pas leurs armes.

massues, des épées, des lances, des couteaux à cran d'arrêt, des stylets, des antennes de radio, des chaînes en or, des revolvers semi-automatiques, du mortier, des bazookas artisanaux, des bombes à essence, des cocktails Molotov, des fléchettes, des fourchettes, des explosifs, des fusils tous calibres et même des boucles de ceinturons affûtées comme des lames de rasoir. Mais ce qui caractérisait essentiellement les gangs de rues des années 50, c'est qu'ils étaient particulièrement habiles à fabriquer eux-mêmes leurs armes, zip guns 22 calibres, home-made bazookas ou même des parapluies dont la pointe était aiguisée ou des chaussures dont le bout était garni de clous effilés.

Les célèbres zip guns des gangs étaient confectionnés à partir d'antennes de voitures et de mécanismes de serrures. Quant aux bazookas particulièrement meurtriers, les garçons les fabriquaient avec des moyens très personnels. L'un d'entre eux raconte :

— En fait, c'est pas vraiment des bazookas, mais ça y ressemble. Pour les confectionner, tu prends des boîtes de bière ou de soda et tu les encastres les unes dans les autres en enlevant le fond et le dessus ; ça fait une sorte de tuyau métallique. A un bout, tu mets une boîte intacte, et à l'autre bout tu colles un chiffon imprégné d'essence. Après ça, tu fermes avec une autre boîte, en laissant juste de quoi allumer. Et quand tu allumes, man, ça fait une grosse flamme et la boîte qui est au bout fonce comme un obus. A part ça, on fabrique des baïonnettes, le bâton c'est un pied de fauteuil scié, en métal, avec un gros bout de plomb à son extrémité. Et bien sûr, on confectionne aussi nos propres balles.

C'est avec ces armes, généralement de fabrication artisanale, que les kids partaient au combat dans les années 50 et jusqu'en 1970 environ. La guerre des gangs, alors, était très différente de ce qu'elle est de nos jours. Les garçons se battaient avec des armes plus rudimentaires, moins dangereuses, les blessures étaient localisées à un seul endroit, et les bagarres avaient peu de conséquences sur la société elle-même[1] : les membres de gangs s'en prenaient aux bandes rivales. Quand il y avait un conflit, c'était parce qu'un gamin d'un club venait de s'accrocher

---

[1]   Les garçons se battaient entre eux, ils tuaient pour une couleur, un regard ou une casquette de travers. Dans les années 50 et 70, c'était le vêtement qui désignait l'ami ou l'ennemi.

avec un jeune d'un autre groupe, et il s'agissait d'un combat à poings nus, un kid contre un autre. Et lorsque les choses dégénéraient et que les garçons se battaient, c'était une bande contre une autre, un face à face dans un parc ou sur un terrain vague. Aujourd'hui, les traditionnelles rumbles ont fait place à des affrontements de rue pour la possession d'un emplacement de deal ou pour le contrôle d'un marché particulièrement juteux.

La principale caractéristique des gangs d'aujourd'hui, c'est l'utilisation massive d'armes de plus en plus sophistiquées. Ainsi, les « Saturday-night Special » et autres fusils bon marché, accessibles à tous, remplacèrent les petits calibres et les zip guns des années 50, puis les fusils mitrailleurs – avec jusqu'à trente-six balles dans le chargeur – firent leur apparition, changeant radicalement le caractère des crimes de rues et mettant en péril la communauté entière. A partir de 1970, les gangs deviennent particulièrement violents ; armés de fusils, les mômes frustrés et en colère se croient tout permis, la détention d'un semi-automatique symbolise pour eux le pouvoir, la possibilité d'atteindre sûrement son but quel qu'il soit. A cette époque, d'ailleurs, la plupart des gangs ont désormais leur propre arsenal d'armes acquis en commettant vols ou cambriolages dans les bases militaires, en achetant des fusils à d'autres bandes, à la Mafia ou aux groupes révolutionnaires, en se procurant des armes de tous calibres dans les Etats du Sud qui n'imposent aucune forme de contrôle lors de l'achat. Résultat : les gangs sont parfois mieux équipés que la Police elle-même.

A partir de 1970-1980, les gangs sont radicalement différents de leurs prédécesseurs ; ils recrutent davantage de filles et des membres de plus en plus jeunes, avec des armes plus sophistiquées ; ils sont mieux organisés et beaucoup plus violents ; ils s'en prennent à la communauté toute entière plutôt qu'à leurs pairs de bandes rivales ; ils sont impliqués dans des activités criminelles, seul le profit les intéresse[1]. Le concept de territoire existe toujours, mais il n'a plus la même acuité : les gangs sont moins agressifs les uns envers les autres et davantage envers les résidents de leurs blocs respectifs, qu'ils soient de sexe mas-

---

[1]   Les gangs de rues deviennent une forme mineure du crime organisé, une sorte de sous Mafia.

culin ou féminin, jeunes ou vieux, Noirs ou Blancs, riches ou pauvres, handicapés ou bien portants, armés ou non armés, étrangers ou amis. Les gangs d'aujourd'hui sont des prédateurs de rues américaines, leur violence se retourne contre les habitants du quartier, leur comportement de plus en plus criminel fait des ravages dans la communauté. Ainsi, au lieu de se battre entre eux dans les cours d'écoles, les gangs s'emparent des établissements scolaires pour les contrôler entièrement, pour les assujettir à leurs lois ; ou bien les kids, en voiture, arrosent de balles leurs ennemis, leurs maisons, sans savoir qui s'y trouve, sans savoir s'ils atteignent des innocents. Et la guerre atteint un nouveau palier : le kidnapping et l'exécution de membres d'une même famille est désormais une des méthodes utilisées pour semer la terreur dans la bande adverse, ou bien la guérilla à outrance, conséquence inévitable de cette folle escalade. C'est dans les années 70-80 que la philosophie des gangs changea complètement, passant des concepts de défense et de protection à ceux d'agression et de crime, avec pour conséquence immédiate une réorientation complète des activités. Et d'autres défis lancés à la collectivité.

La Justice est incapable de diminuer le taux de délinquance juvénile ; elle ne fournit pas les traitements nécessaires ni les programmes de réhabilitation qui s'imposent aux jeunes desperados des gangs. Et ses décisions, la plupart du temps, ne sont pas exécutées.

La sévérité des jugements dépend des condamnations antérieures ; pour un premier délit, comme la détention d'une arme ou de drogue, la Justice se contente d'un premier avertissement. Généralement, la plupart des juges pour enfants font preuve d'indulgence, ils hésitent à incarcérer, ils essaient de donner une seconde chance aux délinquants pour éviter qu'ils deviennent des criminels endurcis. Mais les Blancs ont droit à un traitement de faveur par rapport aux Latinos et surtout aux Noirs, poursuivis plus facilement et condamnés à des peines plus lourdes. Aux Etats Unis comme ailleurs, la Justice n'est pas la même pour tous.[1]

Les membres de gangs peuvent être arrêtés plusieurs fois, et relâchés aussitôt, faute de preuves.[2] D'ailleurs, personne n'ose témoigner contre les kids des ghettos urbains. Lors d'une bataille rangée, il est d'ailleurs très difficile d'établir avec précision qui a tiré le coup mortel. Si le crime est établi, des garçons de seize ans peuvent passer en jugement sous l'inculpation de meurtre ou de tentative de meurtre et traités comme des adultes : la peine encourue est la même que celle de leurs aînés, allant parfois jusqu'à la perpétuité. Dans les gangs, on demande souvent aux membres les plus jeunes d'exécuter les sales besognes, par

---

[1]   A New York, en prison on trouve environ 65% de Noirs, 29% d'Hispaniques, et 5% seulement de Blancs. Quant aux femmes, elles représentent environ 10% de la population carcérale.

[2]   Le pourcentage des affaires résolues décroît régulièrement. Et l'on ne se donne même plus la peine de poursuivre certains délits de vols de voiture, ce qui constitue une incitation à la délinquance.

exemple tuer un rival, sachant parfaitement qu'ils ne seront pas poursuivis en raison de leur âge. Lors de la comparution, les mineurs développent souvent une véritable technique « d'évitement judiciaire » ; ils s'arrangent pour diluer leurs responsabilités dans le groupe, afin que l'on ne sache pas qui est le coupable, qui a par exemple commis un viol lors d'une agression sexuelle collective. Parmi les malchanceux qui malgré tout sont arrêtés, jugés et envoyés en prison, le taux de récidive est très élevé, proche de 80%. La Justice est impuissante à juguler le fléau de la délinquance des jeunes, en particulier celle des membres de gangs. Aujourd'hui, néanmoins, on s'efforce d'apporter une réponse immédiate à tout acte de délinquance, on privilégie le traitement rapide des procédures et on essaie de développer la notion de « sanction-réparation », même si beaucoup d'affaires sont classées sans suite. En dessous de seize ans, le tarif moyen, pour un meurtre, est actuellement de trente mois effectués dans une maison de redressement. Plusieurs alternatives s'offrent à la Justice : le placement en famille d'accueil, la maison de correction, la prison pour mineurs. Parfois, les gangs essaient d'influencer la Justice en utilisant la coercition, en menaçant les témoins ou en les attaquant. Les « Savage Skulls » sont passés maîtres dans l'art de l'intimidation ; ils apposent leurs couleurs sur la porte des témoins, les obligeant à choisir entre le silence et la mort. Ou encore ils organisent une marche devant leur résidence, ils tentent d'impressionner les témoins en exhibant tout un arsenal d'armes.

Dans certains Etats, les lois ont été modifiées pour permettre aux mineurs d'être désormais jugés comme des adultes ; les peines prononcées sont fermes, lourdes et dissuasives. S'il s'agit d'un premier délit, ces Etats exigent que parents et enfants se déplacent ensemble au Palais de Justice. Et les accusés sont présentés à un juge d'instruction dans un délai maximum de vingt quatre heures. Depuis 1995, la loi des « trois condamnations » rend automatique une peine très lourde, de vingt cinq ans à la perpétuité, à la troisième récidive. Ainsi, pour le vol d'une pizza, un membre de gang peut être condamné à vingt cinq ans de réclusion ! En tous cas, la mesure « trois infractions et vous êtes hors jeu » comble d'aise des Américains, persuadés que l'indulgence encourage la délinquance et friands de peines toujours plus lourdes, plus longues et plus dissuasives pour dissuader les criminels en herbe.

En revanche, la plupart des Etats ont mis au point un système de réduction des charges, sorte de marchandage devant les tribunaux destiné à les désengorger ; l'affaire est très vite réglée, au lieu de prendre plusieurs semaines. Lors du procès, l'inculpé décide de plaider coupable, mais d'un acte dont la sanction sera nettement plus faible : par exemple, l'accusé d'un homicide volontaire s'attribue la responsabilité d'un vol avec effraction. En contrepartie, la machine judiciaire s'arrête aussitôt : pas de jury, pas d'encombrement des tribunaux, une peine réduite, tout le monde y gagne. Ainsi va la Justice américaine ; dans le pays des libertés, on ne décide de poursuivre une affaire qu'après avoir soigneusement calculé le coût et le bénéfice de l'opération pour la société, ce qui, en fait, tend à décriminaliser certains ou à leur valoir des peines dérisoires. Les Etats Unis, en effet, restent les champions de l'incarcération[1] avec deux millions de détenus en l'an 2000, devançant largement des pays moins développés. Selon un rapport officiel de la Justice, l'Amérique compte le quart de la population carcérale mondiale, bien qu'elle ne représente que 5% de la population de la planète ; et derrière les barreaux, on compte plus de 50% de Noirs ; alors qu'ils ne constituent que 12% de la population. Ethan Nadelman, de l'Institut de Recherche sur la drogue, a établi qu'on dépense plus pour la prison que pour l'université, aux Etats Unis, ce qui constitue une escalade dangereuse qui coûte cher au contribuable américain. La Californie, la plus peuplée, dépense plus pour ses maisons de correction que pour l'éducation de ses adolescents ; à l'image du reste du pays, elle a construit en douze ans une université... et vingt prisons ! Toute une génération est sacrifiée, n'ayant pour seul choix que l'incarcération ou le cimetière.

— Moi, confesse un membre des « Bad Ones », je fais que rentrer sortir rentrer sortir de prison, c'est toujours la même chose et après on est pire qu'avant. La taule, ça fait partie de notre vie, moi j'aime pas ça mais je dois y aller, c'est le prix à payer si tu veux t'amuser, la prison, c'est pas un camp de vacances, c'est la galère, mais quand même tu as

---

[1]   Un habitant sur 163 était derrière les verrous en 1996 ; le nombre de jeunes dans les prisons est particulièrement élevé ; et 1/5 des crimes avec violence est le fait de mineurs. Autre record : les ados condamnés à mort pour des crimes violents commis à partir de l'âge de seize ans.

la bouffe gratuite, les appareils de musculation et la télé dans la cellule. La prison, ça aide pas, y a rien à gratter dedans, sauf qu'on a plus de chances d'être vivant en taule, et quand on en sort, on a le respect du quartier, on est des héros. Pourquoi je suis en prison ? Mais parce que je me suis fait pincer, j'ai fait des bêtises, des trucs de toutes sortes, port d'armes, bagarres, rackets, vol de voitures, et voilà... C'est notre vie à nous membres de gangs, on en a pas d'autre, on est coincés.

Une fois relâchés, les garçons paradent auprès de leurs copains, ils obtiennent des responsabilités plus importantes, on leur donne plus de pouvoir et d'attention. Les Noirs, surtout, ont l'impression d'obtenir en prison un statut que le monde leur refuse à l'extérieur ; derrière les barreaux, ils forment une caste dominante, ils acquièrent une identité et du prestige. Et, assis devant la télé des journées entières, ils ont une vie plus sûre que dans leur quartier en proie à toutes les violences, à toutes les désespérances.

Les kids sont très organisés ; ils se font arrêter pour des délits mineurs en hiver, afin de bénéficier du gîte et du couvert gratuits, puis ils sortent en été, à la belle saison. Il n'est pas rare, à cette occasion, de voir un membre d'un gang entrer en prison, et en ressortir membre d'une autre bande.

En prison, comme les adultes les mômes sont brutalisés, avilis, parqués comme du bétail, traités comme moins que rien, en tous cas pas comme des êtres humains. Les cellules grises, humides, mal aérées, insalubres, ressemblent à des cercueils, les murs sont recouverts d'obscénités, et souvent les toilettes n'ont ni couvercle ni chasse d'eau. Abus sexuels, violences de la part des autres détenus, ségrégation, isolation, promiscuité, dépressions, frustrations sexuelles, perte de contacts avec la famille, voilà le lot des jeunes incarcérés, qui tous deviennent de simples numéros aux yeux de l'Administration, plus encline à réprimer qu'à réinsérer. En effet, les prisons américaines ne s'occupent guère de thérapie, d'éducation, de recherche d'emploi ; elles servent seulement à punir les têtes brûlées. Derrière les barreaux, d'ailleurs, les mômes des gangs perfectionnent leur savoir en matière de criminalité, ils se forment aux nouvelles techniques de la délinquance de plus en plus sophistiquées. Et ils s'échangent toutes sortes d'adresses, d'informations, de tuyaux. En sortant, ils sont mûrs pour de nouvelles aventures, toujours plus audacieuses, toujours plus risquées, toujours plus brutales... Alors la répression s'accentue. Afin d'éviter les récidives, de nombreux Etats américains proposent aujourd'hui aux jeunes délinquant des programmes particulièrement durs ; tous les moyens sont bons pour remettre les « voyous » des gangs sur le « droit » chemin : discipline quasi militaire, méthodes barbares, tenue rayée pour tous, livres, radio et télévision interdits dans la cellule, pleins pouvoirs donnés au « shérif » de la prison, caméras de surveillance partout... Les nouveaux établissements pénitentiaires pour ados sont les bagnes des temps modernes ! En 1977, les Etats Unis comptaient environ soixante dix prisons de ce type baptisées « boot-camps », véritables bataillons disciplinaires où les délinquants juvéniles subissent une incarcération de choc qui, en réalité, renforce la criminalité.

Dans l'Arizona, « Sherif Joe » a sa recette pour mater les fortes têtes. Il parque les détenus dans des tentes où ils rôtissent au soleil du désert (les températures peuvent atteindre 45°) ; l'uniforme imposé est celui, noir et blanc, des bagnards d'autrefois ; tous les prisonniers, hommes ou femmes, doivent porter l'humiliante chaîne des forçats, la « chaingangs » ; ils sont employés comme cantonniers dans les rues de Phœnix ; ou comme croque-morts dans les cimetières. La dernière trouvaille de Sherif Joe, ce sont les « vidéochiens », des molosses chargés de patrouiller dans les camps de toile surchauffés. Pour le maton le plus coriace d'Amérique, il s'agit de donner aux délinquants mineurs[1] l'impérieux désir de ne plus revenir, quels que soient les moyens employés, même barbares.

En prison, les membres d'un même gang sont placés dans la même cellule, pour diminuer les risques de bagarres et d'antagonismes. Mais les garçons trouvent le moyen de communiquer avec les autres bandes, d'échanger informations ou idées en matière d'activités ou de projets criminels. Souvent, d'ailleurs, les gangs forment entre eux de nouvelles alliances ou concluent des traités pour s'opposer aux autorités. Le centre pénitentiaire permet aussi de résoudre les conflits antérieurs, de

---

[1]   Le camp de « Tent city » accueille les courtes peines, ceux qui sont condamnés à moins d'un an de prison.

se venger de membres de bandes rivales emprisonnés eux aussi. Sous les verrous, les gangs continuent à faire la loi !

Quand le leader d'un club est arrêté, on nomme un chef par intérim pour assurer la continuité des activités. En 1972-74, plusieurs responsables de puissants gangs de rues furent incarcérés à la prison de Riker's Island, à New York, après avoir commis des crimes particulièrement graves ; ils continuèrent néanmoins à diriger les activités de leur bande grâce aux chefs par intérim choisis par eux, ou par l'intermédiaire de ceux qui leur rendaient visite en prison. Un important leader garde toute sa crédibilité et tout son pouvoir derrière les barreaux.

Il arrive parfois que des membres de gangs incarcérés découvrent la politique au contact de militants engagés dans des mouvements de libération, noirs, musulmans ou communistes. A la sortie, ils échangent leurs activités criminelles contre des engagements religieux, ou au service de la cause noire, de la justice sociale ou de leur communauté. Parfois la route des kids croise celle d'un pasteur ou d'un prêtre animés du désir de les convertir ; et dans ces cas, il n'est pas rare de voir des membres de gangs troquer le poignard contre la Bible, passer de la mort à la Vie, des ténèbres à la Lumière.

Et plus dure est la chute, plus belle est la rédemption.

Les Etats Unis possèdent les pénitenciers les mieux remplis de la planète : un Américain sur 150 est derrière les barreaux, une proportion cinq à dix fois plus élevée que dans les autres pays occidentaux. Mais la Justice est loin d'être la même partout ; d'un Etat à l'autre, et surtout du Nord au Sud, le taux d'incarcération peut varier du simple au double. La seule constante, finalement, est qu'un Noir risque six fois plus qu'un Blanc d'échouer en prison.

Les Américains n'ont pas fini de nous étonner ; jamais à court d'idées, ils viennent de mettre en place le premier établissement pénitentiaire religieux près de Houston, dans le Texas. L'objectif est d'enrayer le phénomène de récidive, un objectif atteint puisque les détenus convertis en prison retombent rarement dans la récidive. A l'Unité Carol Vance de Houston, les membres de gangs ennemis réconciliés grâce au St Esprit, prient ensemble, lisent la Bible, chantent des cantiques et s'appellent « Brothers », frères. Et ils trouvent du travail à la sortie du pénitencier, avec l'appui de volontaires repentis, comme eux. Les résultats sont impressionnants !

Pour les mineurs délinquants multirécidivistes, une autre solution consiste à les enfermer dans des centres où ils sont encadrés par des militaires. Là, les garçons doivent se plier aux règles d'un emploi du temps draconien ; on leur apprend le respect de soi, des autres, des biens, de la loi, et à devenir des personnes responsables. Dans ces « maisons de redressement », la discipline est très contraignante ; les kids des gangs ont seulement trois mois pour changer de comportement. A la sortie, ils s'empressent de récidiver.

Il est urgent de trouver d'autres réponses fermées qui ne soient pas la prison, avec une dimension éducative forte. Il importe aussi de séparer les jeunes délinquants des malfaiteurs chevronnés, en créant des établissements adaptés aux mineurs et aux primo-délinquants.

— Les mômes des gangs n'ont pas de père, ou bien ceux-ci sont défaillants, explique un éducateur spécialisé. Il est rare qu'un parent travaille. L'exemple est familial ! Il faut rattraper l'éducation qu'ils n'ont pas eue, il faut leur donner la possibilité de se découvrir une vocation professionnelle, il faut qu'ils acquièrent des compétences techniques au lieu de s'initier aux ficelles des métiers criminels aux côtés de malfaiteurs endurcis. L'aspect éducatif et la formation tant générale que professionnelle sont indispensables pour valoriser des garçons en situation d'échec, pour renforcer leur confiance en eux-mêmes, car souvent les délits sont commis afin de compenser un sentiment d'infériorité. On doit offrir aux mineurs multirécidivistes des séjours de rupture qui ne soient pas la prison, par exemple dans des structures de petite taille à encadrement éducatif et professionnel renforcé, avec une prise en charge individualisée. Sinon, on tombe fatalement dans l'escalade de la répression. Il n'y a pas d'enfants du diable, mais seulement des jeunes privés de compréhension, d'écoute, de tendresse, de fermeté, de repères. La punition ne résout rien, au contraire elle produit encore plus d'amertume, de méfiance, de haine. Plus les gamins ont été maltraités dans leur enfance, plus ils ont besoin d'un suivi personnalisé de qualité ; cela demande du temps et de l'argent ! Les « Youth Identity Program », par exemple, s'attaquent aux problèmes dans leur globalité. On apprend aux jeunes à vivre en société, à se respecter et à respecter les autres, on leur donne des conseils, on les éduque et on les forme sur le plan professionnel.

Dans les cas où l'incarcération s'avère nécessaire, il faut permettre au jeune détenu d'être éduqué, de s'occuper, de se former ; les cercles vicieux ne peuvent être brisés que par un apprentissage de la vie en société et du monde professionnel, avec garantie d'emploi à la sortie. Si l'on veut traiter efficacement la fureur des jeunes exclus, il reste à inventer des lieux et des méthodes. De toutes façons, on ne doit recourir aux milieux fermés qu'en dernière solution.

Parmi les alternatives à la prison, l'une de celles qui marchent le mieux, ce sont les « jours amende ». Le principe est simple : « Si l'auteur d'un délit ne paie pas, il part en prison ». Les jeunes coupables d'actes de violence ou de délinquance doivent se sentir responsables de ce qu'ils ont fait et se racheter en réparant leurs erreurs.

Pourtant, la seule alternative à une vie criminelle reste la prévention. Et c'est très tôt qu'on doit arrêter le processus qui conduit un jeune en prison.

Les moyens de prévention sont nombreux. Aujourd'hui, par exemple, les Américains croient avoir trouvé la parade en proposant des thérapies de choc aux nouvelles recrues des gangs. Un officier de la Police explique :

— On a mis en place des programmes de sensibilisation pour dissuader les jeunes de commettre les conneries qui les conduisent en prison ; par exemple, on mise sur les multirécidivistes plus âgés en pensant qu'ils pourront faire pression sur les mineurs pour limiter leur violence. Ils disent aux nouveaux venus dans la délinquance : « Hé, toi, tu as envie de passer ta vie dans une cellule ? Tu veux faire comme moi ? Allez, réveille-toi, c'est peut-être ta dernière chance ». Ou alors, on fait visiter les centres pénitentiaires de haute sécurité. Les prisonniers racontent leurs conditions de détention ; parfois pour une seule erreur ils ont gâché leur vie, ils veulent en sauver d'autres avant qu'il ne soit trop tard.

De plus en plus, aujourd'hui, juges, travailleurs sociaux ou enseignants[1] envoient les jeunes faire en prison l'expérience de la privation de liberté. En visitant un établissement pénitentiaire, les ados découvrent ce qui les attend, ils ont l'occasion de vivre en situation réelle, derrière les barreaux, ils font la connaissance de criminels qui sont parfois condamnés à perpétuité, et ils parlent avec eux. Cela leur ouvre les yeux, les mythes sont dissipés, ils réfléchissent. Hélas, une fois la visite terminée, les bonnes résolutions s'envolent. Et la population carcérale des Etats Unis ne cesse d'augmenter[2]. Aujourd'hui, on dépense plus

---

[1]

     Les visites d'établissements pénitentiaires sont une des mesures préventives mises en place par le Département de la Justice pour endiguer l'afflux massif de délinquants dans les prisons ; des groupes d'élèves font l'expérience de la réalité carcérale au contact des détenus.

pour les prisons que pour l'éducation des adolescents ou pour l'Université. Toute une génération est sacrifiée !

L'Amérique qui donne des leçons au monde entier, devrait d'abord balayer devant sa porte.

---

[2]   Et le nombre de prisons continue de croître. Ainsi, en 1985, le Texas comptait vingt-six prisons ; aujourd'hui il y en a cent douze. Le problème de la criminalité n'est pas pour autant réglé ! Et la prison coûte très cher aux contribuables, plus cher qu'une bonne prévention.

Par manque de moyens et de volonté politique, les Etats Unis privilégient la répression, même en matière de délinquance des mineurs : de plus en plus, les adolescents deviennent responsables pénalement et leurs parents civilement ; faute de trouver des solutions cohérentes pour enrayer la criminalité, la société américaine s'organise pour la répression, elle punit les mineurs au lieu de traiter leurs problèmes.

Pour la Justice, les jeunes ont un sentiment d'impunité et de toute puissance qui les incite à récidiver aussitôt ; alors elle tente de lutter contre ce sentiment d'impunité avec ses moyens à elle, en sachant malgré tout qu'on ne peut pénaliser un ton arrogant, une impolitesse ou un tutoiement abusif... Un juge pour enfants reconnaît les limites de la politique pénale :

— Il s'agit avant tout de faire disparaître le sentiment d'impunité qui prévaut trop souvent chez les mineurs délinquants ; la sanction devrait être exemplaire, pour le quartier, et il faudrait apporter une réponse immédiate aux premiers actes de délinquance. Jusqu'à présent, les délais étaient trop longs entre l'interpellation et le suivi judiciaire de l'affaire. Chaque fois qu'il y a une faute, il devrait y avoir aussitôt une sanction, personnalisée et appropriée. On ne peut accepter que les gangs fassent la loi dans les quartiers, il faut restaurer l'état de droit partout.

La violence des jeunes appelle d'autres mesures, de nouvelles réponses. Bien des juges répugnent à enfermer les gamins, alors ils remplacent les murs et les verrous par des peines alternatives, mais en prenant soin d'intervenir dès la première offense, même mineure, afin d'enrayer toute velléité de commettre des crimes plus graves. Un juge de la « Community Court », une juridiction instituée spécialement à New York pour les délinquants mineurs, explique :

— Nous recevons les jeunes et leurs parents aussitôt après leur interpellation, afin d'opérer un rappel immédiat de la loi. Il faut intervenir dès le début pour éviter que ça ne dérape. Quand le mineur est convoqué, on lui explique que ce qu'il a fait n'est pas tolérable ; il doit réaliser la gravité de l'acte qu'il a commis. Il y a une Justice, des règles, des codes, nous le rappelons aux jeunes en lisant le Code Civil et en discutant avec eux. L'avertissement fait mouche, car la leçon de droit a lieu en présence des parents. Tous les mineurs doivent être suivis avant qu'ils ne commettent des délits plus sérieux. Hélas, nous manquons de moyens ; il faudrait davantage investir dans la Justice !

Tout le monde ou presque est d'accord, aujourd'hui, pour penser que les peines doivent être progressives pour les mineurs : simples admonestations, prison avec sursis[1], travaux d'intérêt général, sursis avec mise à l'épreuve, placement en institutions pour les récidivistes ou les auteurs de faits graves, prison ferme.

— La logique uniquement répressive ne résout pas les problèmes, elle ne dissuade pas, et elle est vouée à l'échec, confie le juge de la « Community Court ». Quand les jeunes cassent, c'est le signe d'une frustration. Malgré les condamnations, les gamins des rues commettent des crimes de plus en plus tôt, les punitions sévères produisent seulement davantage de haine et de méfiance, elles ne servent qu'à fabriquer des rebelles et des récidivistes. La violence des jeunes appelle une réponse qui ne se limite pas à une logique de maintien de l'ordre. Les membres de gangs sont des enfants blessés, malheureux, rêvant de tendresse vraie, de compréhension, ils ne sont pas irrécupérables. Et lorsqu'on les enferme, le remède est parfois pire que le mal, au contact de criminels endurcis.

Parce que la politique uniquement répressive conduit à une impasse sur le long terme, d'autres voies sont explorées, outre la convocation conjointe des mineurs et de leurs parents lors d'une première interpellation. Parmi celles-ci figurent les travaux d'intérêt général. Ainsi, l'auteur de graffitis échappera aux poursuites judiciaires s'il accepte de ré-

---

[1] Les peines de sursis simple sont en général mal comprises ; le jeune délinquant, en effet, ne réalise pas qu'en cas de récidive, il devra effectuer les deux peines : l'ancienne et la nouvelle. Il se croit presque relaxé !

parer les dégâts commis. Autre mesure, la médiation-réparation, donnant au jeune la possibilité de comprendre qu'il a fauté contre la société ; dans ce cas, il peut accomplir un acte qui a de la valeur, ou dédommager sa victime. Pour les plus de seize ans, les magistrats optent souvent pour la condamnation à des amendes proportionnées aux ressources ou à la valeur des biens du mineur délinquant ; la peur d'avoir à vendre sa chaîne hi-fi ou son ordi a un effet dissuasif certain. Dernière nouveauté, la Justice propose aux membres de gang de se racheter une conduite en acceptant de rencontrer leurs victimes et de discuter avec elles ; la confrontation coupable-victime n'est pas sans effets positifs. Enfin, des juges se prononcent pour l'éloignement des mineurs récidivistes, une mesure assortie d'un robuste projet éducatif.

Toute sanction devrait avoir un contenu pédagogique, une valeur éducative ; en effet, un jeune délinquant est d'abord un mineur en danger, par exemple victime de violences familiales. On ne choisit pas de devenir un criminel ; c'est parce qu'ils n'ont pas de perspective que certains enfants deviennent des tueurs. Pour eux, un travail social doit être entrepris, afin de les réintégrer dans la société et de leur assurer un avenir ; naturellement, les mesures éducatives doivent être prises dans le cadre pénal comme dans le cadre civil. Pour l'instant, les Etats Unis sont un des rares pays industrialisés dépourvus de mécanismes de prévention de la criminalité. Il est temps qu'ils investissent dans une politique crédible de prévention demandant crédits et effectifs suffisants : la société a le devoir de créer un environnement favorable au développement harmonieux de l'enfant.

Les adolescents susceptibles d'être enfermés sont en très petit nombre ; il s'agit de jeunes qui ont derrière eux une vraie carrière de criminels. Pour les autres, il faut impérativement privilégier l'éducation dans le traitement de leurs problèmes. La violence est un phénomène de société, typiquement américain d'ailleurs ; lutter efficacement contre cette violence passe par la prévention, et il faut les moyens financiers de cette politique toujours payante à long terme :

— La sécurité est la condition de l'exercice des libertés, mais les actes de sécurisation ne sont qu'une partie de la réponse, poursuit le juge de la « Community Court » de New York ; ils ne peuvent intervenir qu'en complément d'autres initiatives. Nous devons mettre en place toute une série de mesures éducatives et de formation ainsi que toute une palette d'activités sociales. Mais cela ne suffit pas ; il faut aussi renforcer l'îlotage de proximité, car le tout répressif ne résout rien. La société, le gouvernement doivent offrir des possibilités suffisamment significatives aux jeunes des quartiers où les bandes prolifèrent. Sinon, nous risquons l'explosion ! Et nous resterons les champions de l'incarcération à outrance avec deux millions de détenus en l'an 2000. Le temps est venu d'apporter aux jeunes l'attention qu'on ne leur a jamais vraiment accordée. Une politique réellement efficace est fondée sur le triptyque prévention-dissuasion, insertion, répression.[1] C'est l'affaire de tous, de la Justice, de la Police, des élus, de l'école, des associations, des citoyens, des parents.

Il n'est pas aisé de solutionner le phénomène de la délinquance des milieux urbains. C'est un problème de société dans sa totalité, que la Justice et la Police ne peuvent résoudre par elles-mêmes. Une seule certitude : pour tenter d'enrayer la criminalité, il faut réussir à atteindre les jeunes avant qu'ils ne tombent dans la délinquance.

Et il n'y a pas une réponse, mais toute une gamme de réponses.

---

[1]   Il faut éviter d'opposer les trois notions, mais trouver un équilibre entre prévention et sanction, entre le traitement social de la délinquance, et la répression. Décider que l'incarcération est la seule réponse revient à condamner le mineur à la délinquance. En effet, la prison est un milieu criminogène. Mais la prévention ne suffit pas. Or les outils actuels de prévention et de répression sont inadaptés ou dépassés. Bien des pistes restent à explorer, par exemple celle des agents de médiation, instaurant un dialogue pour régler les conflits. Et quand la sanction s'impose, elle doit être une étape dans un parcours éducatif.

La dimension éducative est essentielle. L'adolescent, par définition, manque de maturité, et les membres de gangs plus que les autres ont avant tout besoin d'un traitement éducatif pour pouvoir restructurer leur personnalité, restaurer les liens familiaux ou sociaux qui font défaut, envisager une réinsertion.

Vers 1946, la ville de New York, surprise par l'émergence des gangs de rues, envoya des travailleurs sociaux à travers toute la cité pour s'occuper d'eux. Une agence sociale spéciale vit d'ailleurs le jour, baptisée « the New York City Youth Board ». Aujourd'hui, ces programmes de prévention sont repris avec des actions ponctuelles comme celles de « Mobilization for Youth in New York » ou « the Chicago Area Project ». Les travailleurs sociaux qui œuvrent dans ces associations sont chargés d'établir des contacts avec les membres de gangs, en particulier les leaders, dans l'espoir de réorienter positivement leurs activités ; les plus efficaces ont expérimenté les méfaits de la vie de rue, ils connaissent bien le quartier, certains sont même d'anciens membres de gangs. Leurs objectifs sont multiples : nouer des liens amicaux avec les jeunes, traiter les problèmes individuels, prévenir les batailles de gangs, agir en tant qu'arbitres ou médiateurs pendant les rumbles, contrôler les activités des kids, planifier des sorties ou excursions pour les détourner de la rue et de l'oisiveté, les encourager à ne pas manquer l'école, essayer de leur trouver un job, présenter des solutions alternatives, et même aider au sabordage du gang. Un travailleur social présente son travail de prévention de la délinquance :

— Inutile de chercher à dissoudre d'emblée les bandes, les groupements de jeunes sont un phénomène social qu'on ne peut contrecarrer. Tout ce que nous pouvons faire, c'est les contrôler, les « noyauter », réorienter leurs activités. Pour changer le gang de l'intérieur, il faut gagner la confiance des leaders et des membres, découvrir leurs centres d'intérêt, proposer des occupations plus constructives comme le sport. Nous devons intervenir dans n'importe quelle situation de crise, en faisant le moins de dégâts possible, en évitant à la Police de s'immiscer dans les affaires des jeunes. Notre rôle est essentiel lors de rumbles ; en tant que médiateurs, nous essayons d'arrêter les combats, nous tentons de convaincre les garçons de déposer les armes sans perdre la face, grâce à notre intervention. Pour les mômes des gangs, nous devons être le modèle, le repère, le substitut de la famille et surtout du père défaillant. Notre tâche est plus difficile que dans les années 50 ; avant les garçons se laissaient atteindre plus facilement, on pouvait parvenir à réorienter leurs occupations, on réussissait à proposer des activités sportives ou sociales susceptibles d'éloigner de nombreux membres de la délinquance. Aujourd'hui, comment détourner les jeunes d'une carrière criminelle, comment les convaincre de chercher du travail alors qu'il y a, dans la rue, de multiples opportunités plus lucratives à travers les activités illicites ? Nos efforts pour les écarter de la délinquance sont rarement récompensés. Si les garçons ne veulent par coopérer, d'ailleurs, nous ne pouvons rien pour eux. Ils s'évertuent à nous berner, ils essaient d'obtenir le plus possible d'avantages sans chercher à modifier leur comportement. Si les relations sont superficielles, notre travail est compromis, pire, il risque de renforcer le comportement délictuel du gang.

Entrer en contact avec une bande n'est pas difficile pour un travailleur social car sa venue symbolise une certaine reconnaissance, en tout cas la fin du rejet social ; pour bien des gangs, en effet, se voir attribuer un travailleur de rue est le signe d'une consécration, car seuls les plus dangereux d'entre eux obtiennent un « street worker », ce qui d'ailleurs favorise[1] la compétition pour le titre de gang le plus violent.

Des « médiateurs locaux » servent aussi de passerelle entre la communauté et les bandes de rues, tout comme les « mission d'accueil » chargées d'assurer dialogue et suivi aux jeunes ayant besoin de se recons-

---

[1] Les garçons proclament fièrement qu'ils sont un « vrai gang, avec un Président, un conseiller de guerre et... un travailleur social ». La simple venue d'un « street worker » renforce d'ailleurs l'autorité et la popularité du leader.

truire une identité[1]. Ailleurs, on met en place des « therapy groups », des thérapies de groupe, pour permettre aux jeunes d'identifier leurs problèmes, de découvrir de nouvelles valeurs, d'autres normes. Pendant les séances de « thérapies de groupe », les membres de gang sont confrontés aux conséquences de leurs actes, ils réalisent ce qu'ils ont infligé à leurs victimes ; quand ils accomplissent leurs forfaits, ils n'éprouvent aucun remords, ils ne connaissent pas les sentiments de honte et de culpabilité. Pour des jeunes complètement déstructurés, le dialogue est salutaire, et parfois il sert de tremplin à une vie nouvelle, sans crimes ni délits.

Des « sessions de dialogue », libérant la parole, sont parfois instaurées entre jeunes et plus âgés ; pour leur permettre de se rencontrer, de se découvrir, de mieux se comprendre et aussi pour tenter d'impliquer les membres de gangs dans tous les aspects de la vie de la communauté, de « leur » communauté. Quand les adultes discutent avec les jeunes en rupture au lieu d'entretenir avec eux des rapports de force,[2] ces derniers reprennent confiance en eux, ils se sentent écoutés, compris, respectés, cela les responsabilise et les incite à prendre eux-mêmes en mains leur destin, puisqu'ils ont le sentiment d'avoir leur place quelque part. Un participant d'une cinquante d'années explique :

— On essaie de s'entendre et de se faire entendre. Les boys ont besoin de voir qu'on les écoute, qu'on les respecte, qu'on ne les traite pas de tous les noms, qu'on ne les rejette pas ; puis on essaie de leur faire dire pourquoi ils font des conneries. C'est une prise de conscience salutaire, car ils ne se posent jamais de questions sur les causes et les conséquences de leurs actes. Nous sommes là pour les aider à voir clair en eux, mais pas seulement ! Car nous devons aussi leur faire comprendre que la violence est une impasse suicidaire, qu'ils peuvent transformer

---

[1]   Les jeunes qui doivent être protégés d'une famille dévastatrice sont placés par les juges dans des foyers d'adoption, des familles d'accueil, des « group homes » (six à huit ados vivant ensemble sous la supervision de parents d'accueil) ou dans de petites institutions où ils se voient offrir la chance, dans un environnement chaleureux, de prendre un nouveau départ.

[2]   En situation de confiance, dans un milieu apaisant, les jeunes apprennent à gérer leur stress, leurs conflits, leurs frustrations, ils améliorent les relations interpersonnelles et ils acceptent mieux l'autorité, les limites. On ne peut agir sur la personnalité d'un jeune tant qu'il a peur, tant qu'il ne se sent pas en sécurité.

en positif leur cri de révolte. Les gens du quartier ont les moyens de s'en sortir, ils doivent le savoir et s'entraider pour se réaliser pleinement.

Rejoindre d'autres personnes, se sentir entourés, est un puissant facteur de stabilisation pour les jeunes complètement déstructurés des ghettos urbains. Au milieu d'adultes attentifs, compréhensifs et capables de les guider, les kids se confient peu à peu, ils apprennent à réfléchir, à se supporter, à régler pacifiquement leurs conflits, cela peut demander des années de patience car il n'est pas facile de reconstruire tout ce qui a été cassé, mais au bout du compte ils réapprennent à avoir confiance en eux et dans les autres, ils retrouvent l'espoir, ce qui est une étape essentielle dans la voie de la resocialisation.

Et surtout ils commencent à faire des projets d'avenir :

— On ne peut pas aider les jeunes à s'en sortir et à se réaliser pleinement si, au préalable, on n'établit pas avec eux une relation de confiance, explique un psychologue d'un « crisis center » new-yorkais accueillant les jeunes fugueurs. Pour cela, il faut discuter, montrer qu'on se soucie d'eux, qu'on les apprécie comme ils sont. A la maison, personne ne s'intéresse à eux. Nous devons renouer le dialogue, en tenant toujours compte de ce que dit le jeune, même si cela ne correspond pas à la réalité. Quand une personne parle de l'expérience de la violence, quand elle cherche ses causes, quand elle comprend sa colère, ses sentiments, ses frustrations et les voit bien en face, alors tout est possible. On peut commencer à analyser le besoin de blesser, de faire souffrir, de dénigrer, de faire du mal. Mieux on se connaît, plus on s'aime, moins on cherche à faire souffrir les autres. Quand les kids voient bien en face ce qui se passe réellement, ce qui ne va pas en eux, leurs blessures intérieures et leur soif de se venger sur des boucs émissaires, alors ils peuvent commencer à contrôler ces instincts, ils les canalisent vers des créneaux positifs, productifs, ils combattent victorieusement leurs impulsions destructrices, ils font d'autres choix, ils ne fuient pas le réel avec des copains et ils cessent de faire le mal. On peut constater de réelles transformations ! L'un des drames de notre société, c'est qu'on n'a plus le temps pour parler, pour écouter, pour comprendre. A la violence de la mondialisation économique[1], à la dureté d'une société étalant ses scandaleuses inégalités répond la violence des hommes, assoiffés de consommation, de compétition, d'argent, de pouvoir, de succès, de plaisirs vains, de sexe... Nous sommes tous plus ou moins responsables d'une civilisation qui laisse proliférer la violence, ou crée pour elle un climat favorable au détriment d'un Etat citoyen ! Qu'avons-nous en effet à proposer à nos enfants, sinon nos valeurs, conditionnées par la « pensée unique », matérialiste, égoïste, indifférente aux plus faibles ? Aux Etats Unis, terre de liberté, on construit davantage de prisons que d'Universités, on dépense plus pour la répression que pour la prévention, on investit plus dans l'équipement technique que dans l'humain et l'éducatif. Au pays de l'individualisme-roi, c'est chacun pour soi, et tant pis pour l'autre, tant pis pour celui qui reste au bord de la route ! Il témoignera à sa façon des dérives de notre société ; les jeunes qui s'entretuent pour la conquête d'une parcelle de territoire imaginaire ou d'une part du marché de la cocaïne, sont le reflet d'une société inhumaine qui sacrifie l'être vivant au profit, et les héritiers directs d'un monde confondant le réel et le virtuel, délivré des lois naturelles comme de la morale, et où l'homme devient son propre Dieu et se croit tout permis.

Les jeunes générations ont besoin d'un projet pour vivre, elles ont besoin de redécouvrir les notion de collectivité et de partage ; et nous, nous leur offrons des valeurs matérialistes, nous acceptons la violence comme une conséquence normale de notre mode de vie inégalitaire. Le

---

[1]   La mondialisation a un terrible coût social et humain, la richesse est concentrée entre les mains d'une minorité qui étale ses privilèges tandis que la paupérisation ne cesse d'augmenter. D'ailleurs, le niveau de vie des pays développés repose sur l'exploitation et la pauvreté croissante de certains peuples, saignés entre autres par les dettes. La démocratie est de plus en plus confisquée par une poignée de nantis, de lobbies industriels et financiers ; le FMI et la Banque Mondiale pillent le Tiers-Monde. Il y a deux manières de tuer, par les armes et par la violence économique. Gandhi s'insurgeait : « La pauvreté est la pire forme de violence ». Quand on redistribue l'argent et qu'il cesse d'être un maître tyrannique pour devenir serviteur, quand la terre est partagée et cultivée pour le bonheur de tous au lieu d'être accaparée et saccagée par une minorité de privilégiés, quand on arrête de glorifier la consommation de l'inutile ou de l'éphémère, quand on cesse de généraliser l'insécurité sociale, quand on rejette la loi du plus fort, la loi de la jungle, quand on retrouve les valeurs humaines et le sens du bien commun, quand on édifie la société de la vie et la civilisation de l'amour basée sur la solidarité entre les peuples et les hommes, alors il y a pour tous du travail, un toit décent, des écoles, les soins nécessaires... la misère recule, la violence et la délinquance également. Saurons-nous entendre le cri des exclus, des opprimés, des spoliés ?

monde a perdu la tête, et nos jeunes sont affolés, surtout dans les jungles urbaines.

Quand retrouverons-nous le sens de l'humain ? Ou du divin, peut-être ? C'est-à-dire de la Sagesse !

Pour nous sauver tous du naufrage pendant qu'il en est encore temps...

« Transformer les hommes en hommes meilleurs », telle était la devise de l'ordre des « Father's man », fondé en 1946 par tous ceux qui ne voulaient plus voir les gangsters faire la loi à Harlem ; les plus âgés servaient de mentor aux plus jeunes afin de leur éviter de plonger dans une vie criminelle. De nombreuses mères souhaitaient que leurs fils rejoignent les « Brothers » de l'Organisation, avant tout soucieux d'aider la communauté noire à s'en sortir.

D'autres associations, aujourd'hui, ont pris la relève, ainsi les « Promise Keepers », créée par d'anciens alcooliques ou drogués et par des pères divorcés qui ont trouvé dans la foi la réponse à leurs problèmes, à leurs angoisses existentielles.

— A cause de l'alcool, j'ai bousillé ma vie, raconte un membre des Promise Keepers. J'avais plein de problèmes, je ne m'entendais avec personne, qu'avec les copains ; et je ne voulais surtout pas voir mes problèmes en face, alors j'accusais ma femme et mes enfants de mon malheur. Je m'en suis séparé et j'ai sombré dans une vie de plaisirs artificiels, éphémères, des beuveries, des sorties. Mais je n'étais pas plus heureux pour autant. Mon cœur était vide, je ne savais pas qui j'étais, j'étais mal dans ma peau, je tournais autour de moi comme une toupie, je fuyais le réel qui me pesait tant. Malgré tous mes copains, j'étais seul, terriblement seul, et amer, frustré, j'en voulais à la terre entière. Un jour, j'ai dit « ça suffit, je veux vivre en homme, je ne veux pas mourir idiot. » Et je me suis tourné vers Dieu. C'était comme si je cessais d'être aveugle sur moi-même et sur les autres. En effet, lorsque j'ai vu la réalité en face, mon péché bien en face et pas celui des autres, alors j'ai demandé pardon à Dieu et Il m'a aussitôt libéré du poids du péché, de la culpabilité, de l'amertume chronique qui m'habitaient. C'était une « renaissance », j'étais bien dans ma peau, en paix avec moi-même et avec les autres ! Tout était différent, car je venais de passer de la mort à la Vie, des ténèbres à la Lumière, et j'étais heureux, vraiment heureux. Je souhaite à tout le monde de vivre cette expérience. Et plus on se rapproche de Dieu, plus on est proche de sa famille ! Parce que j'ai reçu l'Amour de Christ en moi, sa vie, je suis devenu un père et un mari modèles. C'est merveilleux de retrouver le sens de la famille ! La famille, c'est la vraie vie, ça n'a rien à voir avec les copains, les relations superficielles et éphémères qui distraient un temps certes, mais qui n'apportent rien puisqu'on est au bout du compte toujours aussi seul. Je suis reconnaissant à Dieu d'avoir changé radicalement mon existence.

La devise des « Promise Keepers » est de « redevenir les hommes que l'on a toujours rêvé d'être ». Parce qu'ils ont signé un pacte avec Dieu, les membres de l'association sont capables d'être de bons maris et de bons pères, et toute la famille bénéficie de cette harmonie :

— La façon dont vous traitez votre femme et vos enfants est la façon dont vous vous traitez vous-même, poursuit l'adepte des « Promise Keepers ». Aujourd'hui, parce que je sais m'aimer, en recevant l'Amour de Christ dans mon cœur, je peux aimer ma famille, lui faire du bien, la rendre heureuse, et elle me le rend au centuple ! Ainsi, à quarante ans, après bien des déboires, j'ai découvert la vraie vie, celle qui comble le cœur et l'âme. Et je peux à mon tour aider les autres à réussir leur existence ! Oui, ma vie vaut maintenant la peine d'être vécue.

L'association des « Pères en colère » essaie aussi de détourner les jeunes de la criminalité. Son fondateur l'a créée à la suite d'une fusillade entre membres de gangs :

— Je me suis brutalement retrouvé au milieu d'une bataille rangée entre deux bandes, et je me suis dit que tout cela ne pouvait pas durer. Dans mon quartier, il y a partout des gangs qui passent leur temps à s'entretuer. C'est insupportable ! Ces jeunes, ce sont nos enfants, des gosses qui grandissent sans but dans la vie et surtout sans espoir d'en changer. Alors, pour arrêter ces massacres stupides, je parcours les rues tous les soirs, et je sers de médiateur aux gamins. Je les incite à choisir une autre voie, une autre manière de s'imposer. Au fond, ils n'ont pas envie de rester toute leur vie des gangsters.

Des femmes ont également décidé d'agir. La plupart d'entre elles ont perdu un fils dans une bagarre, ou victime d'une balle de gangs ; elles ne veulent plus voir les familles décimées de manière absurde. Ce sont les « Mères Courage ». L'une d'elles raconte :

— On a perdu un enfant, on sait ce que c'est, on ne veut plus voir d'autres mères connaître la même tragédie. Alors, on rend visite aux membres de gangs incarcérés pour leur apprendre à se poser les questions qui les touchent au plus profond d'eux mêmes. Par exemple, on leur dit : Tu sais ce que ressent une mère quand elle perd son fils ? tu sais ce que ressent ta victime ? Tu sais comment tu vas finir ? C'est plus important pour toi, le gang et tes tatouages, que les larmes d'une mère qui aime son fils ? Alors, essaie de changer pour moi, maintenant, tout de suite. Décide-toi, tu as une deuxième chance de refaire ta vie. Promets de ne plus tuer, et on t'aidera à la sortie de prison.

L'association des « Mères Courage » demande aux jeunes de s'engager à quitter le gang, elles leur font signer une promesse écrite de ne plus recourir à la violence et de changer de vie. En échange, elles s'engagent à leur rendre visite en prison et à leur trouver un travail quand ils seront libérés.

Parce qu'elles ont décidé de tout tenter pour arrêter l'hécatombe des jeunes générations, les « Mères Courage » organisent des manifestations en faveur de l'interdiction des armes de poing, ou du contrôle des ventes d'armes. Leur combat est difficile dans un pays où les lobbies font la loi :

— Nous essayons de sensibiliser le Congrès en organisant des manifestations. En effet, la délinquance juvénile est la seule à ne pas avoir reculé de façon significative depuis le début des années 90. Cette tragédie doit cesser. Il faut modifier la législation sur les armes, déposer des propositions de lois[1] visant à mieux contrôler l'acquisition et la déten-

---

[1] En mai 2000, le jour de la Fête des Mères, plus de 500 000 femmes se sont réunies devant le Capitole, où la majorité républicaine refuse toujours de modifier la législation sur le contrôle des armes à feu. La « Million Mom March » a mobilisé des di-

tion d'armes. Nous ne pouvons tolérer qu'on cherche aujourd'hui à promouvoir des armes sur lesquelles les empreintes digitales des assassins ne soient plus marquées, ou que l'on augmente sans cesse la puissance de feu. La NRA[1] ne doit plus imposer sa loi. Les armes ne protègent de rien, au contraire ! Lorsqu'un jeune a un couteau ou un révolver pour se protéger, il va automatiquement s'en servir quand il y aura un problème. Il faut en finir avec la violence par balles, nous ferons plier le tout puissant lobby d'armes[2].

L'enjeu est avant tout politique. Mais le combat pour durcir la loi sur les armes à feu ne suffit pas, il faut aussi agir sur le terrain. C'est pourquoi les « Mères Courage » ont décidé d'agir également dans les écoles :

— Nous prenons la parole dans les établissements scolaires. L'objectif est le même que dans les prisons, sauf que là il est préventif, puisqu'on atteint les plus jeunes, c'est-à-dire ceux qui ne font pas encore partie des gangs. Nous leur disons : Est-ce qu'il y a parmi vous des jeunes qui sont prêts à mourir pour leur mère ? Eh bien, vous êtes des cons. Etesvous prêts à vivre pour votre mère ? Ta mère ne te donne pas assez d'affection, peut-être ? Ce n'est pas une raison suffisante pour mettre ta vie en danger. Allez, on est là pour vous aider à avoir le courage de

---

zaines de milliers de femmes dans toutes les grandes villes américaines, aux cris de « halte à la prolifération des armes à feu et aux massacres d'enfants ». Il ne s'agit pas pour les mères d'interdire les armes, mais d'obtenir du Congrès qu'il adopte quelques mesures restrictives.

[1]   La NRA, c'est la toute puissante National Rifle Association : trois millions d'adhérents prêts à tout pour défendre la liberté d'avoir des armes. La NRA tient la majorité républicaine sous son influence électorale et financière. Outre les manifestations, les Mère Courage lancent des campagnes d'opinion, elles poursuivent en Justice les fabricants d'armes, elles s'attaquent à la culture américaine des armes.

[2]   Les Mère Courage demandent que le congrès adopte quelques mesures restrictives : que l'âge légal pour la détention d'armes passe de 16 à 21 ans, que soit créé un bureau spécial chargé de dispenser aux porteurs d'armes des cours leur apprenant les règles élémentaires de sécurité, que l'on s'assure de la moralité des possesseurs d'armes à feu, par exemple qu'ils n'aient pas de problèmes avec la drogue ou l'alcool ; elles demandent, comme les mères de la « Mom March », qu'on installe un verrou de sécurité avec une clé sur chaque arme, que toutes les armes soient enregistrées, même celles qui sont vendues à la sauvette dans les « gun shows », les foires du dimanche, ou encore qu'on instaure une licence pour chaque détenteur.

dire non aux gangs. On ne veut pas que vous finissiez votre vie dans la rue à seize ou à dix huit ans. Devenez de bon citoyens, les plus méritants, évitez les bagarres, dénoncez les porteurs d'armes, allez, répétez avec nous : « je ferai tout pour éviter la violence, la drogue et les vandalismes ». Votre vie est précieuse, ne la gâchez pas !

La croisade des « Mères Courage » commence à porter ses fruits.

Créé en 1982, le Youth Gang Service tente lui aussi d'éviter aux enfants de plonger dans l'univers des gangs, et de réinsérer ceux qui sortent de prison en leur trouvant du travail. Cet organisme emploie de nombreux anciens membres de gangs, qui deviennent d'excellents animateurs et médiateurs parce qu'ils connaissent parfaitement le milieu. En matière de prévention, le Youth Gang Service a mis en place des équipes chargées de se rendre régulièrement dans les écoles pour donner des cours destinés à montrer les dangers des bandes organisées, le risque qu'il y a à fréquenter des membres de gangs ; des vidéos, des clips illustrent les séances.

D'autres programmes[1], comme le « Police-School Liaison » dans le Michigan, tentent d'améliorer les relations entre les policiers et les jeunes. Un officier est assigné à une école pour faire respecter la loi et conseiller les adolescents en difficulté. La collaboration entre la Police et l'école est toujours très fructueuse ; elle améliore également l'image de marque de la Police. De plus en plus de voix s'élèvent pour recommander l'intrusion des officiers à l'intérieur des établissements scolaires, lorsque les nécessités de l'ordre public l'exigent[2]. Dans une société en crise, le concept de l'inviolabilité des lycées est dépassé, il devient en Amérique complètement archaïque.

L'école doit être respectée.[3]

---

[1]   En fait, il y en a une multitude. A Charleston, par exemple, depuis 1997 la Police offre une prime de cent dollars pour chaque dénonciation de détention d'arme illégale, ce qui décourage les jeunes de les brandir en public.

[2]   Des policiers sont même à plein temps dans les établissements, bien visibles. Ils font des rapports sur chaque élève, ils les interrogent dans leur bureau, ils patrouillent aussi autour des écoles pour tenir à distance les membres de gangs. Il y a un réel partenariat entre les établissements et la Police.

Pour lutter contre le nombre croissant de jeunes qui chaque soir dealent au pied des blocs et font pression sur les habitants, la Police envoie dans les écoles des officiers chargés d'apprendre aux enfants ce que la drogue signifie :

— Il y a de plus en plus de jeunes dans la rue et qui sont de plus en plus tôt accros au crack ou à la coke, reconnaît un sergent. Nous devons aller leur parler pour leur expliquer qu'il y a d'autres choix de vie à faire que la consommation ou le trafic de drogue. Quand nous parlons aux élèves, nous leur disons la vérité, car il ne suffit plus de dire non aux produits illicites, il faut faire comprendre les dangers de l'escalade : on commence par un joint, on continue avec la coke, et on finit par se piquer à l'héroïne.

Des citoyens s'organisent pour distribuer des seringues stériles. Nous, nous enseignons les règles de base des conduites sans risque. A Harlem ou dans le Bronx, il est très difficile pour un enfant de dire non. C'est très tôt, dans les établissements scolaires, que doit commencer la prévention. Après, quand les gamins sont accros, c'est trop tard. Aux Etats Unis, on incarcère les drogués, on ne les soigne pas. Les soigner, ce serait contraire à notre conception du crime et de son châtiment, cela irait à l'encontre de notre sens de la Justice.

De nos jours, les établissements scolaires sont de mieux en mieux organisés pour à la fois prévenir et réprimer les comportements délictueux : aux Etats Unis, la sécurité de l'école est devenue une priorité nationale[1], et d'ailleurs de nombreux établissements ont décidé d'appliquer la politique de tolérance zéro. Trop longtemps niée, la violence dans les collèges et les lycées fait désormais l'objet d'un traitement particulier, sans dénégations ni tabous, car les recettes classiques ne suffisent plus[2].

---

[3]   De plus en plus de voix s'élèvent également pour que l'école enseigne à nouveau la morale civique et les valeurs qui fondent la République.

[1]   C'est le Président Bill Clinton lui-même qui l'a décidé.

[2]   Engagement de personnel supplémentaire, cours de morale, recours épisodique à la Police ou multiplication des classes relais ne sont plus à la hauteur du malaise grandissant.

Pour lutter plus efficacement contre la violence scolaire, certaines écoles américaines ont décidé de se doter d'une sorte de « Code pénal » très élaboré. Avant tout, elles assignent en permanence des policiers chargés de filtrer les élèves (seuls les écoliers ont accès aux locaux), d'intervenir en cas de bagarre, ou d'attraper ceux qui se droguent dans la cour. Les officiers, munis de détecteurs de métaux portables pour dissuader le port d'armes, ont également pour mission de procéder à des contrôles inopinés dans les classes. En cas de racket, ils interviennent également, les perturbateurs sont vigoureusement sanctionnés.

Afin d'éviter que la loi de la rue ne prenne le pas sur la loi de l'école, les élèves sont mis sous haute surveillance : des caméras électroniques observent tout ce qui se passe à l'intérieur de l'établissement comme à l'extérieur, grâce à une salle de contrôle ; les élèves doivent présenter leur carte d'identité en arrivant ; à l'entrée, des fouilles systématiques sont pratiquées pour voir si aucun objet interdit n'est introduit[1] ; les couleurs, tout ce qui a trait à un gang, est immédiatement confisqué ; les retards aux cours sont enregistrés, et il est interdit de sécher l'école. Le moindre fait est enregistré sur informatique, tout écart de conduite est immédiatement sanctionné.

Tolérance zéro ! Les contrevenants font des heures de colle, les parents sont convoqués, dans les cas sévères les enfants sont transférés dans d'autres établissements ou condamnés à des travaux d'intérêt général. Quant à celui qui sent la drogue, il est expulsé pendant plusieurs jours. Il s'agit de combattre toutes les formes de violence, et même les moindres pensées négatives. Dans l'esprit des responsables, les élèves doivent d'ailleurs revenir aux bonnes manières. Gare aux réfractaires ! La discipline de fer est de retour[2]. Certaines écoles prônent même le ré-

---

[1]   Parmi les objets interdits, outre les armes à feu et les couteaux, citons les bri-quets, les cigarettes, les bagues pouvant servir de coup de poing américain, etc. Aucun objet tranchant n'est toléré, tout ce qui peut blesser quelqu'un est confisqué.

[2]   Dans certains établissements, il existe des salles de détention pour les réfrac-taires, où ils sont astreints à recopier des mots. Dans d'autres, une fois par semaine les classes se transforment en vraies cours de Justice où les meilleurs élèves sont d'office membres du jury délibérant à huis clos chaque fois que les règles de l'école sont vio-lées ou que les cours sont séchés.

tablissement des châtiments corporels. Aux Etats Unis, la fin justifie les moyens.

Et bien entendu, « code civil » ou contrat sont signés par tous les élèves, une façon comme une autre de les engager à respecter le règlement de l'établissement.

Depuis peu, des écoles « alternatives » proposent des programmes de plusieurs semaines pendant lesquelles les élèves les plus indisciplinés sont astreints à suivre des cours de civisme à l'Américaine pour apprendre à se contrôler. L'accent est mis sur la discipline, qui passe avant l'enseignement, les effectifs sont réduits, et des travaux d'intérêt général sont proposés pour responsabiliser les jeunes envers la collectivité dans laquelle ils vivent. Dans tous les cas, les mesures sont pédagogiques, l'accent est mis sur la nécessité d'éviter les sanctions-couperets.

Parallèlement, de nouvelles écoles se créent, mises en place par des particuliers tout en étant financées par l'Etat ; ce sont les « Charter's School », fortes en 1999 de plus de 250 000 élèves. Dans ces établissements au caractère élitiste, un enseignement plus complet est dispensé dans des classes plus petites, et les détecteurs de métaux à l'entrée sont remplacés par des vigiles.

Enfin, un réseau d'aide spécialisée aux enfants en difficulté a vu le jour, réservé aux familles les plus chaotiques ; dans ces lieux, ils commencent à trouver des repères, ils se stabilisent et peuvent enfin songer à acquérir les connaissances de base qui leur font tant défaut. Parce que leur comportement évolue favorablement, ces élèves sont en mesure d'aborder positivement leur scolarité.

Aux Etats Unis, on prend enfin conscience du rôle central que l'école peut jouer dans la prévention de la délinquance ; on découvre qu'au-delà des connaissances, il faut donner des valeurs, des repères à ceux qui jusqu'alors en ont été privés.

On ne se contente pas d'envoyer des policiers dans les établissements scolaires pour rencontrer les jeunes et les conseiller, on délègue aussi d'anciens criminels dans les lycées pour alerter les élèves sur les dangers qui les guettent au sein des gangs ou plus généralement dans la rue ; les gamins à risque trouvent des groupes où ils sont pris en charge et où les règles du jeu sont rappelées ; des « brigades de prévention » s'attaquent à la délinquance des mineurs dans les établissements scolaires, par exemple en matière de toxicomanie ou de racket ; des « médiateurs éducatifs » sont envoyés dans les collèges les plus durs afin de prévenir les problèmes avant qu'ils n'éclatent ou pour faire baisser la tension quand il y a un conflit ; enfin, on inclut de plus en plus un « module violence » dans le cursus de formation des professeurs. En effet, si l'école ne sécrète pas sa propre violence, elle se nourrit de celle de la société, il faut donc traiter le mal à la racine ; et cela passe par la réhabilitation des valeurs toutes simples mais essentielles comme la morale, le respect d'autrui et des biens, le sens de l'effort, l'honnêteté, le civisme, la famille...

Ce n'est pas en mettant un policier à la porte de chaque lycée ou collège qu'on résout les problèmes, mais en entreprenant un travail de fond. Partout où la violence recule, il y a une politique forte d'un chef d'établissement entouré d'une équipe soudée et stable, donnant les repères de base, instaurant l'école du respect, expliquant sans cesse aux élèves qu'on n'a pas que des droits mais aussi des devoirs, se mobilisant dès les petites classes. Il est en effet plus aisé de redresser la barre à l'âge des écoliers qu'à celui des collégiens et des lycéens.

Partout où la violence recule, il y a aussi des référents adultes, c'est-à-dire des modèles à suivre, aidant les jeunes à construire une identité positive.

Et la première violence que les élèves exercent envers eux-mêmes, c'est l'absentéisme scolaire, une sorte de processus d'auto-exclusion qu'il faut à tout prix combattre.

Si l'école ne peut démolir un enfant qui va déjà mal, elle risque malgré tout d'aggraver les choses en n'étant pas à la hauteur de sa fonction, en ne répondant pas à l'attente et aux besoins des enfants en difficulté.

Afin d'améliorer la situation, il importe avant tout de mettre en place des établissements scolaires qui soient à échelle humaine avec un maximum de cinq à six cents élèves ; ensuite il convient de renforcer le personnel éducatif et les disciplines enseignant la morale civique, de même qu'il faut combler les immenses lacunes en matière de lecture et d'écriture tout en aménageant les rythmes scolaires et en multipliant les cours de soutien scolaire et les classes relais accueillant et encadrant les jeunes à problèmes ; il est également nécessaire d'améliorer l'ambiance dans l'école même, de retisser les liens entre les élèves et d'encourager les initiatives en faveur de la paix scolaire[1], tout ce qui peut aider de jeunes sauvageons à faire l'apprentissage de la vie en commun et à avoir le désir de retrouver le chemin de l'école, la route de l'espoir.

On ne redira jamais assez combien il importe de prêter une attention individuelle à chaque élève, surtout s'il est en situation d'échec scolaire[2]. Les gamins des rues ont besoin de se sentir reconnus, sinon par la famille, du moins à l'école, ils ont besoin d'être motivés et impliqués, et pour cela il faut qu'ils trouvent dans leur établissement scolaire du personnel qualifié, une équipe compétente rompue au travail relationnel avec les jeunes déstructurés qui veulent des adultes qui les écoutent, les encadrent, les aident à s'insérer dans la société.

Chacun peut trouver sa place, même les membres de gangs à qui l'on doit proposer des activités susceptibles de leur plaire, tenant compte de leurs aptitudes, de leurs goûts, de leurs aspirations, de leurs habitudes, ainsi que des programmes scolaires spéciaux, accordant une large place tant aux cours pratiques, les plaçant en situation de travail et leur apprenant les règles du jeu, qu'aux disciplines spécifiquement éducatives, renforçant l'instruction civique et la morale citoyenne[3].

Quand ils ont pris goût à l'école, au vivre ensemble, lorsqu'ils réalisent qu'ils peuvent avoir un but dans la vie, les kids découvrent l'envie de

---

[1]   Par exemple : éducation à la citoyenneté, formation des délégués de classe, adulte référent, aide à la formation parentale, proclamation de l'égalité des chances en s'en donnant véritablement les moyens, restauration d'un dialogue constructif entre les élèves d'origine et de culture différentes, éducation aux droits de l'homme...

[2]   Il faut repérer les enfants en difficulté pour leur porter secours. Cette évaluation permanente est primordiale.

[3]   Lancés dans une perpétuelle guérilla urbaine, livrés à eux-mêmes et à leurs pires instincts, les membres de gangs de rues ignorent tout des valeurs civiques les plus élémentaires que personne ne leur a enseignées. L'école doit leur donner les repères qu'ils n'ont jamais eu la chance d'avoir.

travailler, d'apprendre, de s'instruire. Et ils trouvent leur place dans le quartier, dans la société.

A la confrontation doit succéder la pédagogie de la compréhension et de la communication, incitant le corps enseignant et les familles à se rencontrer, pour le bien de l'enfant. Mais au lieu de culpabiliser les parents comme c'est le cas trop souvent, il faudrait que l'école les associe à la réussite de leur progéniture. Seul un dialogue constructif, responsabilisant le père et la mère, les impliquant dans l'avenir de leurs enfants, peut avoir une influence réellement bénéfique. Car si la prévention passe nécessairement par l'école, elle commence au sein de la famille.

Parce que trop de parents baissent les bras, beaucoup demandent qu'on instaure des procédures rendant le père et la mère responsables des dégâts commis par leurs enfants dans le cadre de la lutte contre la délinquance des mineurs. Au mieux, les parents sont convoqués par le Juge[1] ou le Directeur d'école, qui leur rappelle leurs obligations en matière d'exercice effectif de l'autorité parentale, notamment quand leurs enfants traînent dans la rue en séchant les cours. Au pire, on tente de rendre responsables le père, la mère ou le tuteur pour « manquement grave à l'éducation », on les sanctionne financièrement ou pénalement. Il arrive que des parents de mineurs multirécidivistes soient privés d'argent public ou déférés devant la Justice parce qu'ils n'exercent pas leur autorité de manière adéquate. Au lieu d'arranger les choses, cela les aggrave.

---

[1]

Le père, la mère, ou le tuteur sont convoqués au tribunal ; là, différents intervenants les mettent en face de leurs responsabilités en matière d'éducation et d'autorité parentale, puis ils les engagent à accepter un suivi social ou à participer à des sessions de thérapie de groupe. Un magistrat souligne qu' « il n'y a pas de raison que seuls les enfants trinquent ».

Une réponse appropriée, dans ce cas, est de créer les structures aidant les familles en difficulté à remplir leur rôle éducatif de manière plus efficace. Un juge pour enfants explique :

— Il faut éduquer les parents avant les enfants, il faut tout reprendre à la base. En effet, le père et la mère ne sont pas seulement des géniteurs, ils sont aussi responsables de leur progéniture qui a besoin de voir fonctionner les adultes en tant que tels pour construire leur personnalité de manière harmonieuse. Or, bien des parents, aujourd'hui, démissionnent de leur rôle éducatif et de leurs responsabilités en matière d'autorité, ils laissent leurs enfants faire ce qu'ils veulent, même ne pas aller à l'école s'ils le désirent, ils ne leur donnent pas les repères fondamentaux, ils ne leur enseignent pas les notions du Bien et du Mal, les droits et les devoirs, le respect de soi, des autres et de Dieu, pire, parfois ils tournent en dérision les choses les plus sérieuses de l'existence comme l'école, la famille, l'éducation, la politesse et même la vie ou la mort. Ainsi, je connais un jeune qui a dit à la mort de son père « ça fera un beau cadavre d'alcoolique à disséquer ! ». Face à une telle faillite, il faut parfois tout reprendre à zéro, et ce n'est pas évident quand on a affaire à des parents submergés par leurs propres problèmes, souvent liés à l'alcool, leur désespoir ou la lutte pour la survie, quand ils ne sont pas eux-mêmes mentalement perturbés ou victimes de graves troubles de comportement. Alors, que faire ? Surtout pas baisser les bras. Les familles qui ont démissionné de leur rôle devraient suivre des stages d'autorité parentale ou recourir à des intervenants extérieurs, des intermédiaires entre eux et leurs enfants, des « adultes-relais » pour les aider à mieux assumer leurs responsabilités éducatives. Il est temps d'arrêter de faire preuve d'angélisme afin de mettre en œuvre une politique familiale ferme. Les pères et mères ont besoin d'être éduqués comme leurs enfants. L'idéal serait qu'ils suivent les cours des « écoles de parents » qui voient le jour un peu partout, et cela avant même d'avoir des enfants !

Pour permettre aux parents de retrouver leur place dans l'acte éducatif, toutes sortes d'initiatives voient désormais le jour. Ici, on met en place une « école des citoyens » ou « une école des parents » pour former des citoyens et des parents responsables, là on assiste les familles déstructurées, par exemple dans les « crisis centers »[1], ailleurs on organise des « stages d'autorité parentale » ou « des groupes de parole et d'échanges », ou bien l'on ouvre des « lieux d'accueil et de débats » dans le cadre d'actions touchant la fonction parentale ou plus largement les familles.[2] Dans tous les cas, l'objectif est de tendre la main aux familles ayant failli à leurs obligations plutôt que de les asseoir sur le banc des accusés. Le métier de parent est très difficile, on doit apprendre à transmettre les valeurs, à remplir ses obligations, à façonner les adultes de demain. Pour cela, il faut des outils, que la société a le devoir de fournir afin de permettre aux familles défaillantes d'assumer pleinement leur rôle. Favoriser l'acte éducatif, c'est faire de la prévention, qui reste le seul remède réellement efficace à condition qu'elle soit pratiquée d'abord à la base – c'est-à-dire justement dans la cellule familiale. Redonner des repères moraux et civiques, rappeler le sens du respect, de l'autorité, de la hiérarchie, des valeurs, apprendre les règles à ne pas transgresser, inculquer les disciplines de la vie, les comportements à avoir en société... voilà les priorités. Quand l'enfant peut s'appuyer sur un parent solide, il a des repères, il se sent en sécurité, il se structure, il ne manque pas l'école, il n'a pas besoin de la rue ; la rue, c'est un appel, c'est le cri au secours de celui qui veut qu'on s'occupe de lui, qu'on l'écoute, qu'on l'aime, qu'on sache lui dire non, qu'on le forme ! Un entourage attentif, des parents adultes et responsables, sont le meilleur antidote à la délinquance. Parce que le jeune a avant tout besoin d'un foyer stable, chaleureux, aimant et ferme, structuré, la cellule familiale complète est nécessaire, elle demeure le socle de la société, l'institution de base. Quand elle joue son rôle, les gamins ne traînent pas dehors, ils n'ont pas besoin de chercher un substitut dans le gang, dans la rue ou dans le business[3]. Et les problèmes sont mieux solutionnés !

---

[1] Dans les « crisis centers », des professionnels de la psychologie traitent les problèmes familiaux, ils aident ou conseillent parents et enfants en situation de crise.

[2] Une des initiatives les plus intéressantes semble être la création des « Parents Anonymous », les « PA », sur le modèle des « Alcooliques Anonymes ». Là, les parents les plus âgés prennent sous leur protection les plus jeunes, ou bien les familles s'épaulent mutuellement pour chercher des solutions profitables à tous. Aux « PA », chacun peut sans crainte exprimer ses sentiments, ses pensées, ses problèmes.

A défaut de parents dignes de ce nom, les kids vont parfois s'appuyer sur la grande sœur qui alors prend le relais pour l'éducation de ses cadets, ou encore sur le grand frère qui s'en est sorti et tente par tous les moyens d'empêcher le reste de la famille de tomber dans la délinquance.

Parfois, aussi, c'est le petit frère lui-même qui se bat, pour ne pas finir comme ses aînés, une balle dans la tête ou en prison.[1]

---

[3]   Opinion d'un Juge pour enfants : « Les gosses qui font des conneries, il ne faut pas qu'ils aillent voir le Juge, mais leur père ». « Père manquant, fils manqué » dit encore le titre d'un livre français.

[1]   Les travailleurs sociaux, les éducateurs tentent d'approcher en priorité les plus jeunes, avant qu'ils ne dérapent gravement, ils concentrent leurs efforts sur ceux qui ne sont pas encore dans une bande ou dans la drogue. Pris tôt, ils sont plus récupérables.

Les gangs de rues représentent un défi pour la société, et puisque les réponses institutionnelles échouent les unes après les autres ou ne suffisent pas, il faut inventer, mobiliser tous les acteurs, famille, école, associations, et même la communauté toute entière.

Des hommes comme Gary Calabresse l'ont parfaitement compris. Cet officier de Police passe tout son temps de loisirs à aider les gamins de son quartier, il sillonne en permanence les rues, il rencontre les organisations et les acteurs locaux, il met en place différents programmes pour les habitants :

— Le programme que je considère prioritaire, c'est celui où chaque adulte de la communauté agit en « big brother », en grand frère pour les jeunes en difficulté ou négligés par leurs familles. Les volontaires doivent être plus que des tuteurs, des amis fournissant les conseils et l'attention dont les boys ont tant besoin. Prêter attention aux kids des gangs, c'est gagner leur respect. Ensuite seulement on peut commencer tout un travail pour les aider à démarrer une nouvelle vie. Quand j'ai en face de moi un de ces jeunes, je lui parle de son avenir, de la folie d'être impliqué dans des activités criminelles ; je prends également contact avec la famille. Si un des garçons dont je m'occupe va en prison, je m'arrange pour lui permettre de poursuivre ses études sous les barreaux, et à sa sortie, j'essaie de lui trouver un job. Finalement, tout ce dont les membres de gangs de rues ont besoin, c'est qu'on s'intéresse à eux, qu'on leur donne l'amour qu'ils méritent. Alors, tout est possible !

Autre initiative, cette fois mobilisant la communauté toute entière, le « Chicago Area Project », qui concentre ses efforts sur les zones de haute délinquance. Le programme est mis en place par la population du quartier, et il prévoit de sponsoriser des projets de loisirs afin d'occuper les kids désœuvrés, d'envoyer des travailleurs sociaux pour atteindre les membres de gangs et tenter de réorienter leurs activités, enfin de lancer différentes campagnes pour améliorer les conditions de vie locales.

Un programme similaire, « Mobilization For Youth », essaie d'impliquer les résidents du ghetto afin qu'ils s'organisent pour restreindre la délinquance des mineurs sur leur territoire. Là aussi, des adultes sont envoyés auprès des gangs pour nouer avec eux des liens amicaux et si possible, tenter de les « re-socialiser ». Cette initiative locale se double d'un programme d'assistance mutuelle et d'actions de prévention en direction des jeunes :

— Nous tentons d'associer tous les habitants à ce programme, explique un responsable de « Mobilization For Youth » ; mais nous manquons de moyens matériels, notamment pour les actions de prévention incluses dans les animations proposées. Mobilization For Youth a deux objectifs : créer des liens entre les gens, les générations, les groupes ; et entreprendre des actions significatives en direction des jeunes, éducatives ou récréatives, afin de les détourner des activités illicites.

En 1983, un ancien professeur, Dorothy Stoneman, fonde pour sa part à New York le YAP, le Youth Action Program, en direction des jeunes de East Harlem. Son idée est simple : les adolescents sont pleins d'énergie, et cette énergie est gaspillée dans les luttes internes au lieu d'être explorée, réorientée, utilisée positivement :

— Je constate, dit-elle, un manque de respect complet à l'égard des jeunes ; on ne s'intéresse pas à ce qu'ils sont. Si l'on veut changer notre communauté, nous devons commencer par changer nous-mêmes, nous devons adopter un autre regard envers les adolescents, alors seulement nous pourrons prendre soin d'eux, agir efficacement en direction de la population du quartier. Aucune vie n'est inutile, chaque existence peut produire du fruit. Même les délinquants ont des talents variés qu'il faut déceler et valoriser.

Un millier de jeunes de East Harlem rejoignent le projet de Dorothy Stoneman. Avec les adultes de la communauté, ils prennent possession de trois vieux bâtiments du quartier et les rénovent. Un des immeubles est utilisé comme résidence pour ados sans domicile, incluant différents services et même un centre de formation au travail ; parmi les objectifs de Youth Action Program, figure en effet le combat contre le chômage, chronique à East Harlem. A travers la rénovation d'immeubles abandonnés, les jeunes sans domicile peuvent ainsi acquérir une formation dans le bâtiment et trouver un emploi qualifié. Enfin, le projet mis en place par Dorothy Stoneman inclut l'organisation de sorties dans la nature, pour tenter d'occuper sainement les mineurs désœuvrés.

Comme tous ces programmes d'assistance sont insuffisants, les bandes de jeunes prennent parfois elles-mêmes la relève, comme les Vice Lords à Chicago[1] qui proposent des activités socio-récréatives à leurs membres, et qui assurent un certain soutien matériel aux habitants du quartier dans le besoin : aide aux sortant de prison, transport d'un malade à l'hôpital ou même règlement de la note d'épicerie d'une mère endettée. Dans un cas comme celui-ci, des liens étroits se forgent entre les résidents et les bandes locales, profitables à tous.

D'autres membres de gangs abandonnent leurs luttes meurtrières et leurs activités criminelles grâce aux efforts accomplis par les Institutions pour tenter de réformer de l'intérieur le ghetto : écoles de la deuxième chance, centres de jour, mise en place d'éducateurs itinérants et de toute une panoplie de services sociaux fonctionnant le plus souvent grâce aux dons de généreux mécènes. Hélas, toutes ces actions contre la délinquance juvénile butent la plupart du temps sur une mauvaise coordination entre les différents agents de transformation. Pour réussir, les différents programmes doivent mobiliser les habitants eux-mêmes et d'abord les parents, ensuite bénéficier de larges subventions, enfin fournir de réelles possibilités d'intégration, de réinsertion. Ainsi, quand un jeune est incarcéré, les résidents du quartier sont conviés à rester en contact avec lui et à préparer sa réinsertion à la sortie, en utilisant toutes les ressources mises à leur disposition, ce qui demande une

---

[1] Le club avait fini par obtenir la reconnaissance légale, au point de recevoir une aide du gouvernement afin d'entreprendre des projets d'assistance mutuelle. Les subsides gouvernementaux eurent un profond impact sur le gang qui réorienta ses centres d'intérêt de façon constructive.

bonne coordination avec les acteurs locaux et d'importants moyens financiers. Mais seule une participation réellement active de la communauté tout entière peut améliorer l'environnement local et promouvoir la réhabilitation des jeunes générations. Sans doute cette idée fait-elle progressivement son chemin, puisque l'on voit de plus en plus d'hommes et de femmes s'accrocher pour ressusciter les énergies perdues et tenter de rendre à chacun sa dignité d'être humain, d'individu créé à l'image de Dieu. Ici, des habitants se mobilisent pour protéger eux-mêmes le quartier contre les gangs ou contre les dealers ; là, ils tentent de transformer l'existence de la communauté en introduisant des « programmes de voisinage », en réunissant les locataires pour améliorer la qualité de vie, pour essayer ensemble de résoudre les problèmes de vandalisme ou de vols, ou en organisant toute une solidarité de proximité. Ailleurs, ils favorisent la mixité sociale, le brassage des générations, la cohabitation, les rencontres, ou ils essaient de recoudre le tissu social déchiré, par le biais d'associations, de réseaux ou de comités de quartiers[1] et de réseaux de proximité. D'autres habitants essaient de discuter avec les membres de gangs, ou bien ils organisent des confrontations entre ceux qui s'en sortent par les études ou grâce à un emploi, et les autres ; ou encore ils instituent des parrainages pour aider les kids à briser le cycle infernal de la délinquance, quand ils ne prennent pas l'initiative de mettre eux-mêmes en place toutes sortes d'activités pour occuper les jeunes à la dérive. Lorsque la communauté s'implique, la parole circule, les conflits se déchargent, la violence recule ; seuls les gens du ghetto sont à même d'aider vraiment leurs semblables parce qu'ils sont issus de leurs rangs et connaissent leurs problèmes.

De toutes façons, il y a une sorte de prise de conscience, face à la carence des Pouvoirs Publics, qu'il faut s'organiser localement pour faire reculer la délinquance, défendre les droits des exclus et améliorer la qualité de la vie de tous. De plus en plus de jeunes, d'ailleurs, se sentent impliqués dans leur devenir et s'associent aux tentatives de ré-

---

[1] Par exemple, à New York des sortes de « guerriers de la paix » luttent pour humaniser l'environnement social et sauver les enfants de la criminalité.

habilitation des quartiers sinistrés. Quand les citoyens prennent eux-mêmes en mains leur destin, bien des choses peuvent changer.

Mais on assiste aujourd'hui à certaines dérives, par exemple la création, un peu partout, de milices populaires, de véritables groupes d'auto-défense armés. Face à l'insécurité grandissante, en effet, des citoyens se chargent eux-mêmes d'assurer l'ordre, parfois en partenariat avec la Police locale, d'autres fois, en particulier dans les zones de non droit, pour pallier ses carences.

Certains habitants sont décidés à protéger leur sécurité par tous les moyens, y compris avec des armes. Or là où il y a de la peur, il y a de la violence. Et les citoyens ne sont pas des professionnels de la prévention ; de surcroît, avec les milices privées on rentre dans un système dangereux, celui de la sécurité à deux vitesses. Avec tous les risques que cela comporte.

Aux Etats-Unis, chaque ville a ses quartiers en perdition, plongés dans un enfer quotidien, en véritable situation d'urgence. Et dans ces quartiers, la vie n'a aucun sens. Alors, pour protéger les kids d'eux-mêmes et des autres, la Justice organise des séjours de rupture, la collectivité met ses enfants en sécurité à la campagne, les familles déménagent, s'installent dans des secteurs éloignés, fuient les milieux criminogènes.

— Mais isoler les jeunes de leur milieu traditionnel, les arracher à leur quartier n'est pas toujours la bonne solution, commente un travailleur social. D'abord, dans les autres secteurs il y a également des gangs, et s'il n'y en a pas, les garçons les constituent ; en effet, ils ne supportent pas longtemps de vivre isolés du groupe. Ensuite, on peut sortir les mômes du ghetto, de ses tentations, de ses pressions, mais le ghetto, lui, ne sort pas de leur tête, il leur colle à la peau. De toutes façons, ce n'est pas une solution de retirer les individus de la rue pendant quelque temps, pour les empêcher de nuire ou de s'associer aux bandes. À moins qu'on ne les envoie très loin, à la campagne, dans un cadre radicalement différent, sans béton mais avec une âme. Accueillir à la campagne ceux que la ville détruit particulièrement, cela change les caractères, les attitudes, les habitudes ; au contact de la nature et, le cas échéant, des animaux, les kids des jungles urbaines retrouvent un certain équilibre moral, c'est très bénéfique pour eux. Mais les mesures d'éloignement ne doivent pas se faire au détriment des actions sur le terrain, gérant les problèmes de la famille, de la jeunesse, de la délinquance.

La plupart du temps, les membres de gangs se sentent condamnés à demeurer enfermés dans leur ghetto, ils ne voient pas comment en sortir, ils ont perdu tout espoir. Pourtant, au fond d'eux-mêmes, tous rêvent d'une famille stable, de travail, de considération. Mais ils ne savent pas comment y parvenir. Aussi, nombreux sont ceux qui se résignent à mener jusqu'au bout leur vie de membre de gang, jusqu'à la mort ou, au mieux, jusqu'à la prison. En moyenne, on considère que 25% d'entre eux seront tués, 25% resteront des années en prison, voire même toute leur vie, tandis que les 50% restants se partageront entre une existence de misère et un semblant de réinsertion.

L'un des moyens de prendre un nouveau départ, c'est l'éloignement définitif du quartier, et non momentanément, par le biais du déménagement, de préférence à la campagne ; un autre moyen, c'est pour ces jeunes guerriers, de canaliser leur violence en entrant dans l'armée et en y faisant carrière[1]

Arrivés à l'âge adulte, des garçons trouvent leur place dans la société en se mariant, c'est-à-dire en devenant acteurs de leur vie, en ayant des projets, en obtenant une certaine reconnaissance sociale. Par le biais de la famille, ils réintègrent la communauté, le travail, les loisirs, et parfois même l'Eglise. Le gang est largement un phénomène d'adolescents.

Le sport est un excellent facteur sinon de resocialisation, du moins d'éducation, d'apaisement et de reconstruction de son identité. Il permet d'acquérir une aisance corporelle favorisant un certain épanouissement, il redynamise le corps et l'âme, il favorise à la fois l'expression de soi et l'apprentissage de la vie en groupe, de la discipline et du respect de l'autre. Autant qu'un excellent outil relationnel[2], le sport permet de maîtriser ses pulsions, d'apprendre à se contrôler, de réinvestir autrement l'énergie qu'on a en soi, donc de canaliser sa violence, son agressivité, ses frustrations ; c'est l'exutoire parfait, une véritable soupape de sûreté.

---

[1] Ou, au moins, en allant dans une institution de type militaire ; là, ils rencontrent une loi, une autorité, une discipline qui peut leur être bénéfique, tout comme le service militaire d'ailleurs.

[2] Les jeunes sont obligés de s'intégrer dans une équipe où ils découvrent les normes de la vie en commun, et où ils font l'apprentissage du respect des règles, du partenaire, de l'adversaire. Par le sport, les kids se « sociabilisent ».

Lorsqu'ils jouent au basket, au base-ball ou au foot, même au pied d'un immeuble, au détour d'une rue ou sur leurs « playgrounds »[1], les jeunes sont obligés d'apprendre un minimum de règles, de faire un travail sur eux-mêmes, d'intégrer un certain nombre de notions, d'attendre des résultats, de progresser, c'est une incontestable avancée pédagogique et un excellent instrument de prévention :

— Moi, confesse un ancien membre des « Zoulous » âgé de 22 ans, en pratiquant des sports de combats je sortais la violence qui était en moi, je déchargeais mon agressivité, je mesurais mes forces, bref je me défonçais, j'oubliais tout le reste. En même temps, quand je tapais des poings ou des pieds, c'était selon les règles, j'éprouvais des sensations fortes tout en respectant mes adversaires, alors il y a eu comme un déclic pour m'en sortir, pour arrêter les conneries qui ne mènent à rien, qu'à la prison. J'en avais aussi marre de perdre des membres de ma famille ou des amis, bref je voulais quitter le gang, d'ailleurs je reprenais peu à peu confiance en moi. Je n'avais pas choisi mon enfance, je voulais choisir ma vie d'adulte, je n'avais plus envie de faire des conneries dans la rue ou de passer mon existence à casser, à tuer, à voler... Je savais bien, au fond de moi, que si je ne tentais pas ma chance maintenant, après ce serait trop tard, j'aurais des embêtements avec la Justice comme tous mes copains, et quand on rentre en prison, on ne sait pas si on en sort. Ce qui m'a sauvé, c'est que j'ai vu la réalité en face, tout ce qui m'attendait, toute une vie gâchée ; on ne s'en sort pas, si on se voile la face. Après, tout a suivi. Je me suis marié, j'ai eu des enfants, une espèce de responsabilité. Je ne veux surtout pas que mes gamins connaissent la vie misérable que j'ai eue, je veux qu'ils échappent à l'enfer sur terre, et bien sûr je ne veux pas qu'ils fassent partie d'un gang, parce que c'est trop dangereux. Si mes deux fils veulent se battre, qu'ils le fassent sur un ring ou dans un championnat, selon des règles précises, et plutôt que de faire des conneries, qu'ils pensent donc à devenir des stars du base-ball ou du basket-ball.

Non seulement le sport est un facteur d'intégration, mais il stoppe la spirale de la violence, surtout s'il s'agit d'arts martiaux. Les kids, d'ailleurs, en raffolent. Un adepte de la boxe raconte :

---

[1]   Littéralement « jouer sur la terre ». On appelle ainsi des terrains sauvages.

— Moi, le rêve américain, je ne connaissais pas. Chaque jour, je vivais le cauchemar américain. Quand tu es constamment confronté à la faim, aux coups, au désespoir, tu vas sur la mauvaise pente, c'est forcé, tu n'y échappes pas. Moi, je me battais contre les autres gangs, je faisais des choses pas honnêtes. Et puis quelqu'un a eu l'idée de me mettre sur un ring. La violence de la boxe, c'est excellent pour canaliser son agressivité ! Oui, le ring m'a sorti de l'engrenage, parce qu'il m'a donné une hygiène de vie, parce qu'il m'a imposé une certaine discipline. Avec la boxe, on apprend à ressentir la portée d'un coup et à comprendre la douleur qu'on donne. Et puis, on doit respecter son adversaire. A la fin du combat, on se donne l'accolade, ça c'est fraternel.

Au foot, les kids apprennent à décharger leur agressivité entre deux buts de fortune ; c'est le meilleur moyen de les conduire à ne pas la décharger contre d'autres membres de gang. D'autres pratiques de rue, comme le basket, permettent aux garçons de tisser entre eux des liens communautaires.[1]

Il serait souhaitable d'explorer de nouvelles pistes, puisque le sport est un facteur d'intégration et de respect de l'autre tout en éloignant les jeunes de la rue et de ses dangers. Par exemple, la pratique du cheval s'avère un excellent instrument de prévention ; les mômes déstructurés y puisent une source de motivation trouvée dans leur rapport avec l'animal. Grâce au cheval, ils réapprennent les règles que les adultes ne peuvent plus leur transmettre, ils apprennent à se dominer eux qui jouaient aux caïds, ils font l'apprentissage de la loi car l'animal a ses propres codes.[2]

Il existe d'autres moyens de désamorcer une partie de l'agressivité des jeunes, en la réorientant de façon positive par le biais de l'expression

---

[1]   Le fondateur du basket de rue, le Dr James Naismith, disait en 1891 : « J'ai créé le basket avec la notion chrétienne d'amour du prochain, pour que les jeunes puissent y mettre toutes leurs forces et tout leur cœur, tout en gardant constamment le contrôle de leurs réactions, sans les excès qui en feraient un instrument du diable ».

[2]   L'équitation a des vertus thérapeutiques ; les jeunes sont très motivés par le rapport à la bête, ils se mesurent à elle, ils se défoulent avec, ils prennent soin des animaux abandonnés. On ne pense pas assez à l'animal comme moyen de lutter contre la délinquance.

culturelle. Quand les kids ont la possibilité d'exprimer leur créativité, ils se sentent mieux, ils libèrent leur stress, ils évacuent certaines tensions. Au travers de la musique, du théâtre, de la danse ou de l'écriture, ils ont enfin la possibilité de se réaliser, d'être valorisés et même reconnus sinon par la communauté, du moins par leurs pairs.

Un immense travail culturel se met en place dans les ghettos urbains, dont l'impact dépasse souvent largement le cadre du quartier ; c'est l'un des paradoxes de ce pays : une minorité de la population, marginalisée, en situation d'exclusion, est à l'origine d'innovations décisives sur le plan culturel, artistique ou sportif. Ce phénomène est particulièrement frappant dans les secteurs noirs, qui affirment vigoureusement leur identité et exercent souvent une influence disproportionnée par rapport aux moyens dont ils disposent (mode, par exemple).

Pour impliquer les membres de gangs, pour faire de l'intégration sociale, des programmes artistiques ou culturels sont mis en place dans les sous-quartiers des grandes villes américaines, offrant à chacun la possibilité d'exprimer ses dons, sa créativité. Ici, on lance une troupe de jeunes avec encadrement professionnel pour leur donner de vrais cours de danse de rue, là on monte des pièces ou on réalise une vidéo à partir d'un synopsis écrit spontanément par quelques ados,[1] ailleurs des gamins en situation de refus scolaire se mettent à rédiger des sketches et à prendre goût à l'école. La prévention par le théâtre, la musique ou l'écriture, c'est une réalité : ainsi, le chant et l'expression corporelle offrent aux kids des rues la possibilité de dépasser la peur de l'autre, de découvrir qu'ils peuvent intéresser un public et même produire de véritables spectacles où ils montrent les ressources dont ils sont capables.

---

[1] La croyance est de plus en plus répandue que les jeunes des ghettos sont capables de répondre positivement aux alternatives que la société leur propose. A Philadelphie, par exemple, un gang réputé fut contacté par une association pour s'exprimer dans un film. Finalement, les garçons décidèrent de faire leur propre film, entièrement, de l'écriture à la réalisation, en passant par la photographie et l'interprétation. Le résultat fut un superbe document sur leurs conditions de vie, intitulé tout simplement : « La jungle ». Le film connut un tel succès que les kids décidèrent de créer leur propre organisation et de réaliser toutes sortes de productions artistiques.

Et déjà certains considèrent le hip-hop comme une alternative au naufrage de certains jeunes desperados.

Le hip-hop, c'est l'art de la rue, le moyen que les gangs ont trouvé pour dire leur mal-être, inventer une culture à eux. Né dans les ghettos américains pendant l'été 1974, il réunit le rap, le break et le graf[1] élaborés par les jeunes de la génération de la crise qui se méfient désormais du discours libéral promettant à chacun l'égalité des chances dans le creuset de l'école. Cumulant les handicaps, à la fois pauvres, enfants d'immigrés, mal logés, maltraités, les kids des rues chantent, dansent et dessinent leur fureur de vivre, ils extériorisent leur rage intérieure contre tous ceux qui, au nom du sacro-saint credo libéral de la mondialisation, sacrifient allègrement toute une frange de la population, fractionnant en deux la société, creusant toujours plus profondément le fossé entre les « gagnants », dont les vertus sont célébrées, et les « laissés pour compte », les « oubliés de la croissance », marginalisés, méprisés. Mais la culture des rues, c'est plus qu'un discours de révolte contre une société à deux vitesses, c'est une incantation, une magie – un art véritable, celui des ghettos du monde entier, qui unit tous les damnés de la terre au-delà des frontières élevées par les hommes. Et c'est aussi un très efficace moyen de prévenir la délinquance ou, du moins, de la réduire. Le hip-hop, en effet, en apportant la reconnaissance à des jeunes en situation d'échec, peut les aider à changer leurs attitudes, leur comportement, leur manière de vivre, il donne un sentiment de fierté à ceux qui le pratiquent et l'espoir d'acquérir une certaine réputation,

---

[1] En fait, la culture du hip-hop inclut l'acrobatique « break dance » du Sud du Bronx, et une autre danse, l' « electric boogie » ; la musique « funky be-bop » et le Rap ; enfin le tag, simple signature murale réalisée à la bombe par les taggers, et les graffitis, à l'expression artistique plus élaborée. Plus largement, le hip-hop, dont le rap est la pièce maîtresse, englobe aussi bien la danse, l'art pictural, la doctrine (fraternité et solidarité) et même l'allure vestimentaire (sportive, avec ses survêtements colorés et ses légendaires baskets). Le hip-hop permet tous les métissages, vestimentaires (jeans américains et casquettes arabes), musicaux (boîtes à rythme et sons africains), linguistiques. C'est vraiment la culture du mélange !

d'exister à leurs yeux comme aux yeux des autres. Ceux qui excellent dans l'art de la rue, acquièrent enfin un statut.

L'influence du hip-hop est telle que, désormais, il s'étend à presque toutes les composantes de la culture afro-américaine ; c'est par exemple le cas dans le domaine du langage quotidien, où à côté de lui se développe une langue parallèle, avec ses expressions, ses intonations, ses tournures, ses constructions grammaticales, ses jurons... Mouvement rebelle par excellence, le hip-hop gagne progressivement toutes les sphères d'existence.

En argot américain, être « hip » signifie être affranchi, et « hop » veut dire danser. Né dans les rues du Bronx, le mouvement est une façon de réagir à la violence avec, comme seules armes la danse, la musique et le graffiti. Le chef d'une section Zoulou raconte :

— En fait, les racines du break-dance sont très anciennes, elles plongent dans la culture afro-américaine. En Angola, au 16e et au 17e siècles, les guerriers improvisaient une danse bizarre aux mouvements robotisés, aux figures acrobatiques parfois très difficiles. C'était leur manière à eux de démontrer leur habileté, leur force, leur sens de la solidarité – bref, leur virilité ! D'ailleurs, le break-dance provient directement des arts martiaux pratiqués à l'époque. On en trouve des formes variées partout dans le monde, notamment au Brésil, avec la « copoiera ». Mais c'est seulement dans les années 70 que le nom « Break dance » fait pour la première fois son apparition, quand des membres de gangs rivaux du Sud du Bronx décident de marquer une pause dans leurs combats sanglants. En effet, des bandes entières étaient décimées au cours des « rumbles ». Alors, les gars ont cherché un substitut à leur violence. Au lieu de sauter sur l'adversaire du moment, de répondre à la provocation par la violence en frappant et même en tuant, pourquoi ne pas se mesurer à travers le break-dance ? Les batailles rangées, peu à peu, firent place aux compétitions dans les salles de danse, sans fusils ni couteaux. Il s'agissait de prouver qu'on était les meilleurs danseurs de rues. Et il en faut, de l'habileté et de la maîtrise de soi, pour se livrer à cet art ! Les figures, toutes acrobatiques, sont souvent très difficiles à exécuter : moulin à vent, crabe, toupie, sauts périlleux en avant et en arrière... Le mot clef, c'est l'improvisation, elle jaillit littéralement du sol. Peu à peu, des membres de gangs y ont pris goût au point de renoncer au crime pour tenter de réussir dans cet art, et même dans les affaires ! Alors, ils ne pensent plus qu'à l'argent et à la célébrité.

En fait, ce qu'on appelle le « break-dance » est un mélange de plusieurs techniques, le « break » proprement dit (mouvements acrobatiques au sol), le « smurf » (ondulations et rotations du corps) et le « locking » (danse debout inspirée de disco). Dans les trois cas, la gestuelle est proche du mime, entraînant une sorte d'effet « pantin » qui, d'ailleurs, exige un réel sens de l'équilibre, une grande élasticité du corps et beaucoup d'énergie, voire même une certaine sensualité. Finies les morts inutiles ! A la place, la renommée pour les meilleurs ! Car si tous les breakers apprennent cet art difficile dans les halls d'immeubles, coincés entre les murs sales et les boîtes aux lettres éventrées, certains d'entre eux réussissent à acquérir une certaine notoriété, ils se produisent dans des pièces, des films – le plus célèbre est certainement « Beat street » –, des clips, des émissions télévisées ou des séquences publicitaires.

— La danse, c'est quelque chose de sacré, c'est mon projet de vie, maintenant, explique un break-dancer du gang « Bad Ones ». J'étais violent, je faisais partie de la génération des « grillés », je faisais des dégâts partout, je me désintégrais, et puis j'ai commencé à danser, à exister, à me sentir capable ; ouais, les premières passes de break, ça a vraiment changé ma vie, parce que maintenant je me sens fort, j'ai confiance en moi, je veux même devenir une star, pas seulement danser pour le plaisir, mais pour l'argent, pour le respect, pour la reconnaissance !

Un gang comme la « Zulu Nation » a acquis ses lettres de noblesse à travers le break dance. La Nation Zoulou, c'est le principal gang de rues du Bronx, il compte suivant les époques, de 5 000 à 20 000 membres répartis aux quatre coins de New York. Officiellement, la Nation Zoulou a été mise en place par des Noirs et des Porto-Ricains en 1983 pour donner des représentations, sous l'égide d'Afrika Bambaata, disc-jockey, break-dancer, producteur, auteur de graffitis – et fondateur d'une maison de disques, financée par le lancement d'un premier album « Planet Rock », un million d'exemplaires vendus. Attristé par la mort de son meilleur ami dans un combat de gangs, Bambaata prône la non-violence, le refus de la drogue et du racisme,[1] et il proclame que tous les Noirs sont frères, et membres de la Nation Zoulou. Mais certaines sections de la Nation Zoulou sont impliquées dans des conflits avec d'autres gangs et dans toutes sortes d'activités criminelles, comme le trafic de drogue ou d'armes. Et l'un des groupes les plus fameux, les « Floor Master Dancers », s'est transformé en un gang particulièrement violent, les « Filthy Mad Dogs », gardant ainsi les initiales qui avaient fait sa réputation. De même, les « All Star Dancers » sont devenus les tristement célèbre « Savage Daemons »[2].

Néanmoins, d'après les statistiques de la Police, le break-dance a réduit le taux de délinquance et de criminalité parmi les gangs du Bronx, des drames ont pu être évités et des vies humaines sauvées. En effet, de nombreux kids répètent chaque jour au lieu de se battre contre d'autres bandes, toute leur énergie est employée à perfectionner leur art, ils ont enfin l'impression d'exister, d'être reconnus.

— Moi, déclare avec humour un célèbre break-dancer, Freakazoid, je me lève, je danse. Je mange, je danse. Je vais à l'école, je danse. J'en reviens, je danse. Finalement, seul ou en groupe, je danse presque 24 heures par jour ! Si on aime ça, on ne s'en lasse pas !

Le hip-hop exige au moins deux à trois heures de pratique par jour ; le premier conseil donné aux aspirants break-dancers est d'ailleurs : « s'exercer, encore s'exercer, toujours s'exercer ». À l'origine substitut

---

[1]   Le nom de Bambaata rappelle celui d'un chef Sud-Africain de la Nation Zoulou, qui dirigea, dans les années 1900, la révolte contre les colonisateurs britanniques. Le mot d'ordre d'Afrika Bambaata est : « Cessez les combats entre les bandes, utilisez votre énergie positivement, dansez, regroupez-vous. Le peu que nous avons, servons-nous en ! On est sportif, on cultive son corps ». Pour se saluer, les membres se disent « peace » (paix).

[2]   En France, quantité de jeunes se proclament « Zulus », membres de la « Nation Zulu » (association loi 1901), répondant à une éthique et à un code de bonne conduite précis recommandant par exemple à ses adeptes d'être « un modèle de comportement pour les jeunes et de susciter l'admiration et la sympathie de la société ». Résumé des autres lois : la Nation Zoulou est à la recherche de succès, de paix, de savoir... Les Zoulous doivent être civilisés, ils doivent exclure les actions négatives et être en paix avec eux-mêmes et avec les autres. Les Zoulous qui clament leur appartenance à la Nation ne doivent pas mêler leur nom au crime et à la violence.

d'une certaine violence, la danse urbaine a fini par devenir une véritable manière de vivre pour de nombreux membres de gangs de rues,
elle s'est imposée pour contrer l'ennui, détourner l'agressivité, favoriser
la resocialisation. L'art a jailli de la rage de vivre dans les ghettos ! Mais
quand elle monte sur scène, l'étincelle de la rue s'atténue ; le breaker
obtient certes le statut social convoité, mais au détriment de sa sponta-
néité. Et c'est dommage pour les innombrables fans de ces prouesses
acrobatiques !

Malgré tout, le break-dance est devenu une référence pour les jeunes
du monde entier, il envahit désormais les théâtres, les festivals, les
concerts, les cours de danse et même les salles de gym. Ses adeptes
sont fiers d'avoir su transformer la violence des rues en art authentique, dégagé des phénomènes de mode passagers.

Le hip-hop n'est pas seulement un mode artistique populaire directement issu de la rue, c'est aussi une culture de l'adolescence, de la fureur de vivre pour entrer dans l'âge adulte, avec des expressions, des
productions, des rythmes et un langage code propre aux laissés pour
compte, trouvant leur accomplissement parfait dans un genre musical
précis, le « Rap[1] ».

A la fin des années 70, le rap a démarré dans le Bronx quand les plus
doués se sont emparés du micro pour évacuer leur désespoir, leurs
frustrations, leur angoisse existentielle. Pur produit des ghettos urbains, cette forme musicale marie vigoureusement les éléments les plus
explosifs de la pauvreté des quartiers populaires, du savoir de la rue,
et un immense potentiel de rage ; elle se caractérise par un style éner-
gique, jonglant avec les sens autant qu'avec les sons, multipliant les
dialogues de rue rapides, scandés, très rythmés, affichant une furie in-
cendiaire et un goût très prononcé pour la provocation et le refus. Un
rappeur raconte :

— Le Rap, c'est le moyen que les mecs de la rue ont trouvé pour sortir
du ghetto, pour prouver leur virilité sans se battre. Les thèmes tournent
autour de la violence des quartiers, de la drogue qu'on rejette, de la
condition Black ; les chants sont scandés sur une musique syncopée et
rythmée, riche en rimes, et les paroles partent comme des balles de pistolet pour frapper fort, atteindre au point sensible. Il faut dénoncer les
injustices, provoquer,[2] revendiquer, brûler les cerveaux, exprimer ce
qu'on a au fond des tripes, le message est toujours fort et on y croit !

---

[1] Le mot « Rap » signifie « débiter, frapper, cogner, remettre à sa place ».

[2] Une forme de la musique Rap est désignée sous le terme générique de « gang-
starap » (rap des gangsters). Née dans les quartiers noirs de Los Angeles au début des
années 90, elle banalise le crime, elle glorifie la violence, la drogue, le sexe, la révolte
contre la Police, elle appelle à la haine raciale ou sociale. Ses adeptes se revendiquent
clairement comme d'anciens caïds, bien peu repentis.

Moi, quand je prends le micro, je mets une ambiance mortelle, j'articule férocement chaque mot, je fais chauffer la salle, je raconte le béton, les galères, le ghetto, je dis aux gars « réveille-toi, réagis, arrête les conneries, les bastons, les bagarres, les casses, fais honneur à ta race, prends en mains ta vie, montre ce que tu sais faire, le pouvoir est à nous, au peuple, allez, prends ta place sur cette planète ». Le Rap, c'est la poésie des rues, c'est le mode d'expression de ceux qui sont nés dans les ghettos sous le signe de la déprime ou de la rage, et qui ont choisi de dire la violence plutôt que de la faire. Tu ne peux pas l'apprendre à l'école, il faut des chromosomes, ça vient de la rue, de la famille, des racines. Le Rap, c'est la bouée de sauvetage des pauvres qui ont des tripes, des damnés qui ont du talent !

Au lieu de s'affronter sur les champs de bataille, les stars du Rap rivalisent sur scène, au cours de « défis », de compétitions artistiques où chacun prouve ses capacités et sa force sans sombrer dans la violence. En 1979 paraît le premier disque « Rappers delight », de Sugarhill gang, bientôt suivi par les productions de Kurtis Blow, Grand Master Flash and the Furious Five[1] ; les morceaux se radicalisent, le message devient de plus en plus social et politique, la musique s'enrichit de sons et de rythmes différents, de nouveaux artistes font leur apparition avec des textes de plus en plus corrosifs, de plus en plus subversifs, appelant à la lutte, à la révolte contre les flics, et même parfois au crime. Un peu partout, l'influence du Rap dépasse le cadre strict des grands ensembles, il intéresse peu à peu les jeunes de tous les milieux et de tous les pays.

La culture hip-hop des gangs Noirs et Latinos a réussi sa percée. Pour de nombreux jeunes, elle devient un mode de vie, de penser et de se comporter. Et l'art de la rue par excellence.

---

[1]   C'est en 1982, après la mise en vente du disque de ce groupe intitulé « Le Message », qu'apparaissent les premiers rappeurs explicitement politiques, appelant à secouer l'indifférence générale.

Depuis l'arrivée en force du mouvement hip-hop à la fin des années 80, tags et graffs ont progressivement recouvert la plupart des murs des grandes villes américaines et sont devenus un véritable phénomène de société. Il faut toutefois distinguer le « tag », simple signature, de sa forme plus élaborée, plus artistique, le « graff », lettrage étudié, figure picturale ou fresque combinant le stylisme de la calligraphie et du dessin. C'est avec des bombes à peinture[1] que les apprentis artistes, en général des membres de gangs, ornent murs et métros. Il s'agit pour eux d'exalter leur bande, de délimiter son territoire et sa sphère d'influence, mais aussi d'informer, d'avertir, de communiquer, voire d'adresser des messages à l'ennemi, et bien sûr de faire parler d'eux, de montrer qu'ils existent. Taggers et graffeurs ne supportent pas l'anonymat, ils cherchent à faire leur propre publicité et celle de leur gang, ils expriment la révolte qui est en eux ou le refus du monde qui les entoure, ils bravent les interdits et affirment leur identité. Les murs deviennent des exutoires, ils libèrent la parole et constituent un défi permanent pour les ados des grands ensembles qui aiment jouer avec leur propre peur en narguant les autorités qui s'évertuent à les pourchasser. Taggers et graffeurs sont par définition des hors-la-loi.

Les adeptes de cette expression artistique commencent par graver sur les murs les initiales de leur gang ou leur logo personnel, signatures sauvages peintes à la bombe, puis ils cherchent à faire des inscriptions de plus en plus élaborées en grossissant les lettres, en les remplissant, en faisant un fond et bien sûr en utilisant des couleurs différentes ; ils passent ainsi progressivement du tag au graff, le tag étant l'étape obligée avant de parvenir aux figures picturales et aux fresques murales

---

[1] Les jeunes les volent dans les super-marchés ou ils se les procurent à bas prix chez certains détaillants. La capitale du graffiti est sans doute Philadelphie, chaque surface libre est décorée.

qui redonnent vie aux lieux abandonnés et aux blocs de béton lugubres. Du simple tag au graff, il y a une longue évolution, mais aussi la maturation d'un talent aux multiples facettes :

— Au départ, explique un jeune artiste, on commence tous par le tag, une simple signature codée, puis on a envie d'aller plus loin, certains se spécialisent dans les lettres, d'autres dans le dessin, représentant par exemple des personnages style B.D. Ça devient de l'art parce que c'est plus construit, parce que ça exprime quelque chose de profond, de réfléchi, d'élaboré. On sait que nos dessins dérangent les gens, il y a une part de risque dans ce qu'on fait, ça nous gêne pas, au contraire ça nous motive. Nous, ce qu'on veut, c'est manifester notre présence, imprimer notre marque, décorer les murs, la moindre surface plane, tous les endroits possibles, même les plus inaccessibles.

Le métro fait partie de ces lieux dangereux, aventureux, c'est la raison pour laquelle les passionnés de la bombe en ont fait leur champ d'action favori. Lorsqu'ils gravent leur nom ou celui de leur gang sur les trains, les kids savent qu'il va traverser toute la ville, parcourir de grandes distances et se faire connaître.

Chaque gang de rues a ses experts en tags et en graffs. Soit ils opèrent seuls, soit, le plus souvent, en bande, la nuit, au mépris des vigiles, de l'obscurité et du troisième rail mortel, le rail électrifié. Ils connaissent tous les passages, toutes les issues, les moindres recoins, les moindres trappes, une précaution bien utile quand il faut battre en retraite précipitamment. Dans le métro de New York, pendant longtemps aucun cm^2 n'était libre, chaque couloir, chaque mur, chaque train, chaque wagon étaient barbouillés d'échantillons du savoir-faire des virtuoses de la bombe à peinture.

Certains gangs s'étaient même spécialisés dans cette forme artistique du mouvement « hip-hop ». Le premier, constitué en 1971 à l'est de Brooklyn, prit pour nom « Vanguards » ; il refusait toute forme de violence. A l'inverse, son successeur, « the last Survivors », qui sévissait à Fort Greene, troqua rapidement l'écriture pour les combats de rues. A la même époque, « the Ex-Vandals » virent le jour ; ce fut le seul vrai gang d'artistes, ayant pour unique objectif d'orner les murs de graffitis.

Son mot d'ordre était : « La sécurité pour les membres plutôt que la violence[1] ».

Barioler les murs constitue l'une des activités favorites des gangs de rues ; les graffitis délimitent les territoires, et lorsque les inscriptions font appel au meurtre, on sait qu'un conflit va bientôt éclater. Il arrive aussi que deux bandes se battent pour obtenir le droit de barbouiller un secteur, une cour d'école, un building, un pan de mur abandonné. D'autres fois, des groupes rivaux se livrent une guerre des tags, consistant à recouvrir une fresque ennemie par sa propre marque.

L'emprise des gangs sur les quartiers est réelle, même par inscriptions ou dessins interposés délimitant strictement chaque périmètre. En cas de conflit, la bande adverse recouvre les tags ou les graffs d'une croix, ce qui préfigure le début des hostilités ; ou bien elle barre les inscriptions ennemies quand elle ne les efface pas purement et simplement ; l'incident constitue d'ailleurs une grave provocation, qui s'achève dans le sang.

Certains slogans appellent au crime, à la vengeance, d'autres parlent de mort et d'enfer. Plus généralement, chaque gang s'approprie la moindre parcelle de mur pour y graver son nom, suivi de celui du chef et ceux de son équipe. Il honore également la mémoire des membres décédés ou incarcérés :

— Nous, explique fièrement le chef des « Bad Ones », on décore les murs avec les noms des potes tués au combat. On bombe aussi le portrait des mecs qui se sont fait descendre, et on se rassemble autour pour pas les oublier. Quand on barre le nom d'un ennemi sur un mur, ça veut dire qu'il va bientôt mourir. On montre au quartier qui nous sommes !

Pour les spécialistes du barbouillage, le tag n'est pas du vandalisme, mais un art à part entière. Chaque artiste a son style, sa propre marque et ses lieux de prédilection, l'idéal étant bien sûr de trouver l'endroit le plus visible, et d'en mettre le plus possible.

---

[1] Le gang ne demandait pas à ses membres de porter leurs couleurs, il n'était pas formé en réaction contre les autres bandes, mais seulement pour l'amitié et les aventures artistiques permettant aux murs de « prendre la parole ».

— Les auteurs de graffitis se connaissent tous, ils sont comme une famille, poursuit le leader des « Bad Ones ». Leur art est peut-être éphémère, mais c'est la base du jeu. Dès qu'on a une bombe dans la main, il faut tagger, tagger, tagger, c'est comme ça, il faut tout barioler. Certes, quand un mur est vierge, il ne s'attaque pas de la même façon, il se respecte. Le must, quand on peut, c'est d'avoir un walkman sur les oreilles, parce que le rap, ça inspire. Et quand on est inspiré, on devient des vedettes, on a notre chance. On veut tous avoir notre chance !

Une organisation à but non lucratif comme Icry (« the Inner City Roundtable of Youth ») offre aux jeunes artistes les plus talentueux l'occasion de s'insérer dans la vie de leur cité par leurs œuvres. Mise en place en 1975 par le « New York State Division for Youth », elle a un double objectif : prévenir la délinquance et améliorer l'existence des membres de gangs, en tirer le meilleur parti ; son Président, Carl Shinn, ex-leader du club les « Blackstone Rangers », explique :

— Icry s'emploie à lutter contre le crime en réorientant les énergies et les talents des membres de gangs dans un projet social positif ; sa spécialité est de dénicher les graffeurs qui ont des dons. Ses animateurs sont eux-mêmes d'anciens délinquants qui ont choisi d'abandonner la vie criminelle et de combattre la violence par l'art, plus exactement par la création graphique. Icry déploie de grands efforts pour diffuser les œuvres auprès du public le plus large possible, mais se heurte au manque de moyens financiers. Ses efforts de réhabilitation des membres de gangs pourraient être améliorés si la Ville ou l'Etat accordaient des subventions[1].

Icry propose aux jeunes désireux de s'en sortir toute une palette de services et d'activités tournant autour de six axes principaux : le logement (achat à la ville de New York de bâtiments abandonnés et rénovation pour améliorer les conditions d'habitat local), l'éducation, l'aide aux personnes en difficulté, la mise en place de projets commerciaux (par exemple, diffusion des objets fabriqués, installation de coopératives où l'on vend des articles à bas prix), et surtout les programmes artistiques

---

[1]   Icry fonctionne grâce à des dons et à des fonds d'organismes privés.

alternatifs (formations, ateliers, conseils, galeries d'art, expositions) et d'échanges entre les groupes.

Pour limiter la délinquance juvénile et le vandalisme, surtout les graffitis illicites, the Inner City Roundtable of Youth favorise la prise d'initiatives des teen-agers en situation d'échec en organisant pour eux des ateliers permettant de réaliser de véritables fresques selon un schéma de composition préétabli et toutes sortes de productions artistiques, depuis la confection de T-shirts jusqu'à la création de tissus en passant par la fabrication de matériel publicitaire et la conception d'un magazine. La philosophie du mouvement tient en une phrase : transférer la conception de graffitis du métro aux salles d'exposition[1]. 80% des participants sont membres de gangs de rues ou de clubs de motards comme les Hell's Angels ou les Ching-a-Ling, et tous les groupes ethniques sont représentés.

Icry connaît un réel engouement aux Etats Unis, parce qu'il a su capter les dons inutilisés d'une jeunesse ultraviolente et les réorienter de manière constructive. Grâce à ce mouvement, un peu d'espoir renaît au sein de la frange de la population la plus défavorisée. Ce n'est pas le moindre de ses mérites.

---

[1]   La principale a eu lieu au World Trade Center.

La prison n'est pas seulement un lieu criminogène. Derrière les barreaux, de nombreux membres de gangs ont fait des expériences qui ont radicalement changé leur vie, parce qu'ils ont croisé la route de militants Islamiques ou de disciples de Jésus-Christ. Le but de toute religion en effet, est la transformation de l'homme, d'arriver à ce qu'il ait les attributs divins.

Avec les Musulmans, pas question de puissance de transformation, de « résurrection » grâce à l'action du Saint Esprit[1], mais un changement complet de mentalité. Les jeunes convertis à l'Islam construisent leur vie sur d'autres bases, en appliquant les principes de leur religion au lieu de s'épuiser dans d'interminables et stériles luttes fratricides meurtrières pour défendre un territoire qui ne leur appartient pas.

— Pour moi, proclame un ancien membre de gang portant désormais barbe et turban, l'Islam est un mode de vie au même titre que l'appartenance à une bande. Avant, j'aimais les armes, les filles, l'argent facile, maintenant tout ça c'est fini, mon existence a une direction. Je veux désormais vivre en homme, bon et croyant.

Des mouvements comme « la Nation d'Islam » ou les « Black Muslims » ne militent pas seulement pour la cause de Dieu, mais aussi pour débarrasser les quartiers des gangs et des trafiquants de drogue :

— Une bonne partie de ma bande passait son temps à se battre tandis que l'autre se livrait au trafic des stupéfiants, poursuit le jeune converti à l'Islam. Toute cette violence m'a fait réfléchir quand j'ai séjourné en prison pour avoir amoché un gars. Autour de moi, il y avait des Mu-

---

[1] Sur la puissance de la foi chrétienne, voir en particulier Luc XXIV 49 : « soyez revêtus de la Puissance d'en-Haut » ; Actes I 8 : « vous recevrez une puissance, le Saint-Esprit » ; 1 Cor IV 20 : « le royaume de Dieu consiste en puissance ».

sulmans, c'étaient des gens bien. Je les ai écoutés. Maintenant, je veux mettre tout en œuvre pour que d'autres ne fassent pas les même bêtises que moi. Avec les Black Muslims, je parle du Livre Sacré du Coran, et aussi du devoir qu'on a de combattre l'oppression partout où elle nous menace. Il faut prendre la chose en mains, c'est-à-dire prendre sous notre protection des quartiers, pas seulement compenser les déficiences de la Police en faisant fuir les dealers, mais aussi changer les manières de penser, de vivre, établir une identité Black et aider la communauté à s'organiser sur le plan social. Concrètement, cela passe par la mise en place de dispensaires, d'associations de locataires ou de cantines scolaires pour les enfants les plus démunis. Dans la jungle des villes américaines, il faut parler de la paix qu'on trouve dans le Coran, il faut travailler à l'avènement d'un monde plus équitable où chacun a sa place. Aimer Dieu, faire le Bien, voilà les deux piliers de l'Islam. Avec ces valeurs-là, on ne peut plus faire partie d'un gang, on ne laisse plus personne s'entretuer, et on aide les gens à s'en sortir.

Lorsqu'un kid se convertit à l'Islam ou à toute autre religion[1], sa mentalité change, sa vision de la vie comme son comportement. Une expérience spirituelle forte peut retourner complètement une existence, la restaurer intégralement. En effet, quand un jeune a été « cassé », dans son enfance, quand il a connu l'alcool, la drogue, la violence ou le crime, une puissance extraordinaire, surnaturelle, peut le restaurer intégralement, le « ressusciter » littéralement.

— Je n'avais pas ma place sur cette planète, raconte un jeune converti au christianisme ; j'étais de trop partout, chez moi, à l'école. On ne m'aimait pas, on me frappait, on me complexait, on disait que j'étais un bon à rien et que je ne réussirais pas. Alors je me vengeais en faisant du mal, à moi-même en buvant trop, et aux autres, en cassant, en tapant, en volant, en détruisant, en accusant, en vandalisant, en faisant souffrir le plus possible. Mon métier, c'était celui de membre de gang, c'est un métier à risques, on fait plein de délires et on a peur de rien, sauf de Dieu et de la mort. Un jour, je me suis retrouvé en taule. Là j'ai rencon-

---

[1] Il faut bien distinguer religion et dérives sectaires ou intégristes. Ces dernières ne sont pas facteurs d'épanouissement, mais elles peuvent détruire la personnalité et conduire à toutes les formes d'intolérance, de rejet de l'autre et bien sûr de repli sur soi.

tré un visiteur de prison, il m'a parlé du Christ, de l'aventure de la foi, de la vie nouvelle, ça m'a tenté, et j'ai accepté de confesser mes péchés, on appelle ça la repentance, alors tout a suivi[1], la conversion c'est le moment où on pleure toute sa vie passée et où on devient une personne nouvelle, capable d'aimer, de faire le Bien, mon existence a un but et je sais qui je suis maintenant. Donner sa vie à Christ, c'est la plus merveilleuse chose qui puisse arriver à quelqu'un, tout est nouveau, on ne voit plus les autres tout noirs et soi tout blanc, on n'est plus aveugle sur soi, sur les autres, sur la vie, on est bien dans ses baskets, on a la paix dans son cœur, on a de la joie, on est vraiment heureux ! Je gaspille plus ma vie dans les bagarres, les bars, l'alcool, les fêtes, le sexe, je n'ai plus besoin de me chercher, je sais qui je suis, fils de Roi, une personne régénérée créée à l'image de Dieu, et toute mon existence a un but, un sens, une direction, c'est fabuleux, je regrette seulement de ne pas avoir connu tout ça plus tôt, d'avoir gaspillé mon temps à des plaisirs vains, d'avoir gâché ma vie ! Et je souhaite à tout le monde de vivre cette merveilleuse expérience.

Tous les témoignages de convertis se suivent et se ressemblent. Au lieu de chercher maladivement qui on est, au lieu de tourner sans fin autour de soi comme une toupie, des autres et de la vie, finalement au lieu de vivre égoïstement ou brutalement, on s'intéresse désormais aux gens, on les aime comme ils sont, on leur tend la main – et on est aimé[2] ; au lieu de prendre son plaisir à faire souffrir les autres, on trouve son bonheur à faire le Bien, à aider, à partager ; on devient « sel de la terre » ![3] Au lieu de fuir le réel comme une autruche, au lieu de vivre dans l'illusion et dans les ténèbres, on cesse d'être aveugle, on reçoit la Lumière

---

[1]   Dans le Christianisme, si l'on voit le péché des autres au lieu de voir le sien en face, il n'y a pas de repentance et donc pas de conversion, pas de libération, pas de délivrance, pas de salut. On reste captif de son péché, de sa propre volonté, de ses illusions, on passe à côté du Bonheur et bien sûr ensuite de la vie éternelle promise aux bienheureux rachetés.

[2]   C'est toute la vie familiale ou en société qui change. En effet, quand on se cherche sans fin, quand on ne s'aime pas, on ne peut aimer les autres et être aimé d'eux, qu'il s'agisse du conjoint (« celui qui aime sa femme s'aime lui-même » dit la Bible), des enfants, des amis...

[3]   Matthieu V 13 et 14, « sel de la terre » et « lumière du monde ».

de Dieu et son Amour, et l'on devient à son tour « Lumière du monde », source d'Amour bienfaisant. A l'instant béni de la conversion, de la « nouvelle naissance en Christ » - je l'ai vu de mes yeux -, les membres de gangs troquent instantanément le poignard contre la Bible, comme Nicky Cruz ; les alcooliques cessent de noyer leur désespoir dans le vin ou la bière, à la place ils reçoivent les sources d'eau vive que le Ciel leur envoie ; les violents deviennent aussitôt des instruments de paix et d'amour, il n'y a plus de guerriers, de skinheads ou de fascistes... Avec un cœur complètement régénéré par la Puissance de l'Esprit Saint, tout devient possible, même les choses qui semblaient impossibles avant. Face à une authentique conversion, les experts sont confondus devant les résultats.

Nombreux parmi les membres de gangs ou les criminels les plus endurcis ont connu une expérience spirituelle forte et sont passés par l'instant béni de la conversion où Dieu, après avoir ôté le fardeau du péché, vient habiter un cœur et le régénérer complètement, moment magique où instantanément la haine fait place à l'Amour, où la Vie remplace la mort et la Lumière les ténèbres. Alors, aussitôt, ils rejettent les éléments indésirables de leur vie et leur substituent à la place les plus hautes valeurs, les pensées les plus élevées et les comportements les plus positifs.[1]

Une expérience aussi radicale, capable de retourner le cœur le plus endurci et les situations les plus inextricables, cela n'est bien sûr possible que lorsqu'on « rencontre » concrètement, intimement, personnellement Dieu, la foi vivante qui n'a rien de commun avec une doctrine, des rites, des pratiques, une religion quelconque[2]. Roberto, ancien

---

[1]   André Malraux : « La vie ne vaut la peine d'être vécue que dans sa partie la plus élevée ». « Le 21e siècle sera spirituel ou ne sera pas ».

[2]   Le Christianisme appelle cela la « nouvelle naissance », si différente d'un changement de mentalité ou du mode de vie, une conversion qui transforme radicalement l'individu, le transfigure complètement et le fait ressembler toujours davantage à son divin modèle ; c'est l'irruption du Saint Esprit dans une existence, c'est la vie de l'Esprit, avec comme conséquences des expériences fortes (« paroles de connaissances », « parler en langues », don de prophétie ou de guérison, prières exaucées de manière extraordinaire, etc.). A la différence des religions, Dieu n'est pas seulement le « maître », mais aussi le Père, le Père parfait, l'Ami fidèle et tendre de chaque instant, surtout les plus durs, attentif aux besoins, aux prières, incarné en Jésus, descendu jus-

membre de gang, devenu à Chicago responsable d'un Centre d'entraide aux jeunes de la rue, raconte :

— Se donner à Christ, c'est une aventure qu'on ne trouve pas dans un fusil, dans un bar ou dans une discothèque. La violence entre gangs m'a fait réfléchir ; j'en ai eu assez d'assister aux enterrements de mes copains. Un jour, ma route a croisé celle d'un prédicateur de rues. Il m'a aidé à voir mon péché en face, et à m'en débarrasser en acceptant la vie de Jésus Christ en moi. Je n'oublierai jamais ce jour-là ! Je suis devenu un autre homme, avec un cœur différent, des pensées différentes, des amis différents, des activités différentes, des projets différents. C'était toujours moi, et pourtant je n'étais plus la même personne, on ne me reconnaissait plus, mes ennemis devenaient mes amis, la vie prenait un sens nouveau pour moi, j'étais réconcilié avec moi-même et avec les autres. A ma suite, des copains se sont convertis, ma famille aussi et d'abord ma femme, car j'étais marié malgré mon jeune âge ; notre conversion a tout changé. J'étais incapable d'aimer ma femme, et d'avoir une relation vraie, profonde, adulte, mature avec elle, ni avec mes enfants et mes amis d'ailleurs. Ça ne marchait qu'avec les copains du gang, parce que c'étaient des relations qui me faisaient oublier le vide de ma vie. Maintenant, avec ma femme, on ne se dispute plus, on s'aime, nos deux fils sont heureux, et aujourd'hui ma femme et moi nous avons un programme commun de vie puisque ensemble nous servons Dieu et les jeunes de la rue. Notre existence est utile, bienfaisante, elle crée de l'espoir, du sens, de la joie, du bonheur. Ça c'est un programme de vie, c'est autre chose qu'une vie de galopin, c'est autre chose que l'illusoire fraternité des gangs ou des copains. Les copains, ça ne remplace jamais une vraie vie de famille et quand je me suis tourné vers Dieu, j'ai abandonné cette vie vaine, insouciante, instable, je suis devenu un homme, adulte, mûr, responsable, capable d'avoir de vraies relations avec les autres. Il y a partout dans le monde des gens

---

qu'à nous pour épouser notre condition humaine, se révéler, se rapprocher de nous et nous permettre, à notre tour, de « monter » jusqu'au Père, d'accéder à Lui par la foi débarrassée des pesantes institutions et des dérives sectaires (par exemple, insistant sur l'Apocalypse, les catastrophes, comme les Témoins de Jéhovah, ou sur les aspects formels, rigides, comme tant d'intégristes catholiques ou évangéliques prônant le repli sur soi).

malheureux et qui courent après le bonheur en s'étourdissant de plaisirs vains, toujours en quête de nouvelles activités, de nouveaux clubs, de nouvelles sensations, l'homme gaspille sa vie en allant d'une fête à l'autre, d'une sortie à l'autre, d'un copain à l'autre, il gaspille sa vie en buvant, en festoyant, en s'agitant, en courant, en concourant, il ne trouve pas le repos du cœur encore moins le bonheur ! Il est toujours aussi mal dans sa peau, toujours aussi insatisfait, alors il cherche de nouveaux plaisirs, de nouveaux copains, tout ça pour fuir d'abord sa solitude, ensuite le réel qu'il ne veut pas voir en face, son mal-être, le vide de son cœur et de sa vie. Et bien sûr, chacun rend l'autre responsable de son malheur. C'est si facile de divorcer de son conjoint, de rompre avec ses amis, de se débarrasser de ses enfants, de changer de travail et même de région, ça évite de voir ce qui ne va pas dans sa vie ou en soi, il suffit de rejeter la faute sur l'autre. Et malgré tous les copains d'un soir ou d'un week-end, on se retrouve seul, insatisfait, frustré, tourmenté, angoissé, profondément malheureux, et on meurt seul, abandonné de tous, d'un manque de savoir vivre... Ça n'amène rien, de rigoler avec les copains, au final ! C'est de la bêtise, de la vanité, et de l'orgueil, le plus gros péché, car on croit mieux savoir que Dieu ce qui est bon pour nous ! L'homme qui court après lui-même ou après les autres n'a pas de sagesse, sa vie est vide de sens, il s'achemine inexorablement vers la mort, seul, irrémédiablement seul, oublié de tous, car les copains, les sorties à droite et à gauche[1], ça ne remplace pas une famille, une vraie famille comme celle que j'ai retrouvée après ma conversion, une famille unie, soudée, aimante, se serrant les coudes, partageant tout. Alors oui, l'homme a besoin de Dieu, mais pour cela il doit voir sa misère en face, son péché en face, il doit voir qu'il est perdu sans Dieu ! Comment une personne qui ne sent pas le vide de son cœur et la vanité de son existence pourrait-elle ressentir le besoin de changer ? Comment une personne qui ne voit pas humblement en face sa misère, sa noirceur, son péché, pourrait-elle se repentir et être sauvée ? Comment l'homme qui ne voit pas l'amertume et la haine dans son cœur pourrait-il désirer être débarrassé de ces sentiments et voir la joie

---

[1]　« A quoi sert-il de gagner le monde entier si l'on perd son âme ? » (Matthieu XVI 26). Tous les biens de la terre, d'ailleurs, ne remplacent pas les biens impérissables de Dieu, la vraie vie et une famille, dit la Bible.

et l'Amour les remplacer ? Comment une personne faisant sa volonté, rien que sa volonté, décidant elle-même orgueilleusement de tout en se passant de son Créateur, de son Père, pourrait-elle lui remettre sa vie en confiance ? Si on est aveugle sur soi, sur les autres, sur la vie, on ne peut pas ressentir le besoin de Dieu, on ne peut pas se repentir, et donc on ne peut pas se convertir. Et l'on se prive de tout ce qui fait réellement du Bien. C'est parce que j'ai enfin compris tout ça qu'aujourd'hui j'annonce l'Evangile avec ma femme. Pour cela, pas besoin de structures, de théologie, d'inflation de paroles, les gens veulent voir des choses vécues, simples, contrôlables, ils veulent des témoignages ! Nous les leur donnons, en allant dans la rue, notre Église est dans la rue, il n'y a pas besoin de bâtiment quand on fait équipe avec l'Esprit Saint ! C'est lui qui ouvre les oreilles, les cœurs, les âmes. Avec ma femme, on a aidé plein de jeunes à s'en sortir, quelle satisfaction ! Il y a tellement plus de joie à donner qu'à recevoir, comme dit la Bible ! Oui, la croix de Jésus, le message central du christianisme, est une réalité pour tous ! Regarder à la croix, c'est être assuré d'être sauvé de soi, d'une vie inutile, de son péché, de la mort, de la damnation éternelle ! Dieu est Amour, mais Il est aussi Juge, notre Juge ! Oui, on a tout à gagner à faire équipe avec Jésus, rien à perdre !

Roberto fait partie de cette génération d'anciens membres de gangs sauvés par une puissante force de vie en eux et désireux de partager leur foi avec ceux qui sont restés dans la rue. Tous les jours, armés seulement de la Bible, ils arpentent le bitume à la recherche des âmes perdues, avides de vérité, d'Amour vrai, de reconnaissance véritable. Quand le quartier s'embrase, ils sont les seuls à s'aventurer au milieu des bandes rivales pour tenter de désamorcer les tensions, pour apporter une parole de paix. Ils n'ont pas peur, ils n'ont pas besoin de couteau à cran d'arrêt, ils sont protégés par la Providence[1]. Par leur seule présence, ils apaisent les situations les plus aiguës, ils calment les ardeurs les plus guerrières, ils vont là ou plus personne n'ose aller, por-

---

[1]   Voir Ephésiens VI 14 et suivants, les « armes » que Dieu donne au croyant, ou encore 1 Thessaloniciens V 8 « Nous devons porter la foi et l'amour comme une cuirasse, et notre espérance du salut comme un casque ».

tant partout la bonne parole de paix et l'espérance d'une vie meilleure en Jésus-Christ[2].

Dans les sous-quartiers des grandes villes américaines, chaque artère, pratiquement, a son Eglise, généralement pentecôtiste, fournissant conseils, activités récréatives et parfois aide matérielle aux jeunes desperados des rues. Prêtres et pasteurs tentent de réorienter le comportement des kids, ils essaient de venir à bout des gangs en les accueillant et en prêchant l'amour de Jésus-Christ. Pour enrayer le phénomène de la criminalité et de la délinquance, ils mettent en place de véritables programmes religieux en direction des jeunes ; Nicky Cruz, l'ancien chef des Mau-Mau devenu pasteur des bas-fonds et évangéliste de renommée internationale, plaide pour une Eglise différente :

— Les Eglises doivent devenir de véritables centres d'accueil, des lieux de vie, ouverts à tous, en particulier aux plus déshérités et aux plus jeunes, avant qu'ils ne sombrent dans la délinquance. Il vaut mieux atteindre les gangs par la conversion que par la force. Alors, on peut tout concevoir pour eux, même aménager le sous-sol d'une Eglise pour le transformer en dancing afin que les mômes puissent y organiser leurs parties. L'Evangile doit être proposé comme mesure d'expression et d'apaisement. Par exemple, il faut rappeler avant tout le caractère sacré de la vie. On entend dire partout que les jeunes manquent de repères, de valeurs. Mais quels repères, quelles valeurs cherche-t-on à leur inculquer ? On ne parle jamais de ce qui peut donner sens à l'existence ; il faut revenir aux sources de la Vie, de l'Amour, de la Paix, de la Justice, de la Vérité, de la Sagesse, c'est-à-dire à Dieu lui-même. Sans cela, tout travail est inutile. Et quand on a affaire à des drogués, il faut insister sur l'Amour comme réponse, amour donné par la famille, bien sûr, mais aussi et surtout, de Jésus-Christ. Trouver Jésus-Christ, c'est voir s'incarner les promesses de pardon, de grâce et de vie nouvelle. Les jeunes ne veulent pas d'une doctrine, de la religion, ils souhaitent avoir des réponses à leurs problèmes, ils désirent expérimenter la vie chré-

---

[2]   Nous avons participé, avec des équipes de rues, au travail d'évangélisation organisé par Cookie Rodriguez à Chicago et avec elle-même, ou par Roberto l'ancien chef de gang, ou encore par Teen Challenge. Elles vont partout, même au milieu d'un parc où deux bandes sont prêtes à s'affronter.

tienne, connaître le Dieu vivant de la Bible, c'est-à-dire celui qui se révèle personnellement et qui sauve, qui libère aujourd'hui comme hier. Quand ils se convertissent, ils expérimentent la nouvelle naissance en Christ,[1] ils se considèrent comme nés de nouveau. Ça, ça n'a rien à voir avec une religion, c'est vivant, c'est puissant, c'est mobilisateur. En effet, la nouvelle naissance n'est pas juste une expérience religieuse, mais un changement radical de vie, la personne est complètement retournée. Moi, par exemple, avant de devenir chrétien, je tuais sans le moindre remords, maintenant je sauve des âmes. Il faut que chacun cerne l'essentiel, c'est-à-dire les besoins de l'âme. Il n'y a pas d'autre recette pour être vraiment heureux, durablement heureux d'un bonheur qui ne dépend pas des circonstances ! Quand on a compris qu'on a besoin d'être régénéré complètement, alors Dieu se révèle. En effet, pour guérir il faut se sentir malade. Celui qui se croit bien portant n'a pas besoin de médecin. L'enfer ce n'est pas les autres, c'est soi. Alors examinons-nous honnêtement, c'est le début de la sagesse. Et quand on s'examine sincèrement, on trouve nécessairement Dieu au bout, parce que la conscience du péché conduit à la repentance qui elle-même conduit au Salut. Dieu est venu libérer l'homme du lourd fardeau du péché. Encore faut-il qu'il se sente pécheur pour être délivré, régénéré, et sauvé de la damnation éternelle. En effet, le salaire du péché, c'est la mort. Nous sommes tous des condamnés à mort en sursis. Y songeons-nous ? Voulons-nous voir la sentence éternelle exécutée ? Non ? Alors arrêtons de nous abuser, demandons à Dieu de nous libérer de notre propre péché, pas de celui des autres ou de leur personne pour éviter de se voir comme on est. Dieu est puissant, Il est miséricordieux, Il est fidèle, Il nous pardonne nos péchés et nous en purifie si nous le lui demandons. C'est simple ! Il suffit de demander, et Il le fait, on peut repartir à zéro ! Finie la quête insatiable d'identité, de reconnaissance, de statut, de nouveaux copains, de plaisirs frivoles et d'argent ! Envolés, la haine, la violence, l'amertume, le désespoir ! Seul Dieu peut enrayer la mécanique infernale du péché, du malheur, de la mort. Et si les kids des gangs croient en Dieu, c'est le moyen de prévention de la délinquance le plus sûr. A vrai dire, je n'en connais pas de plus radical, de plus sûr,

---

[1]   Jean III 3 : « Personne ne peut voir le Royaume de Dieu s'il ne naît de nouveau ».

de plus efficace, je suis placé pour le savoir puisque la foi en Christ m'a sauvé des bandes, de l'alcool, des bagarres, des crimes, de la délinquance, de la haine, du ressentiment, et cela instantanément ! Ça, c'est mieux que tous les discours du monde !

Le ministère des rues connaît une vague croissante aux Etats-Unis, parallèlement à la montée de la violence juvénile ; généralement, l'évangélisation est faite la nuit, par groupes de deux ou de trois, même dans les endroits où la Police elle-même hésite à aller. Le prêche est joyeux, il s'accompagne de témoignages, de chants aussi. Un jeune évangéliste raconte :

— Quand on part dans les rues, on s'attend à tout, même à être volé, insulté, menacé, mais surtout on s'attend à ce qui paraît impossible, c'est-à-dire la conversion des âmes les plus malmenées par l'existence, des cœurs les plus haineux, les plus aigris. Nos interlocuteurs se font passer pour des caïds, en réalité ils sont assoiffés d'amour ! L'Amour, c'est notre meilleur allié, la seule réponse, l'armure véritable en cas d'agression. Les jeunes que nous rencontrons dans la rue doivent reprendre confiance en eux, ils doivent apprendre à faire les bons choix et à avoir le courage de dire non, même si c'est impopulaire, ils doivent bien choisir leurs relations et avoir des buts positifs dans la vie. Tout est à faire, rien n'est impossible quand on fait équipe avec Jésus-Christ lui-même, on a la victoire ! C'est lui qui nous donne l'audace d'aller partout, même dans les shooting galeries ou dans le quartier général d'un gang ! Quelle vie passionnante !

Parfois, le travail des rues se fait dans des rallies, de grands rassemblements ; il suffit de dresser une estrade, un haut parleur et un drapeau américain, d'installer des projecteurs, et l'évangélisation peut commencer. Un orchestre chauffe l'auditoire, la musique est chaleureuse, entraînante, envoûtante même, les auditeurs improvisés communient peu à peu dans une même ferveur chargée d'émotion ; puis les témoins se succèdent, ils racontent tous leur histoire, variée comme la vie et pourtant toujours la même : un jour, ils ont rencontré la Vérité, l'Amour parfait ; leur existence a été bouleversée, métamorphosée, ressuscitée ! Les témoignages sont interrompus par des « Amen », des « Oh God ! », des « You right ! » A l'issue du rassemblement, le principal témoin lance un appel à la conversion, les gens se lèvent et reçoivent l'imposition des mains précédant leur guérison ou leur libération.

Malheureusement, dans les grands rassemblements il n'y a pas assez de fidèles pour accompagner ensuite, spirituellement, chaque nouveau converti. Beaucoup retombent faute d'un suivi individuel.

Le travail de rues peut aussi se poursuivre dans les coffee-bars et autres lieux de rencontre et d'accompagnement sponsorisés par l'Eglise, ou indépendants. On en trouve partout, dans le sous-sol des églises, dans les magasins désaffectés, dans des maisons abandonnées. Attentives au parcours de chacun, les équipes se chargent de conseiller ceux qui viennent les voir, elles entreprennent un travail de reconstruction de la personne, elles apportent le message du salut.

Mais la plus grande partie de l'évangélisation et de l'accompagnement se fait dehors, dans la rue, là où sont les kids. Une fois convertis, les adolescents propagent à leur tour la bonne nouvelle de l'Evangile, poussés par l'Esprit Saint :

— Moi, confesse un ancien drogué, je suis venu du crack au Christ, de la prison à la prière, de la mort à la Vie, des ténèbres à la Lumière. J'étais aveugle, aujourd'hui je vois ; je suis passé de la dope à l'espoir, je ne pense plus aux trucs mauvais, Dieu m'a sauvé de l'enfer de la rue simplement parce que j'ai cru en Lui. Ce qui m'est arrivé, tout le monde peut le vivre, il suffit de le vouloir et de le croire !

Le travail des rues connaît son expression la plus parfaite avec Douglas, un jeune pasteur qui a décidé de refuser la fatalité des gangs et de s'immerger dans leur territoire.

Quand il arrive de Californie, en 1970, Doug Heilman ne se doute pas de ce qui l'attend en tant qu'assistant du pasteur de l'église luthérienne Brethéran, sur la 59e rue. Dans sa tâche, il a l'occasion de rencontrer les membres de gang du quartier, des kids qui savent que l'Eglise a mis au point un programme d'assistance alimentaire aux plus démunis. Il prend goût au contact avec les bandes, et décide de se consacrer complètement à elles.

Après avoir démissionné de son poste d'assistant, Doug s'installe dans un petit deux pièces à New York où il donne des cours bibliques deux après-midi par semaine à une cinquantaine de membres de gangs du quartier. Le propriétaire de l'appartement est furieux : le logement ne doit pas servir comme centre de jeunes. Puisqu'il doit arrêter les réunions, Doug les continue directement dans la rue, là où sont les membres de gangs, sur le bitume, dans leur environnement propre. En 1975, le jeune pasteur loue treize pièces sur la 7e avenue, puis il achète toute la maison avec des fonds privés émanant de parents et d'amis chrétiens : Disciple ship Inc est né. Au rez-de-chaussée se trouve le bureau ; le living et la cuisine, aux étages supérieurs. Doug s'installe avec trois kids, et les pièces du haut sont réservées aux garçons qui n'ont pas de logement. Désormais, Doug contrôle l'activité des dix-sept gangs de Sunset Park, une zone de Brooklyn au taux criminel particulièrement élevé, il règne sur trente-six blocs de long sur douze de large, en fait une multitude de bâtiments plus ou moins abandonnés squattés par les jeunes chassés de leur famille ou trop malheureux chez eux.

Mince et barbu, la mine avenante, le pasteur californien conquiert rapidement le cœur des mômes des rues, assoiffés de tendresse, de reconnaissance, et à la recherche d'une figure de l'autorité paternelle. Doug comprend rapidement l'avantage qu'il a d'être le substitut du père défaillant, il sait que cette image l'autorise à parler avec autorité aux kids déstructurés :

— Les enfants ont besoin d'amour et de discipline, reconnaît-il volontiers ; aucun gamin n'est irrécupérable, ils ont besoin qu'on les respecte comme tout être humain, qu'on leur fasse confiance, qu'on les aide à s'en sortir ; même s'il font partie d'une bande, ils se sentent seuls, apeurés, ils n'ont personne à qui parler de leurs problèmes intérieurs ; s'ils attaquent, c'est pour prouver qu'ils sont des durs ! Mais derrière leur carapace, il y a un immense besoin d'amour, les garçons cherchent quelqu'un à aimer et qui les aime, quelqu'un, aussi, sur qui ils puissent compter car ils ne savent pas où aller, ils sont rejetés de partout, ils haïssent jusqu'à leur origine portoricaine ou africaine. Moi, je suis celui qu'on peut aimer et qui aime, je suis le père qu'ils n'ont pas eu, je suis le modèle, le repère. Parce qu'ils me respectent, ils m'écoutent ; au lieu de se battre, ils se laissent éduquer. Il faut les inciter à contrôler leurs impulsions destructrices, il faut réorienter leur énergie vers des buts plus productifs. En bon père, je passe mes journées à les surveiller ; un jeune a besoin de sentir qu'il a quelqu'un derrière lui, quelqu'un de solide sur qui il peut s'appuyer, quelqu'un d'attentif pour l'encadrer, le guider, le conseiller, l'empêcher de faire des bêtises.

Doug connaît par cœur son périmètre, chaque pâté de maison et chaque teen-ager qu'il appelle d'ailleurs par son prénom. Tous les jours, en voiture, il parcourt les rues inlassablement, méthodiquement, patiemment.[1] Là, il interroge un kid sur ses projets, ses activités, plus loin il intervient en tant que médiateur, ailleurs on l'arrête pour un mot d'encouragement, des conseils, un entretien. Quand il ne passe pas, on se pose des questions. Partout, le pasteur a des amis :

— Ce n'est pas en ayant une belle piscine ou une belle salle de danse qu'on touche les jeunes, c'est en les cherchant là où ils sont, c'est-à-dire dans la rue. L'Eglise est trop longtemps restée à l'écart ; si elle veut survivre, il faut qu'elle aille là où on l'appelle. Personnellement, je préfère m'occuper des gangs, les drogués sont trop abrutis, trop abêtis, comme

---

[1] Nous l'avons accompagné dans ses tournées quotidiennes.

les alcooliques. Mais j'évite de travailler avec la bande au complet, je préfère m'occuper de chaque garçon en particulier[1] tout en sachant parfaitement qu'il vaut mieux atteindre en priorité un leader, parce qu'il a de l'ascendant sur son groupe. En recueillant les confidences des boys, je peux apprendre qu'il va bientôt y avoir une rumble, et là je joue à fond le rôle de médiateur, je suis toujours là pour aider, pour prévenir les ennuis, jamais pour condamner ; je sais trop combien le quotidien de ces jeunes est dur ! Sans amour ni autorité, sous-alimentés, privés de repères et d'éducation, ils luttent pour survivre dans un monde hostile. La violence c'est leur mode de vie, ils n'en connaissent pas d'autre ! La violence, et l'ennui ! Comme ils n'ont aucune activité, rien à faire, ils errent, ils traînent leur désœuvrement forcé, ils font mille bêtises pour occuper leur temps. Je prends en charge cinq cents boys en patrouillant dans les rues de Sunset Park. Les nuits d'été, chaudes, sont pleines de tension ; j'essaie d'apaiser les conflits entre les gangs, je tente d'empêcher les bagarres. En 1979, malgré tous mes efforts, j'ai perdu quatorze de mes garçons de mort violente et en cinq ans de travail, j'ai vu mourir cinquante jeunes dans des guerres de gangs. C'est insupportable ! Malgré tout, ce que je fais porte ses fruits, beaucoup d'entre eux cherchent à abandonner cette existence, ils veulent se marier, avoir des enfants, une famille, une vie stable plutôt que de courir à tous vents, dans une fuite en avant qui souvent d'ailleurs s'achève dans le sang ou en prison. Je suis là pour les aider à trouver une formation ou un boulot, je leur donne une carte d'introduction et au dos de ma carte de visite j'inscris le nom et l'adresse d'un organisme ou d'une entreprise où ils peuvent se présenter de ma part. Et bien sûr j'interviens en cas de crise, quand il y a risque de conflit, d'overdose, de tentative de suicide ou de divorce. Certains jeunes se marient pour se stabiliser et ils ne sont pas mûrs pour être de bons maris et de bons pères, alors ils abandonnent femme et enfants, je suis là pour les raisonner, pour rappeler leurs devoirs. Les gosses sont très immatures, ils préfèrent leur vie insouciante à une existence rangée. Dans ces cas-là, comme dans les autres, il faut écouter, conseiller, guider, responsabiliser, réorienter. Ma récompense, c'est lorsque les boys, dans la rue, m'interpellent : « Hé,

---

[1]   C'est la recette de son succès ! Outre le fait qu'il inspire du respect aux garçons, parce qu'il incarne la figure paternelle qui manque cruellement aux kids.

Pops[1] ! », lorsqu'ils m'entourent et me posent mille questions, quand ils prennent rendez-vous avec moi pour aller plus loin... Certes, je suis dur avec eux, mais quand ça ne va pas je sais aussi les serrer dans mes bras, j'aime ces gamins, et ils me le rendent bien ! Ce que je fais est un travail de longue haleine, mais au bout de cinq ans, j'ai commencé à voir des résultats tangibles, de nombreux jeunes sont devenus des adultes responsables, assumant leur rôle de mari et de père de famille. Certains, même, m'aident dans mon ministère, à différents niveaux !

Pour ses protégés, Doug se dépense sans compter ; il se couche à trois heures du matin et se lève à sept heures, souvent on l'appelle en pleine nuit pour apaiser un conflit aigu, il est d'ailleurs lui-même constamment en liaison avec l'hôpital local qui le prévient dès qu'on amène un blessé ou un mort. Une ou deux fois par semaine, le jeune pasteur se mue en visiteur de prison[2], ou bien il suit ses boys au tribunal, il les accompagne pour être sûr qu'ils se rendent aux convocations ; parfois le juge lui confie un garçon pour lui éviter la prison. Quand un membre de gang est arrêté, Doug reçoit souvent le premier appel que le jeune a le droit de passer. Plus généralement, le pasteur est sollicité par les gangs eux-mêmes quand ils sont impliqués dans des ennuis dont ils ne peuvent sortir eux-mêmes. Comme son nom circule partout, il arrive que des bandes rivales le contactent, ou des gangs qu'il ne connaît même pas !

Tous les kids qui partagent l'appartement de Doug ou qui sont hébergés à l'étage au-dessus, viennent de familles à problèmes ou sont issus des gangs locaux, comme celui des « Dirty Ones[3] » ; le pasteur ne se contente pas de leur fournir un abri, un toit, il leur inculque certaines valeurs, notamment le sens de la discipline, de l'ordre, du respect ; son influence a contribué à changer radicalement la vie de certains garçons du quartier : ainsi, Lorenzo, ancien Président d'une section de cent membres d'un gang criminel, est devenu juriste ; ou Georges, drogué depuis l'âge de onze ans, aujourd'hui pasteur de deux petites églises ;

---

[1]   « Pops », surnom amical donné à Douglas.

[2]   Doug correspond régulièrement avec tous ses protégés en prison.

[3]   « Les sales ».

ou encore Miguel, impliqué dans la drogue, le crime et la prison, avant de devenir l'assistant personnel du pasteur, à la suite de sa rencontre avec Jésus- Christ. Doug pense que si un teen-ager veut être aidé, il faut lui donner toute l'assistance dont il a besoin. Le pasteur ne convertit pas, il n'évangélise pas dans la rue, mais sa popularité est telle que les chefs de gangs eux-mêmes sollicitent aide et conseils :

— Au début, j'ai commencé à prêcher, une cinquantaine de jeunes sont venus, et avec le temps il en arrivait de partout. Les boys me demandaient d'aller dans la rue avec eux pour parler de leurs problèmes ; c'est ainsi que mon ministère de rues est né. Mais on ne peut pas rester dans le gang ou dans la drogue et être avec Christ. En fait, la plupart des garçons recherchent Dieu à leur façon ; ils ne veulent pas seulement un nouvel environnement, une affection vraie et une vie qui a du sens, ils veulent repartir à zéro, être entourés d'amour et non de haine et de peur. Et ça, seul Jésus-Christ peut le faire, ils savent au fond d'eux-mêmes que l'Amour du Christ est la réponse. Alors, chez moi, je ne leur offre pas un programme de réhabilitation mais un lieu où découvrir la foi et l'approfondir. Quand un jeune se convertit, d'ailleurs, il ne peut rentrer chez lui, il a besoin d'un toit où il peut croître spirituellement et émotionnellement.

Parce qu'il est attaché plus particulièrement à Rolf, Doug l'a adopté. Le garçon n'avait plus de famille, ses parents étaient séparés ; il s'est retrouvé dans la rue, où il a commis un vol, le premier et le dernier. En prison, Rolf a rencontré Doug qui lui a parlé de Jésus Christ :

— Doug, ça a été la première personne qui m'a dit des choses positives, qui m'a donné confiance en moi. Avec lui, on se sent relax, en paix, on ne pense plus aux trucs mauvais, aux fusillades, aux vols, aux bêtises. On quitte le mal pour le Bien ! Doug, maintenant, c'est mon père. Je vais travailler avec lui à son Centre : grâce à lui, je suis clean, j'ai un projet de vie, je suis heureux. Et j'ai renoué avec ma famille, désormais je m'entends bien avec elle, j'ai des amis, tout a changé ; on me respecte ! Doug représente tout pour moi ; je lui dois tout. Et parce que j'ai moi-même changé, je veux aider les autres, leur dire qu'il y a de l'espoir pour eux, qu'ils peuvent s'en sortir. Il faut comprendre les jeunes qui sont dans la rue, dans la violence, ils n'ont rien d'autre, il faut les regarder d'une autre manière, et aussi devenir un guide pour eux.

Grâce à Doug, l'espérance a jailli à Brooklyn.

Cookie Rodriguez incarne parfaitement la transformation radicale que vivent encore aujourd'hui des milliers de jeunes desperados au pays de l'Oncle Sam, où l'on manie avec autant de dextérité le colt... que la Bible !

Et c'est la Bible que Cookie, une ancienne prostituée, droguée et membre de gang, croise un jour sur sa route, la faisant passer instantanément de la mort à la Vie. Son témoignage est édifiant : fille de Portoricains, elle s'installe à New York. Son père boit, les enfants se retrouvent dans la rue, coincés entre la misère et la violence. Pour se protéger, Cookie entre dans un gang et très vite, elle prend la tête du clan des filles, parce qu'elle aime se battre.

— Chez moi, raconte-t-elle, on s'affrontait comme des bêtes dans une seule pièce ; j'avais un père, à la différence de nombreux potes, mais c'était comme si je n'en avais pas, car il avait fui ses responsabilités avant ma naissance. Alors, oui, j'étais marquée pour toujours, je ne me respectais pas, ni les autres, ni l'école, rien, je poussais tout de travers comme un arbre sans tuteur et je n'en faisais qu'à ma tête. Pourtant, au fond de moi je rêvais d'amour, de respect, de dignité, de sécurité, de stabilité, je ne voulais pas d'une famille où l'on se traitait comme des chiens et où il n'y avait que la débrouille, le chacun pour soi, le manque de considération, comme valeurs ! Et avec toutes les blessures que je portais en moi, je n'étais pas préparée à vivre normalement, je ne me sentais bien nulle part, j'étais toujours insatisfaite. Ça ne marchait nulle part, et surtout pas à l'école que je détestais. Alors, pour me protéger, je m'étais constitué une carapace en devenant ce qu'on appelle une dure à cuire. Bientôt, d'ailleurs, on me demanda de faire partie d'un gang et même de diriger le clan des filles parce que je savais bien me battre. Mais plus j'allais avec le gang, plus je m'endurcissais. On se bagarrait tout le temps, pour rien, pour un regard de travers, pour une insulte, pour une peau de couleur différente... On n'avait qu'une idée en tête : tuer ! Les rues étaient notre propriété, il fallait défendre l'honneur et la réputation du gang. J'ai vu les copains mourir les uns après les autres, simplement parce qu'ils n'aimaient pas les garçons qui avaient une peau plus sombre qu'eux ou qui vivaient sur un territoire différent du leur. Quand je me battais, j'avais peur, mais je ne voulais pas le montrer, et la peur me rendait toujours plus violente ; pour me protéger, je frappais la première ; j'avais compris que la meilleurs défense, c'est l'attaque, c'est un principe qui m'a souvent sauvé la vie. On peut le dire, j'ai vu souvent la mort de près ! Je croyais que le gang était ma famille, que mes copains étaient ma vraie famille, mais au fond de moi je me sentais seule, et j'étais seule, vraiment seule. Alors, je jouais à la dure, et bien sûr je devenais de plus en plus dure, jusqu'au moment où, à l'école, j'ai tabassé mon professeur, ce qui m'a valu le renvoi et un séjour en établissement psychiatrique. Ça n'a rien arrangé, bien au contraire ! Le psychiatre ne guérit pas, il se contente de diagnostiquer le mal, ce qui ajoute finalement de nouveaux problèmes aux anciens. Quand je sortis de l'hôpital psychiatrique, la haine que j'éprouvais pour moi avait augmenté. Je retournais dans le gang, mais il avait changé ; avant, les gars buvaient du vin bon marché, de la bière, ou même du whisky de mauvaise qualité ; ils fumaient de l'herbe. Désormais, ils se droguaient ! C'est exceptionnel pour un gang qui a besoin de toute son énergie pour se battre. Quant à moi, je fis comme eux, j'ajoutai la drogue à tous mes problèmes. C'était le commencement de la fin ! J'avais goûté l'héroïne par curiosité, et j'en suis devenue l'esclave, comme je l'étais de mon gang. Je planais, je riais, j'agissait comme une folle. Ainsi, le gang débouchait sur l'enfer, la drogue et la folie. Je passais mon temps à me battre, à me disputer avec tout le monde, mais chaque fois que j'étais en colère contre les autres, cela signifiait que j'étais en colère contre moi, et bien sûr je ne le savais pas, j'étais aveugle sur la réalité. La haine que j'éprouvais contre le monde entier était en fait de la haine contre moi. Alors, il me fallait des boucs émissaires ! Et plus j'avais de problèmes, plus j'étais violente, plus j'étais esclave de tous les vices. Quand ça allait trop mal, on m'envoyait au poste de Police ou à l'hôpital psychiatrique ; j'avais complètement gâché ma vie.

Mon passé me collait à la peau, et mon avenir n'existait pas. Après avoir fait les quatre cents coups avec n'importe qui, il ne me restait que l'amertume. Les sorties, les copains, la boisson, la drogue, c'était ma manière d'échapper à la réalité que je ne voulais pas voir. Je n'avais pas de but, personne qui m'aime réellement, personne qui me comprenne vraiment, rien à quoi me raccrocher ; je tournais en rond, je fuyais toujours plus le vide de mon existence en le remplissant n'importe comment, avec n'importe qui, avec n'importe quoi, même la drogue. Et pour satisfaire mon besoin d'héroïne, je volais, même ma propre famille, puis je me prostituais. C'était affreux ! Je vendais mon corps à des détractés, à des pervers, à des sadiques. Un jour, j'ai appris que j'attendais un enfant. Le père buvait, volait, se droguait. Nous n'étions pas capables d'élever notre fils, je ne savais plus quoi faire ! Alors, je me suis tournée vers le spiritisme ; j'aurais fait n'importe quoi pour trouver une réponse à mes problèmes ! Mais cette solution échoua comme les autres. Il ne me restait que le vide, la peur, l'angoisse. J'étais perdue ! Alors, je me piquais de plus en plus, je faisais la navette entre l'hôpital psychiatrique et la prison. Autour de moi, il n'y avait que des détraqués, des drogués, des alcooliques, des sadiques, des pervers, des paranoïaques... Mais il y avait aussi là-haut quelqu'un qui ne me perdait pas de vue : Il savait que j'aurais haï et tué le monde entier si je pouvais, mais Lui voulait déverser son amour dans mon cœur, transformer mon amertume chronique en amour.

Un jour, Cookie rencontre un drogué qui a réussi à s'en sortir grâce à David Wilkerson, le pasteur de « La Croix et le Poignard » et fondateur de Teen Challenge. La Portoricaine demande à Dieu d'entrer dans sa vie, c'est un acte volontaire et il est immédiatement suivi d'effet :

— Au centre de désintoxication de Teen Challenge, il y avait des garçons qui racontaient comment Jésus les avait transformés de fond en comble. Tous ces témoignages disaient la même chose, c'était vraiment étrange, d'autant plus que je voyais bien que ces garçons avaient l'air heureux. Un jour, j'ai accepté de participer à un rallye de jeunes, c'était David Wilkerson en personne qui prêchait. Il racontait comment l'Amour de Jésus avait triomphé dans le cœur haineux de membres de gangs, comment la croix avait vaincu le poignard. Ce jour-là, j'ai voulu vivre la même chose, alors j'ai donné ma vie au Seigneur. Et j'ai aussitôt senti la chaleur de l'Amour de Dieu. Moi qui étais dure, insensible, violente, haineuse, agressive, remplie de rébellion et de ressentiment, j'expérimentais le pardon, la paix, la joie, l'Amour. Une vraie révolution ![1] Parce que j'avais ressenti le besoin de Dieu, parce que j'avais eu le désir sincère de changer, Il pouvait me transformer ! C'est simple, finalement, il suffit de vouloir changer, de reconnaître qu'on a besoin de Dieu, qu'on est perdu sans Lui ; quelle merveilleuse aventure ! Brusquement, je me sentais bien dans ma peau, et je savais qui j'étais, mon existence prenait un sens, j'étais enfin heureuse ! Dieu avait bâti en moi sa merveilleuse maison d'Amour, j'étais aimée, et alors je pouvais enfin aimer à mon tour ; oui, Jésus est vivant, je l'ai expérimenté, et des millions de gens ont fait cette merveilleuse expérience ! Aujourd'hui comme il y a 2 000 ans, on peut passer de la haine à l'Amour, de la mort à la Vie, des ténèbres à la Lumière !

A la suite de cette expérience, Cookie se réconcilie avec sa famille, elle ne boit plus, elle ne se drogue plus, elle ne se prostitue plus, elle n'inflige plus à son fils ses mauvaises fréquentations, et elle s'occupe des jeunes de la rue avec Demi, son mari.

– C'est exactement l'époux qu'il me faut ! précise Cookie avec enthousiasme. Dieu sait ce dont nous avons besoin, et Il nous donne l'existence dont on rêve. Après ma conversion, les situations qui me paraissaient sans issue ont été résolues les unes après les autres, tous mes fardeaux ont disparu, mon passé a été complètement effacé, il n'est plus un poids pour moi. C'est un véritable miracle ! Je me sens légère, légère, je suis bien dans ma peau, j'ai des amis, maintenant, de vrais amis, et surtout une famille, je suis heureuse, vraiment heureuse. Oui, il est possible de tout recommencer à zéro ; même à 30 ou à 60 ans ! Et maintenant, j'ai une existence qui a un but et qui vaut la peine d'être vécue. Jésus m'a sauvée, de moi, de mon péché, du mal, des mauvaises fréquentations qui corrompent l'âme, des plaisirs vains, des choix absurdes, de tous les pièges de la vie !

---

[1] Cookie raconte cette expérience dans un superbe livre, « Larmes de délivrance » (Editions Vida).

Cookie est intarissable quand elle témoigne ; elle raconte le bonheur d'être « née de nouveau » ; de s'être réalisée, d'aimer et d'être aimée, d'avoir une vraie famille et une vie passionnante :

— Une vraie prison était au fond de moi, elle a été renversée ! Jésus m'a libérée de mon passé, de mes blessures intérieures, de mes angoisses, de mes complexes, de mes blocages, de mes refoulements, de mes inhibitions, de mes insomnies, de mon amertume chronique, de ma méchanceté, de ma dureté, de mon orgueil, de mon égoïsme, de ma haine – une haine dont je ne soupçonnais pas du tout l'existence et qui pourtant était réelle – oui Il a fait tout ça, et bien d'autres choses encore ! Maintenant, je suis une femme libérée, libre de pardonner, d'aimer, de faire le bien. Avant, sans le savoir, j'étais prisonnière ! Et maintenant, je vis chaque jour une aventure exaltante.

Lorsqu'elle organise une croisade en plein Territoire de gangs, juchée sur une estrade improvisée, Cookie n'oublie jamais de lancer un appel à la conversion. Elle connaît les mots qui font mouche :

— Quand on a tout essayé, tout souffert, c'est merveilleux de rencontrer Jésus. Il frappe à la porte de notre cœur. Si on entend sa voix maintenant, il faut lui ouvrir tout de suite, il ne faut surtout pas endurcir son cœur, demain il sera peut-être trop tard ! Avec Lui, tout est possible, même et surtout l'impossible !

Cookie, les kids des gangs l'écoutent, parce qu'elle a été pétrie dans leur quartier, modelée comme eux dans la rue et pour la rue. En cette fille sauvage, âpre comme le macadam, ils flairent instantanément l'âme des bas-fonds, l'âme de « leurs » bas-fonds[1].

---

[1]   Avec son mari Demi, un ancien drogué comme elle, Cookie a mis en place différents programmes de réhabilitation, notamment à Chicago et en Pennsylvanie : « New Life For Girls », « New Life For Children »... La devise est biblique : « Vous connaîtrez la Vérité, et la Vérité vous affranchira ». New Life For Children s'occupe des enfants des mères prises en charge à « New Life For Girls ». Une seule condition d'admission : les femmes accueillies doivent reconnaître qu'elles ont besoin de Dieu et qu'elles veulent changer. Le taux de réussite est de 75% environ. Au programme de « New Life For Girls » : études bibliques, cultes quotidiens, formation au travail, apprentissage de la discipline... Cookie travaille dans l'urgence. Sitôt un appel de détresse reçu, elle est capable de faire 500 km pour chercher celui ou celle qui la sollicite. Celui, ou celle, car si les programmes sont réservés aux femmes, Cookie ne ferme

Et ils répondent nombreux à l'appel, abandonnant aussitôt leurs querelles, leurs disputes, leurs combats, leurs haines, leurs violences stupides. A leur tour, ils deviennent pour leurs pairs des instruments de libération !

Et plus dure est la chute, plus belle est la résurrection !

---

la porte à aucune souffrance, à aucun besoin, elle est prête à accueillir tous ceux qui le demandent. C'est la souplesse de la méthode qui fait la différence avec les autres institutions. Cookie ne se contente pas d'évangéliser dans ses différents Centres, elle prêche également dans la rue ou dans les coffee-bars.

Pour certains, la prévention, la tolérance ont atteint leurs limites. Beau-coup d'Américains penchent en effet pour une politique de répression plus affirmée, pouvant seule à leurs yeux résoudre les problèmes de délinquance et de violence.

New York était considérée comme la capitale du crime ; personne n'osait s'aventurer dans certains quartiers comme le Bronx ou Brook-lyn, jusqu'à l'arrivée d'un chef de Police, William Bratton, nommé en 1994 par le nouveau maire républicain Rudolph Giuliani.[1] Ensemble, ils décidèrent d'appliquer la théorie de la vitre cassée, la politique de tolérance zéro prônée par les criminologues James P. Wilson et George Z. Kelling en 1982 dans un article retentissant.

D'après la théorie de la vitre brisée, lorsqu'un carreau cassé dans un bâtiment donnant sur la rue n'est pas réparé, toutes les vitres de l'immeuble seront cassées à leur tour : la dégradation visible crée un climat propice à sa perpétuation, elle encourage d'autres méfaits. Il faut commencer par les petites choses, vandalisme, injure, mendicité, ivresse, tags sur les murs, agressivité, incivisme contre les biens et les personnes qui rendent la vie insupportable ; si on ne répare pas le premier carreau, un deuxième est cassé, puis un troisième et ainsi de suite, il ne faut pas attendre qu'une infraction mineure devienne plus importante, bref le moindre délit doit être sanctionné ; c'est la politique de la tolérance zéro qui veut étouffer dans l'œuf la criminalité. Un policier explique :

— Pour mater les habitants, pour dissuader les voyous, on ne laisse rien passer, on intervient pour un délit mineur, même une incivilité légère, car elle peut conduire à un crime majeur. Si on ne remplace pas

---

[1] Giuliani a été élu pour « nettoyer » la ville de New York.

un carreau cassé, cela montre que l'on ne prend pas soin du bâtiment et cela encourage d'autres méfaits. Parfois, il nous arrive d'arrêter quelqu'un pour un délit mineur, par exemple la mendicité, une injure, un comportement agressif, et l'on s'aperçoit que l'individu est recherché pour un meurtre dans un Etat voisin ; il peut s'agir d'un gros coup. La politique de la tolérance zéro, c'est notre nouveau mot d'ordre, tout acte de délinquance doit faire l'objet d'une réponse judiciaire immédiate et rapide, la moindre infraction doit être sanctionnée impitoyablement. La délinquance commence souvent par les petites choses, si on ne réprime pas tout de suite, la situation dégénère tôt ou tard. Quand on arrête quelqu'un pour un délit mineur, cela sert d'avertissement. La société doit se protéger.

Pour le criminologue américain George Kelling à l'origine de la politique de la tolérance zéro, il ne faut pas attendre qu'un acte grave soit commis pour intervenir, il faut s'attaquer d'abord à la petite délinquance au lieu de se focaliser sur la grande criminalité ; arrêter un primo-délinquant, c'est lui permettre d'envisager l'avenir autrement, c'est prévenir l'escalade. George L. Kelling et le criminologue Q. Wilson sont d'accord pour estimer que les mesures éducatives ont montré leurs limites et qu'il faut trouver autre chose pour protéger la société de certains multirécidivistes.

Avec le commissaire Bratton et sous l'impulsion de Rudolph Giuliani, la Police entreprend alors de verbaliser les jeunes qui font preuve d'agressivité, qui urinent sur le trottoir, qui écoutent la radio trop fort, qui voyagent sans ticket, qui fument dans le métro ou qui sèchent les cours[1]. Résultat : la délinquance des mineurs décline, la violence régresse, la criminalité diminue. Non sans fierté, William Bratton déclare que la mise en place de ses patrouilles agressives prouve la valeur de la théorie du carreau cassé, et que les nouvelles mesures ont littéralement dissuadé les criminels, les entraînant à laisser leurs fusils et les stupéfiants chez eux.[2]

---

[1] Les moins de seize ans doivent respecter l'obligation de scolarité ; ainsi, à New York, un mineur surpris par la Police en train de se promener durant les heures de cours est systématiquement interpellé et les parents doivent rendre des comptes

[2] Le nombre d'homicides avait déjà commencé à baisser.

Verbalisations, arrestations, jugements, emprisonnements, la machine, terriblement efficace, est implacable.

La métamorphose commence par le métro de New York : il est reconquis ! Les policiers ont pris la place des petits malfrats, les sans-abri désertent de plus en plus les lieux, les bombers aussi, les resquilleurs ne resquillent plus, et finalement la peur s'est envolée. Tout va presque pour le mieux dans le meilleur des mondes américains ![1]

Puis la guerre contre les « graffitis writers » est lancée, engloutissant des sommes folles ! L'objectif est simple : protéger les rames récemment mises en service, puis nettoyer progressivement les voitures plus anciennes, et finalement tous les murs de la ville. Les vandales sont arrêtés, inculpés de « dégradation de la qualité de la vie », et punis d'un an de prison minimum, ou condamnés à de fortes amendes pouvant dépasser 500 dollars. Les moins de seize ans, fort nombreux, sont condamnés à des peines de substitution. Parallèlement, on renforce les mesures de sécurité dans les dépôts où s'infiltrent parfois les gangs « d'artistes » ; la Police, assistée de molosses, multiplie les rondes. Et comme si tout cela n'était pas suffisant, Edward Koch en personne dépose un texte de loi qui interdit la vente de peinture en aérosol aux mineurs :

— La politique de lutte anti-tags compte plusieurs volets, confie un fonctionnaire de la Police. D'abord, il s'agit d'effacer rapidement et systématiquement toutes les peintures, ça coûte très cher à la collectivité de gratter les murs du métro et de nettoyer les façades. Ce sont des entreprises spécialisées qui se chargent du travail, ou bien les magistrats envoient les jeunes eux-mêmes réparer les dégâts qu'ils ont commis. Ensuite, on réprime, on condamne tous les tagueurs qui se font prendre à de fortes amendes, et surtout à des peines de substitution, des travaux d'intérêt général : par exemple, les auteurs de graffitis sont astreints à nettoyer et à repeindre les wagons de métro qu'ils ont souillé. Plutôt que d'incarcérer ceux qui sont condamnés à moins de

---

[1]   Pas tout à fait, cependant : les responsables du métro avaient lancé de nouvelles voitures dont la peinture devait être à l'épreuve des graffiti. Las ! les artistes amateurs avaient trouvé la parade ; il leur suffisait de projeter une couche de peinture blanche avant de commencer leur besogne.

quinze jours d'emprisonnement, on les envoie dans une île déserte au large de Manhattan, Harts Island, une ancienne forteresse où l'on logeait, il y a 50 ans, les criminels les plus dangereux. Harts Island s'est mué en camp de travail pour les inculpés de « dégradation de la qualité de la vie » qui, désormais, se rendent utiles à la société au lieu de nuire à ses intérêts. On les occupe à réaménager l'île désaffectée, ou bien à des activités de chantier. Pour ces délinquants mineurs, c'est quand même mieux que de se retrouver derrière les barreaux ![1]

Autre initiative, le couvre-feu pour adolescents de moins de 18 ans, appliqué en 1998 dans 276 villes de plus de 30 000 habitants. Il est généralement en vigueur de 22h à 6h en semaine, et de minuit à 6h durant le week-end. Après 22h, un mineur ne peut sortir sans être accompagné par un adulte. Ceux qui violent le couvre-feu sont interpellés et conduits au poste, où les parents doivent venir les chercher[2]. Cette mesure se double, pour environ ¼ des villes, d'un couvre-feu de jour, durant les heures de classe. Entre 8h et 15h, les teen-agers qui ne sont pas à l'école n'ont pas le droit d'être dans les rues ; naturellement, ce couvre-feu n'est pas appliqué le week-end ou pendant les vacances. Dans tous les cas, il s'agit pour la Police de se substituer aux parents défaillants, aux pères ou mères incapables d'empêcher leur progéniture de traîner dans les rues ou de sécher leurs cours. Les citoyens et les travailleurs sociaux sont également incités à raccompagner chez eux les jeunes contrevenants.

Toutes les villes qui appliquent le couvre-feu seraient satisfaites du résultat. D'une façon générale, la politique de fermeté commence à porter ses fruits ; arrestations pour des délits mineurs, nettoyage du métro et

---

[1] Cette initiative est unique aux Etats-Unis. A Miami, par exemple, les dépréciations sont sanctionnées par une amende. Ailleurs, des autorités accordent aux apprentis artistes des espace d'expression, afin qu'ils apprennent à respecter les lieux publics. Certains tentent d'apprivoiser les créateurs en les autorisant à investir les abribus pour exprimer leur savoir-faire, un moyen comme un autre de canaliser le phénomène ! Mais nombreux sont les jeunes, encore, qui préfèrent risquer la prison plutôt que de cesser de voir leur nom traverser la ville via le métro.

[2] On leur inflige une amende d'environ 400 F et on propose aux parents des cours d'éducation civique. Quand un ado est arrêté plusieurs fois, il doit passer quelques jours dans une maison de redressement. L'objectif de ces mesures est d'empêcher les jeunes de traîner dehors ou de sécher les cours.

des façades ou couvre-feu, toutes ces mesures ont permis à la criminalité de chuter d'une manière spectaculaire et les gens se sentent plus en sécurité. Désormais, à New York City, les touristes sont de retour, les hôtels se remplissent, les immeubles se construisent à nouveau, les commerçants retrouvent le sourire, les entreprises embauchent, les affaires marchent à nouveau, la capitale du crime est devenue l'une des villes les plus sûres des Etats-Unis, et elle fait des émules aux quatre coins du pays. A partir de 1991, le crime recule partout aux Etats-Unis et d'après les statistiques de la Police en 1997, « seulement » 983 meurtres ont été commis à New York en 1996, ce qui représente le taux le plus bas depuis 28 ans ; en 5 ans seulement, les crimes et délits auraient chuté de près de 65%[1]. En 1997, New York comptait 471 gangs, et 213 auraient été démantelés. Cette victoire incite les autres villes américaines à combattre la criminalité par les mêmes méthodes[2].

Des voix s'élèvent cependant pour relativiser ces chiffres ; le recul de la criminalité proviendrait avant tout du vieillissement de la population et d'une baisse de la natalité ; ensuite, de plus en plus de jeunes sont incarcérés et donc dans l'incapacité de commettre des délits, ou bien ils sont morts d'une overdose ou du sida ; d'autres experts attribuent l'amélioration des statistiques à ce que l'on appelle « le syndrome du petit frère » : le gamin a vu les ravages des gangs et de la drogue sur ses aînés, et il préfère se tenir à l'écart de ce type de tentations. Enfin, pour certains la baisse du chômage liée à la reprise économique, serait plus efficace que le travail spécifiquement policier.

Quoiqu'il en soit, aux Etats-Unis, désormais, deux écoles s'affrontent : celle qui estime que les bons chiffres sont dus à l'augmentation des effectifs de la Police et qui prône toujours plus de répression ; et à l'inverse, celle qui mise sur l'action sociale pour vaincre la criminalité[3]. Pour l'instant, ce sont les partisans du tout répressif qui l'emportent.

---

[1]   Le nombre des homicides aurait été divisé par quatre, depuis le début de la décennie, passant de 2 600 à 700.

[2]   La politique de tolérance zéro fait l'unanimité des élus : peines minimums obligatoires, sanctions aggravées pour les récidivistes, suppression de la liberté sur parole, etc.

[3]   Pour cette dernière, il faut s'attaquer aux racines sociales du mal, c'est-à-dire à la pauvreté, au chômage, à l'exclusion, au manque de formation, aux discriminations...

La Police est chargée d'appliquer la politique de tolérance zéro ; elle a pour mission, désormais, d'intervenir au moindre délit, d'apporter une réponse rapide et ferme à chaque infraction, même mineure, qui empoisonne la vie quotidienne. Sa méthode est simple : interpellation de toute personne paraissant suspecte, fouille au corps, contrôle d'identité, rien n'est négligé. Ceux qui n'ont pas de papiers d'identité sont immédiatement conduits au poste et interrogés par des détectives. La lutte préventive contre le crime, c'est le nouveau concept de la Police de New York, bientôt repris dans la plupart des Etats américains avec succès. Mais ce concept dépasse largement les possibilités des effectifs de la Police dans les années 90, aussi le commissaire Bratton décide-t-il de recruter des officiers supplémentaires[1] tout en leur assignant de nouvelles stratégies pour réduire la criminalité, car il ne s'agit pas seulement d'augmenter les effectifs, mais de mieux utiliser les moyens dont on dispose.

Désormais, le nombre de détectives est ajusté aux besoins de chaque commissariat, certains fonctionnant en sureffectifs et d'autres n'ayant pas assez d'officiers ; la Police concentre ses efforts de 9 heures du soir à 3 heures du matin et dans les lieux chauds où la plupart des crimes sont commis ; le travail se fait en souplesse, en fonction des besoins, des endroits, des circonstances ; enfin, toutes les données informatiques sur la ville sont analysées et centralisées pour aider les détectives et les officiers de patrouille, dans chaque quartier, à identifier les comportements des gangs et recevoir rapidement toutes les informations nécessaires.[2]

---

[1] Ainsi, depuis 1993, les effectifs de la Police New Yorkaise sont passés de 28.000 à 38.000 hommes ; en 1996, il y avait un policier pour 200 habitants à New York ; les nouveaux agents sont préparés à leur mission au cours d'une formation de neuf mois à l'Académie de Police.

[2]   La Police utilise désormais l'informatique aussi bien pour établir la carte du crime de la ville de New York que pour recenser les armes illégales, la vente de la drogue, ou rassembler toutes les informations jusqu'alors disséminées sur les gangs,

Autre nouveauté : désormais, la fonction de policier, à New York, est particulièrement valorisée ; le métier est mieux rétribué et devient presque honorifique ; à côté de leur insigne, les officiers les plus méritants arborent sur leur poitrine toute une série de décorations relatives aux actions de terrain les plus dignes d'éloge ; ceux qui prennent des initiatives sont récompensés. Par contre, ceux qui ne sont pas efficaces sont mutés ou dégradés.[1] A New-York, la Police doit être performante, il faut qu'elle fasse le maximum d'arrestations, même pour la moindre peccadille dans la rue, bref elle doit faire du chiffre. Outre-Atlantique, les carrières sont conditionnées par les résultats[2].

Mais ce qui différencie surtout la Police New Yorkaise de l'ère Bratton-Giuliani, c'est qu'elle privilégie l'action sur le terrain, les équipes de patrouille au détriment du travail de bureau.

Les officiers doivent entrer en contact avec les gangs là où ils sont, c'est-à-dire dans la rue ; ils ont pour mission principale d'établir des contacts avec eux, particulièrement avec leurs leaders, car ce sont eux qui décident d'arrêter les guerres sanglantes ou de les poursuivre. Une fois acceptés, les policiers tentent en priorité de désamorcer les tensions, même les plus anodines en apparence, de prévenir les batailles rangées, les affrontements entre gangs rivaux, toutes les formes de violence gratuite. Puis ils interviennent directement auprès des ados les plus menacés, ils essaient de réorienter leurs activités antisociales dans un sens positif.[3] Comme les problèmes des jeunes délinquants sont mieux résolus quand toute la famille est impliquée, la Police prend

---

leurs tactiques, leurs activités criminelles, ce qui aide considérablement les officiers dans leurs tâches. Baptisé le « compstat », l'outil informatique recense avec précision les crimes et délits au niveau de chaque quartier, permettant ainsi une intervention ciblée.

[1]   La Police organise des réunions hebdomadaires pour apprécier les résultats de chaque officier.

[2]   Le système « Computer and statistics » rend chaque policier responsable puisque son travail et ses résultats sont analysés ; la situation de chaque district est étudiée dans le moindre détail, à l'aide des moyens techniques les plus modernes, et chaque chef de district doit rendre compte au chef de Police. Ceux qui ne respectent pas les standards imposés sont licenciés. La Police doit accepter d'être notée. Ainsi, l'officier qui obtient de mauvais résultats a cinq semaines pour les redresser, sous peine d'être sanctionné, voire dégradé.

contact avec les proches parents et elle entreprend un travail constructif avec eux ; elle sait que la répression seule ne marche pas, elle ne fait que rendre le teen-ager plus amer, aigri, violent.

— La Brigade de prévention de la délinquance va à la rencontre des gangs là où ils sont, c'est-à-dire dans leur quartier général ou dans la rue, explique un officier. Certes, on doit assurer le maintien de l'ordre, mais il faut avant tout garder le contact avec les jeunes, et surtout cesser de les traiter en « ennemis », en « barbares ». Quand la Police respecte les jeunes, même délinquants, c'est l'honneur de la démocratie, ça nous différencie des totalitarismes. La priorité, pour nous, c'est d'identifier les boys qui posent problème. Puis nous les rencontrons régulièrement, nous dialoguons avec eux, nous leur proposons des animations, des activités susceptibles de les sortir de leur environnement quotidien. En même temps, nous expliquons aux jeunes ce qu'ils peuvent faire, ce qui est interdit, nous leur apprenons les règles de base, nous fixons les limites à ne pas dépasser. La nuit, nous demandons aux mineurs de rentrer chez eux. L'idéal, c'est de parvenir à une sorte de « pacte pour la coexistence sociale », en vertu duquel les membres de gang sont reconnus comme des partenaires pour la recherche de solutions positives, à charge pour eux de déposer leurs armes, d'arrêter les activités criminelles et de résoudre les conflits par le dialogue. Quand les bandes acceptent de participer à des actions visant à promouvoir la paix et le progrès, les autorités accordent des subventions, elles mettent en place des programmes de formation et des activités ludiques ou sportives. Pour nous, policiers, il s'agit toujours de réorienter les occupations des gangs et de leurs membres. Au-delà de notre mission de surveillance, de conseil et de répression, nous devons faire prendre conscience aux jeunes que la communauté propose

---

[3] L'expérience montre qu'il y a deux alternatives : obtenir qu'un jeune quitte le gang, ou le réformer de l'intérieur[#]. La police commence par approcher les leaders et les ados les plus menacés, puis elle tente d'agir sur l'ensemble du gang ; l'objectif étant de réorienter les activités. Le gang est traité comme un club, un nom nouveau lui est donné, on fait participer les membres à la vie de la communauté. En liaison avec des associations, la police propose par exemple aux garçons de s'initier aux techniques scouts. Le gang se transforme en « troupe scout », avec des projets constructifs, il comprend qu'on peut se réaliser autrement que par la violence, un nouveau monde s'ouvre à lui.

différents services pour les aider à s'en sortir. Du même coup, c'est toute l'image du policier qui change, elle est moins répressive et plus éducative. Les teen-agers doivent savoir que nous ne sommes pas leurs ennemis, mais les garants de l'ordre républicain.

La « Gang Intelligence Unit » refuse souvent de passer les menottes ; si elle procède aux arrestations de membres de gangs, c'est pour empêcher des morts inutiles. Ses officiers visitent tous les jours les « club house » des kids, ils discutent avec les leaders, ils entretiennent des relations amicales avec le noyau dur, ils jouent au foot avec les membres. Quand ils patrouillent, ils observent les faits et gestes de gangs, prêts à intervenir au moindre rassemblement, au moindre attroupement. L'une des fonctions du service Antigang est d'organiser des réunions entre les bandes pour tenter de désamorcer les conflits naissants. Avec cette Unité, la prévention revêt tout son sens.

La Police s'implique également dans un programme dénommé « Outreach Program ». Il propose une sorte d'amnistie pour les gangs qui acceptent d'abandonner leurs armes immédiatement. Les Autorités demandent à la T.V. ou à des personnalités connues de s'adresser aux bandes pour leur parler des dangers liés aux activités criminelles. La campagne d'information se double de spots publicitaires diffusés à la télé comme à la radio.

Lorsqu'un officier apprend qu'un jeune fait partie d'un gang, il contacte aussitôt les parents pour les informer de l'appartenance de leur fils à une bande et de son éventuelle implication dans des activités antisociales ou criminelles ; les parents reçoivent alors, confidentiellement, des conseils sur la manière de gérer la situation.

Mais le travail de la Police ne se limite pas aux gangs proprement dits et à leurs familles ; il se poursuit en direction des écoles situées dans les quartiers les plus chauds. Des officiers se rendent une fois par semaine dans les établissements scolaires fréquentés par les 8-12 ans, pour dispenser des cours sur les dangers que représentent les gangs : une vidéo est projetée, « stay out of gang » (rester hors du gang). L'unité spéciale Antigangs tente de dissuader les enfants d'adhérer à un gang, elle essaie par tous les moyens de leur éviter de plonger dans l'univers des bandes. Ce département de la Police a été le premier à chercher des solutions concrètes au phénomène des gangs.

Avec l'arrivée de Giuliani et de Bratton, la manière de travailler des policiers change radicalement, elle s'inscrit dans le cadre des opérations menées par l'Unité Antigangs pour réconcilier la population avec sa Police. Pendant des générations, il s'agissait seulement d'envoyer une voiture là où il y avait un problème. Désormais, on passe d'une Police réactive, réagissant dans l'urgence, à une Police plus anticipative, davantage tournée vers la prévention et la dissuasion ; chaque officier est responsable d'une rue, et on lui demande des comptes. La méthode Bratton ne laisse rien passer (politique de la tolérance zéro) et s'appuie sur la territorialisation, la responsabilisation de chaque acteur, le partenariat actif avec la population des quartiers concernés et le souci des victimes :

— La Police doit oser de nouvelles modalités d'intervention, souligne un officier. Il s'agit avant tout de renforcer la présence dans les zones sensibles et de prendre en compte la spécificité de la délinquance des mineurs, celle des gangs en particulier. Il s'agit donc d'une Police de proximité, de contact, patrouillant à pied ou à bicyclette. On est loin de l'approche des années 70, où les forces de sécurité répondaient essentiellement aux appels, ce qui les attachaient à leurs voitures de patrouille et à leur radio. Aujourd'hui, la Police est déployée dans les secteurs difficiles, sensibles, elle entreprend la reconquête des quartiers, elle multiplie les rondes, elle va à la rencontre des résidents, elle les écoute, elle recueille leurs doléances en matière de sécurité, elle essaie de résoudre les problèmes des gens au quotidien ; c'est un travail social qui nous rapproche du citoyen. Cela suppose une refonte complète des objectifs et des méthodes, doublée d'une meilleure formation de la Police, plus adaptée aux évolutions de la société. Nous devons certes réprimer le moindre délit, même une légère incivilité, mais nous devons surtout prévenir la délinquance et la criminalité, ce qui nous oblige à sortir des bureaux et des voitures de patrouille pour aller dans la rue, sur le terrain, au contact des gens et de leurs problèmes. Une vraie Police de proximité réveille les habitants, et les responsabilise, une présence policière bien visible et disponible rassure les résidents, les incite à collaborer, et les rapproche des forces de l'ordre. Non seulement nous rassemblons toutes les informations possibles, mais nous devons être polyvalents, par exemple nous pouvons être amenés à régler un différend de voisinage ou à interpeller les mineurs qui traînent au lieu d'aller à l'école, nous devons savoir désamorcer les situations, parler aux parents en difficulté, arbitrer les conflits familiaux, restaurer les relations de voisinage, et surtout être les yeux et les oreilles du quartier. D'ailleurs, notre présence sur le terrain a un effet dissuasif, elle incite même ceux qui fourguent de la drogue aux jeunes à déguerpir.

Ainsi, la politique de la tolérance zéro et de la répression tous azimuts débouche sur une Police de proximité, collaborant avec la population ; la Police de l'ordre se mue en Police de sécurité chargée d'anticiper le crime[1] plutôt que de lutter contre ses effets. Le Commissaire Bratton a mis au point des techniques plus adaptées au terrain, avec des équipes plus mobiles, mieux réparties géographiquement, prenant davantage d'initiatives, plus responsables parce que comptables de la paix dans leur secteur. Les succès sont visibles : les habitants se risquent à nouveau dans les rues, rassurés par la présence policière continue et disponible.

En même temps, l'aspect positif de la nouvelle Police n'est pas perçu par tous les habitants. Généralement, d'ailleurs, la politique actuelle s'accompagne d'un discours très dur, notamment sur la délinquance des mineurs, l'objectif étant avant tout de montrer à l'opinion publique qu'on a entendu ses revendications en matière de sécurité. Surtout, la poursuite du moindre délit conduit parfois à des situations grotesques, elle engendre des tensions entre la Police et les communautés minoritaires, d'autant qu'elle se double souvent de dérapages racistes, de violences verbales.

— Le concept de la tolérance zéro ne doit pas s'appliquer ainsi, s'indigne un habitant du Bronx. Par exemple, la présence tranquille d'un mendiant ne constitue pas une menace en soi, elle ne trouble pas

---

[1]   La routine, pour les officiers, consiste à écouter, à discuter, à questionner pour diminuer la délinquance mineure avant qu'elle ne prenne des proportions. Par exemple, la Police cherchera à savoir qui consomme de la drogue afin de tenter d'extirper le trafic dans le voisinage ou de prévenir le passage de la consommation à la vente.

l'ordre public[1]. La tolérance zéro débouche sur l'intolérance, parce que la Police doit être performante et faire le maximum d'arrestations, même pour la moindre peccadille, ce qui est incompatible avec la démocratie[2]. Giuliani se vante d'avoir nettoyé la Ville mais c'est en la couvrant d'officiers à la gâchette facile. La Police exagère, elle multiplie les contrôles, elle harcèle tous les habitants, elle espionne tout le monde, personne n'est à l'abri de cette Inquisition des temps modernes. On ne peut pas faire de chaque personne un suspect ! Enfin, la brutalité de certains policiers indispose de plus en plus de gens, alors la moindre bavure entraîne une explosion de violence dans les rues. Giuliani va trop loin, il est temps de relâcher la pression, le crime est en recul, les rues sont plus sûres.

La politique rigide du tandem Bratton-Giuliani porte ses fruits, mais elle suscite en même temps de vigoureuses critiques ; les plaintes pour abus d'autorité ou violences abusives se multiplient, surtout dans les zones sensibles comme le Bronx, et elles ne cessent d'augmenter : c'est la rançon de la sécurité retrouvée.[3]

De toutes façons, le modèle new-yorkais n'est pas exportable en Europe ; le niveau de criminalité n'est pas le même, et l'Ancien Monde ne tolérerait pas que le comportement de la Police engendre des conflits avec le citoyen.

---

[1]   Il suffit qu'un SDF soit assis sur le trottoir pour que la Police appelle cela « obstruction de la chaussée », et l'embarque. Pourtant, s'il y a de plus en plus de sans-abri dans la rue, c'est parce que Giuliani ne cesse de réduire les crédits pour le logement social (ils ont diminué d'un tiers sous son ère). Actuellement, les policiers ont pour mission d'arrêter tout sans-abri qui refuse de se rendre dans un refuge ; les descentes se multiplient partout, même dans les abris municipaux, provoquant l'indignation de la population.

[2]   Bien que le crime ait chuté de façon vertigineuse, Giuliani demande toujours aux policiers de remplir des quotas d'arrestations très élevés.

[3]   Le nombre de plaintes depuis 1993 a augmenté de 56%.

37 Guerre contre les gangs, ou contre la pauvreté

Les membres de gang pourraient exprimer leur rage de vivre autrement, ils pourraient essayer de changer eux-mêmes leur situation en participant à des luttes de libération ou en militant pour des causes révolutionnaires, mais ils ne sont pas organisés sur le plan politique, faute d'éducation, de conscientisation et de volonté aussi.

Pourtant, parce que les kids des bandes ont une existence hypothéquée dès la naissance, parce qu'ils n'ont aucun espoir de s'en sortir, des groupes révolutionnaires se sont intéressés à eux afin de tenter de donner un contenu politique à leur violence ; ce fut notamment le cas dans les années 60, sous l'égide des mouvements Nationalistes Noirs ou pour la défense des droits civiques.

Le Nationalisme Black influence particulièrement les gangs noirs ; ils constituaient le gros des troupes pénitentiaires et se sentaient désavantagés face à des tribunaux où les Blancs étaient majoritaires et où ils étaient mal défendus faute d'argent. Les Black Panthers et l'African Liberation Movement, en particulier, tentèrent de conscientiser les kids au sujet de leur identité noire, et de fédérer leurs énergies mal employées. Le Puerto Rican Freedom Movement essaya aussi d'aider les communautés Latino-Américaines à prendre en mains leur destin, à s'organiser et à lutter pour un monde plus juste. Mais ce sont surtout les Mouvements Islamiques qui sollicitèrent les gangs dans l'espoir de réorienter leurs activités[1]. Dans les années 60 également, d'autres groupes approchèrent les bandes pour les impliquer dans des émeutes, des désordres de masse, des mouvements de lutte armée. La Police redoutait particulièrement l'apparition d'un individu charismatique capable de rassembler les milliers de membres de gangs de rues en un grand mouvement criminel.

---

[1] On considère qu'environ 20% de la population pénitentiaire serait convertie à l'Islam.

Dans les années 60, de nombreux gangs disparurent. C'était l'époque des Mouvements des Droits Civiques, des membres de protestation contre la guerre au Vietnam, de la prolifération d'organisations militantes et de l'agitation sur les campus universitaires, entraînant dans leurs contestations les teen-agers rebelles et désœuvrés des rues qui rêvaient d'appartenir à quelque chose de tangible. Les talents d'organisation de nombreux leaders de guerre furent ainsi mis au service de toutes sortes de Mouvements de Libération et de changement, trop heureux de se sentir tout-à-coup concernés par leur existence et d'être reconnus par la communauté. Au lieu de se battre entre eux, de s'exterminer mutuellement, les kids retournaient toute leur hostilité et leur savoir faire contre l'Establishment, responsable à leurs yeux de tous leurs malheurs ; il s'agissait alors de libérer l'homme Noir ou Latino, ou de militer pour de grandes causes. Si les membres de gangs ont acquis un certain sentiment de fierté, de conscience de classe et d'appartenance ethnique au travers des luttes de libération[1], si leur violence avait désormais un sens, un but, la plupart n'étaient pas assez politisés ou pas assez cultivés pour s'engager vraiment derrière des hommes comme Malcolm X. Il n'en reste pas moins que l'engagement politique dans toutes les formes de protestation raciales ou sociales détourna l'attention des bandes de leurs luttes fratricides et de leurs activités criminelles ; et les kids ne se privèrent pas d'utiliser les médias pour déplorer les discriminations dont ils étaient victimes en matière d'emplois, de logement, de programme de santé ou de loisirs et bien sûr face à la Justice.

Pourtant, même dans les années 60, la plupart des gangs de rues n'avaient pas vraiment disparu, car les raisons de leur existence étaient toujours là : misère, discriminations, aliénation, désespoir, désœuvrement... La criminalité augmente toujours avec la misère.

Paradoxalement, dans les années 2000, les Etats-Unis affichent la plus grande prospérité, et en même temps la plus grande pauvreté ; les

[1]   Ainsi, en 1965, quand éclatèrent les émeutes de Watts, les gangs noirs qui se battaient les uns contre les autres unirent leurs forces contre leur ennemi commun, les Blancs. Quand la lutte politique atteint son point culminant dans la rue, le gangstérisme recule.

riches sont de plus en plus riches, et les pauvres de plus en plus pauvres. La société a une responsabilité très grande, car plus elle se désintéresse du sort des populations défavorisées, plus les jeunes sont abandonnés à eux-mêmes et sont tentés par la violence et la délinquance prospérant sur le terreau des inégalités.

Paradoxalement, aussi, tandis que la pauvreté, surtout parmi les enfants, connaît une courbe régulièrement ascendante, la protection sociale ne cesse de reculer. Pour obtenir le Welfare, désormais, il faut accepter de se plier aux travaux de nettoiement des grandes villes, et un nombre croissant de femmes et d'enfants ont recours aux soupes populaires et aux abris d'urgence. Selon la Conférence des maires américains, le nombre de personnes essayant de bénéficier d'une aide alimentaire d'urgence a augmenté de 16% en 1997, et les demandes d'hébergement pour la nuit de 3%.

La principale raison de cette demande alimentaire en hausse n'est plus ni le chômage ni la drogue, mais des emplois précaires, sous-payés et sans couverture sociale ne permettant pas aux familles de joindre les deux bouts. Conséquence : un enfant sur cinq (et près d'un sur deux dans les familles monoparentales) vit, selon un rapport de la Maison Blanche établi en 1997, au-dessous du seuil de pauvreté.[1]

Plus que jamais, Conservateurs et Démocrates s'opposent aux Etats-Unis. Pour les premiers, c'est l'effondrement moral qui expliquerait l'essor de la criminalité et de la délinquance parmi les jeunes ; pour les Démocrates, en revanche, ce sont la pauvreté, le chômage et les discriminations qui seraient à l'origine de la prolifération des gangs. Les Conservateurs privilégient les solutions répressives, la peine de mort, les longues peines de prison sans rééducation, tandis que les Démocrates prônent au contraire la mise en place de programmes alternatifs, le contrôle des armes et la lutte contre la drogue afin d'éviter l'incarcération aux jeunes délinquants.[2]

---

[1]   Il y a alors trois millions de sans-logis aux Etats Unis, et les centres d'accueil ne désemplissent pas.

[2]   Les Conservateurs, obsédés par la violence, cherchent à exploiter la peur et demandent des sentences de plus en plus dures, avec des peines de prison de plus en plus

Dans les années 60, John F. Kennedy lance la guerre contre la pauvreté, « War on poverty », poursuivie sous Lyndon Johnson. Pour les deux présidents américains, la délinquance juvénile est liée aux pathologie sociales, structurelles, environnementales et ce sont ces problèmes de fond qu'il faut résoudre. A l'inverse, dès 1967 Ronald Reagan, alors gouverneur de Californie, dénonce le gaspillage des fonds publics et, une fois au pouvoir, il limite au maximum les aides et les équipements sociaux. Pour lui, il y a corrélation directe entre l'essor de la criminalité juvénile et la « culture de la pauvreté », née de la trop grande générosité du système d'aide sociale. Il est assurément plus facile d'imputer tous les problèmes, toutes les difficultés urbaines à l'inactivité des allocataires et à l'activité des délinquants que de remédier aux causes structurelles.

Les années passent, les gouvernements se suivent et les gangs de rues constituent toujours la grande obsession de la plupart des Américains ; les teen-agers qui en font partie, au même titre que les jeunes mères célibataires, sont rendus responsables de tous les problèmes des Etats-Unis. La société est de plus en plus conservatrice.

Les clameurs de l'Amérique contre la délinquance juvénile resteront sans effet tant qu'elles ne s'accompagneront pas de mesures en faveur des zones urbaines sinistrées - favorisant notamment le développement économique-, et d'une vigoureuse politique pour limiter la prolifération des armes à feu.

Mais le pays préfère rester une immense prison et un gigantesque marché de l'armement.

---

longues. Ce sont eux, pourtant, qui soutiennent les lobbies des armes. Les Démocrates souhaitent favoriser la réhabilitation pour éviter la récidive. Pour eux, la politique répressive coûte cher au contribuable et a peu d'impact sur la délinquance. Quant à l'incarcération, elle a des conséquences dramatiques sur la famille. Les Démocrates sont pour la prévention, le contrôle du crime par la Police plutôt que par la prison, très onéreuse. Et pour eux, la prévention passe aussi par la création d'emplois, un meilleur système éducatif, l'amélioration de l'accès aux soins médicaux et au logement bon marché. Ils préfèrent agir sur les causes, plutôt que sur les effets comme les Conservateurs. C'est une approche plus intelligente, plus humaine et plus efficace à terme.

Parce que la société américaine a peur, terriblement peur, elle se protège alors qu'elle devrait inventer des espaces de vie, un environnement incitatif, une politique de la ville cohérente. Et pour se défendre, elle se barricade dans des ghettos de luxe, elle érige de véritables forteresses, des cités entourées de murs comme des châteaux forts du Moyen- Age, protégés vingt-quatre heures sur vingt-quatre par des vigiles. Et dans ces villes privées où personne n'entre sans y avoir été invité, rien n'est laissé au hasard, des barbelés aux caméras infrarouges en passant par les codes barres sur les voitures, tout est fait pour isoler les privilégiés de la ville et de ses déviances. Tel est aujourd'hui le nouveau mode de vie de nombreux Américains... de plus en plus nombreux, d'ailleurs, puisque la manie de se retrancher dans des cocons sécuritaires s'étend maintenant aux classes plus modestes, elles aussi obsédées par la tranquillité.

Pourtant, ce n'est pas en favorisant la ségrégation et la société d'apartheid qu'on résoudra les problèmes, c'est d'abord en offrant des conditions décentes d'habitation à tous les citoyens, car l'insertion passe aussi par le logement. Les Autorités ont bâti dans l'urgence, elles ont créé un environnement inhumain - insalubre, sans âme, sans espaces citoyens ouverts -, dans lequel les rues, hors de contrôle, sont investies par les bandes ; les habitants, aujourd'hui, devraient contrôler les rues plutôt que les gangs, ils devraient prendre leur avenir en mains en conquérant les nombreux territoires en friche ou à l'abandon, en reconquérant leurs immeubles ; réhabiliter, nettoyer ou revitaliser les bâtiments, instaurer des espaces conviviaux, ce n'est possible que si les résidents se regroupent pour défendre leurs intérêts, que s'ils prennent la responsabilité de leurs lieux de vie pour les rendre habitables et attrayants[1].

Pour lutter contre la logique du ghetto, il faut aussi concevoir une autre politique de l'habitat[2]. Au lieu de construire ou de restaurer à la hâte, en dépit du bon sens, et en oubliant l'environnement, au lieu de bâtir des cités froides, linéaires, sans âme, écrasant l'homme et favorisant la violence structurelle[3], il faut articuler l'architecture des immeubles, l'espace public et la rue, favoriser la multiplication des lieux publics conviviaux[4], mettre en place un cadre urbain ayant une véritable dimension humaine et accordant une large place aux espaces verts. Une architecture sans âme favorise le repli sur soi et l'agressivité, et là où il n'y a pas de proximité on ne se sent pas responsables les uns des autres. Quand la solitude s'accentue, la peur s'installe, alors qu'on se sent plus en sécurité quand tout le monde se connaît.

Ainsi, si l'on veut éviter le cycle infernal du désœuvrement, de la violence, de la prison et de la récidive, il faut mettre la politique de la ville au cœur des préoccupations et, en particulier, repenser le cadre urbain et d'abord le cadre bâti. Une approche efficace doit redonner un droit de cité aux jeunes montrés du doigt par la société, et plus généralement à tous les habitants, en prévoyant la construction d'équipements sociaux, la mise en place d'antennes des services publics, et la création d'espaces de loisirs, sportifs, culturels, artistiques ; quand on leur offre des lieux conviviaux, quand on leur propose des activités nouvelles, récréatives, faisant diversion, les membres de gangs n'ont plus envie de

---

[1] Par exemple, il faut promouvoir la mise en place d'espaces incitant à l'échange et à la solidarité au lieu de créer des résidences ghettos où l'on est même coupé de la réalité, et où les dérives sécuritaires sont accentuées.

[2] Elle doit être plus sociale, débarrassée des critères de rendement et de profit à tout prix, accessible à tous. Chacun devrait avoir un emploi et un toit décents, c'est un droit fondamental.

[3] Une architecture inhumaine, écrasant l'homme, est le baromètre d'une société froide, de performance, coupée de ses liens traditionnels.

[4] Si on oublie l'environnement, la qualité de la vie, le tissu relationnel, on favorise l'exclusion, les habitants se terrent chez eux, ils tournent en rond, ils crèvent d'ennui et se retrouvent dans la rue où ils libèrent leur violence et où ils exacerbent mutuellement leurs sentiments de frustration.

traîner dehors ou de galérer dans les halls d'immeubles à la recherche de coups à faire ; ils sont prêts à se tourner vers d'autres horizons pour peu qu'on les y invite.

— Ce qu'on voudrait, confesse un kid des « Zoulous », c'est avoir enfin un local à nous, un lieu de réunion géré par nous et où on se sentirait chez nous avec des choses à faire comme du baby foot, du billard, du Rap, de la peinture murale. Ça nous occuperait, on aurait moins envie de glander dehors. On voudrait aussi un centre social, un club du soir, avec des animations, des divertissements, tout le bazar, et puis un terrain de jeu pour le basket et les tournois de foot, il y a dans la cour un terrain vague qui pourrait servir à ça, mais il faut de l'argent pour l'aménager, et les Pouvoirs publics ne veulent rien savoir.[1]

Prévoir des centres de jour, des clubs du soir, des terrains de sport et des programmes récréatifs et culturels pour les jeunes, c'est aussi important que de leur assurer une formation ou de leur fournir un emploi. Quand ils ont une activité, les membres de gangs ne sont plus livrés à eux-mêmes, ils s'occupent, ils se divertissent, leur violence est détournée et ils trouvent des repères, ils font des projets. L'insertion est en marche.

Mais le traitement social à lui seul ne suffit pas ; il doit être renforcé par des mesures conséquentes de régénération urbaine, ramenant en particulier l'emploi dans les quartiers défavorisés, car il n'y a rien de mieux qu'un travail, un métier, pour resocialiser un jeune, en plus d'une famille, une vraie famille, unie, stable, solidaire, chaleureuse.

On a l'habitude d'établir un lien direct entre le chômage et la criminalité ; le meilleur moyen d'éradiquer la violence, en effet, c'est de favoriser la politique du plein emploi. Les jeunes qui ont un job n'ont pas envie de casser, de vandaliser, de voler, de se bagarrer ; la plupart des actes de délinquance, d'ailleurs, sont commis pendant les heures d'inactivité.

Offrir un travail à un individu fiché par la Police, c'est lui permettre de sortir de son isolement, c'est occuper son temps, c'est lutter contre un

---

[1] Là est le véritable problème. On préfère investir dans les prisons, la répression !

désœuvrement souvent fatal, c'est l'insérer dans la société. Bien sûr, il faut au préalable assurer une bonne formation professionnelle, adaptée aux besoins de la société ; seuls l'apprentissage d'un métier et l'entraînement au travail peuvent rompre l'engrenage dont sont victimes tant de jeunes des milieux défavorisés. La citoyenneté se conquiert !

Il ne s'agit pas seulement d'offrir un job, encore faut-il proposer de vrais emplois, mettant en valeur les compétences de chacun, et non des boulots précaires, mal rétribués, sans protection sociale. Les jeunes, dans ce cas, préfèrent leur « business », plus lucratif !

Et bien sûr, il faut favoriser au maximum les boulots de proximité, ce qui suppose la volonté de ramener de l'emploi dans les quartiers difficiles, quitte, par exemple, à défiscaliser les entreprises qui acceptent de s'installer dans les zones urbaines sinistrées.[1]

— Moi, dit le leader d'une section des Zoulous, je sors de la prison de Riker's Island, je voulais arrêter les activités du gang, me réinsérer, alors j'ai écrit partout, j'ai rempli plein de formulaires, mais ça n'a rien donné, pas de job, je tourne en rond. Alors, pour trouver les bucks[2] dont j'ai besoin, je suis obligé de voler, de faire des choses pas nettes. Qu'est-ce que je peux faire d'autre ? On ne propose rien aux jeunes ; les entrepreneurs, ils ne pensent qu'au fric, pas à nous donner des jobs.

Actuellement, les priorités sont ailleurs, les activités privées spéculatives sont encouragées, on cherche plus à faire du profit qu'à embaucher et l'énorme dette publique empêche le dégagement de financements nécessaires à la relance de l'économie et à la création d'emplois. Tant que la société favorisera la spéculation et les super-profits au détriment de l'emploi, le capital plutôt que le travail, les jeunes seront frustrés, privés d'avenir et acculés au désespoir, à la drogue, à la délinquance, à la violence. Quand les détenteurs du pouvoir politique ou industriel auront en priorité la volonté de créer des emplois, ils extirpe-

---

[1] Des projets sont sponsorisés par le gouvernement et les agences sociales pour fournir aux jeunes des emplois, des contacts sont pris avec les entrepreneurs locaux. Mais cela ne compense pas la politique de délocalisation des entreprises, c'est très insuffisant. Et le pouvoir des caïds continue de reposer sur l'économie parallèle, faute d'alternative.

[2] Bucks = Dollars, en argot américain.

ront le mal à la racine, le phénomène des gangs cessera de gangrener la société américaine et la violence s'estompera d'elle-même. Dans le cas contraire, la rage des oubliés du système fera vaciller les piliers de l'ordre voulu par les puissants ; on ne peut pas indéfiniment bâtir des fortunes en laissant de côté une partie de la population, en la « dégraissant » – quel terme ! – ; l'opulence d'une minorité ne peut continuer à reposer sur l'exploitation et la misère croissante du plus grand nombre. Tôt ou tard, les damnés de la terre font entendre leur voix. La « mondialisation » a un coût social et humain inacceptable ! Il est temps que le travail et la richesse soient partagés pour le bonheur de tous ; chacun doit pouvoir accéder également à un emploi et à une vie digne ! Cela fait partie des droits élémentaires de l'homme ; refuser de le comprendre, c'est faire le lit des intégrismes qui prospèrent toujours sur les décombres de la misère sociale et de l'exclusion. Au péril de la démocratie ![1]

L'incarcération n'est pas non plus la solution, même si elle est conçue comme un temps de réinsertion civique et sociale ; d'ailleurs elle est criminogène. La société serait mieux protégée par d'autres moyens, non seulement en matière d'emploi et de santé, mais aussi au niveau de la famille, de l'éducation, de la formation, de l'urbanisme et des programmes sociaux. De toutes façons, l'incarcération coûte très cher aux contribuables américains.

Il est facile d'accuser les jeunes, il est aisé de se protéger par des méthodes toujours plus répressives. Mais la peine de mort ou l'incarcération tous azimuts ne viendront jamais à bout du mal de vivre et de la désespérance des jeunes les plus malmenés par l'existence ; il faut régler le problème en profondeur, notamment en recréant le lien social, en aidant les individus en difficulté, acculés à la violence, à reconstruire leur personnalité, et en coordonnant les interventions de tous les

---

[1]   Parce qu'il a compris que pour beaucoup de jeunes, la violence est liée à leur situation économique, le patron d'une boîte Import Export, Steve Mariotti, apprend aux teen-agers des ghettos à monter et à gérer des mini-commerces. Pour Steve Mariotti, les kids qui travaillent, qui ouvrent un petit commerce, auront moins besoin de voler, de se droguer, de se battre, et seront moins révoltés. Le jeune chef d'entreprise pense que les membres de gangs ont des qualités, comme l'énergie et le courage, particulièrement utiles pour réussir dans le business !

acteurs sur le terrain, travailleurs sociaux, éducateurs, parents, associations, policiers, enseignants, pour une plus grande efficacité.

La crise, aux Etats Unis, est structurelle ; seules des initiatives politiques radicalement nouvelles, relayées par des investissements publics importants, pourront vraiment enrayer les phénomènes de la criminalité et de la délinquance.

En fait, le problème va bien au-delà des gangs, de la délinquance des jeunes. C'est un problème de société, de choix de société[1].

---

[1]   Plutôt que de miser sur une stratégie de réponse à la délinquance, il faudrait intervenir avant sur les conditions permettant au crime de se produire ; ce sont les causes du gangstérisme qui doivent être éradiquées.

39 - Un choix de société

Les citoyens américains, et ceux qui les représentent au gouvernement, préfèrent dénoncer la violence, les meurtres, la petite délinquance, plutôt que de se battre contre la grande délinquance, la prolifération des armes et plus généralement, contre la pauvreté, l'accentuation du fossé entre les Blancs et les Noirs et entre les riches et les pauvres.

Pourtant, la société ne résoudra rien tant qu'elle ne s'attaquera pas vraiment aux problèmes de fond, à la fracture sociale qui gangrène tout le pays ; la violence, en effet, découle directement du chômage, de l'exclusion, de la ségrégation. Le système libéral crée un climat propice à la délinquance et à la criminalité.

La société américaine, par ses excès, engendre elle-même les maux dont elle souffre. Lui demander de supprimer les causes sous-jacentes au crime, c'est remettre en cause ce qui fonde l'identité américaine, les sacro-saintes valeurs de la réussite à tout prix, de l'enrichissement maximum, de la compétition, de l'individualisme.

Le Mur de l'argent a remplacé celui de Berlin, et la situation ne cesse de s'aggraver car tout est de plus en plus basé sur le matériel, le Marché, la loi du plus fort - la jungle. Le capitalisme a d'ailleurs atteint à sa façon le monde des gangs, qui trouvent plus lucratif de se lancer dans le commerce de la mort que de s'épuiser en bagarres stériles.

Ce sont les racines du mal qu'il faut prendre en compte si l'on veut éradiquer le phénomène de la violence. Et sur ce plan, le rôle de l'Etat est plus que jamais fondateur.

Or sous Reagan, la guerre contre la pauvreté s'est muée en lutte contre les pauvres. Et quand on a tenté de combattre la misère, cela a toujours échoué car on négligeait le long terme. Pressés d'aboutir, les programmes fédéraux ne s'attaquaient jamais aux racines du mal, le chômage, l'exode rural, les clivages sociaux, la destruction de l'environnement, les spéculations financières ou immobilières incontrôlées, la désintégration des biens familiaux, un système éducatif à deux vitesses, des formations mal adaptées aux besoins, les discriminations, et d'une façon générale le type de croissance économique privilégiant le court terme. Pour les Américains, les notions de concurrence, de rendement, d'enrichissement, conditionnent la façon d'appréhender les problèmes[1]. On inculque dans les écoles l'amour de Dieu, mais en même temps l'Evangile de la réussite, ce qui est antinomique. Tant que les Américains glorifieront l'argent, Mâmon, la « morale du succès », la réussite à tout prix, le triomphe des plus forts, des plus audacieux, des plus malins, bref le matérialisme au détriment de l'humain, la société engendrera des hordes de laissés pour compte, des générations de sacrifiés, et la fracture s'accentuera entre les privilégiés et les exclus.

Le sentiment d'insécurité dont souffrent tant d'Américains a une origine politique, économique et sociale. En effet, privés du nécessaire et même de la plus élémentaire dignité, les damnés de la terre se réfugient dans les stratégies de survie et les comportements asociaux. Dès sa naissance, l'être humain a des droits fondamentaux ; s'ils sont niés ou bafoués, il se révolte, il utilise les moyens qui sont à sa portée pour s'affirmer. Ainsi les excès de la société ultra-libérale débouchent-ils sur les dérapages des laissés pour compte, tandis que les nantis se réfugient derrière des forteresses étroitement protégées en laissant se décomposer le ghetto, les membres de gangs s'entretuer. Et ce n'est pas en mettant de la peinture sur les murs en ruines ou en utilisant la planche à billets que les choses vont s'améliorer.

Il y a urgence. L'Amérique ne peut continuer à se boucher les yeux et les oreilles face au cri des pauvres, elle ne peut indéfiniment sacrifier l'humain, le social, la collectivité à l'individu, au dogme libéral[2]. Quand les oubliés du rêve américain sont désespérés, ils se font entendre à leur manière en cassant leur environnement, en faisant le commerce de la mort, en plongeant des villes entières dans la violence, l'insécurité, le deuil. Et pourtant, encore aujourd'hui et peut-être plus que jamais, la

---

[1] Le Général de Gaulle se plaisait à dire : « La seule querelle qui vaille est celle de l'homme ». Une telle vue tranche avec l'obsession américaine du rendement et de l'efficacité à tout prix, à n'importe quel prix – quel que soit le coût humain !

[2] Par exemple, le taux de mortalité infantile aux Etats Unis est égal à celui du Guatemala ; et dans certains quartiers au sud du Bronx, il est supérieur à celui du Bangladesh, faute de politique sociale !

seule suggestion d'une politique sociale pour aider les plus faibles à retrouver leur dignité, suscite les plus vives réactions. Les Conservateurs continuent d'organiser la pauvreté[3] au lieu de répartir les richesses ; leurs credo libéraux, répressifs, sécuritaires, ne cessent de gagner du terrain et de gangrener des esprits plus préoccupés par leur tranquillité personnelle que par la justice sociale. Pourtant, si l'on veut éviter l'explosion, il est nécessaire de changer de cap, il est temps de promouvoir enfin une autre politique économique et sociale prenant en compte les intérêts de tous et plus seulement ceux d'une minorité de nantis, il est urgent de substituer un grand dessein d'affirmation collective au détriment de la survalorisation de la réussite individuelle et de la compétitivité économique[4]. La vraie sécurité est à ce prix, la cohésion sociale également, et plus généralement la paix d'un pays dévasté par les inégalités et par la violence.

La misère n'excuse pas tout, même si elle explique bien des choses. Si rien n'est fait, si des changements fondamentaux ne sont pas entrepris par l'Establishment en matière de politique économique et sociale, privilégiant le long terme et le bien public, l'Amérique risque soit l'explosion sociale, soit l'implosion du Système.

Les gangs sont le révélateur d'un mal très profond, et la pauvreté, la violence, la délinquance sont le symbole de l'échec de tout un pays qui refuse de voir la réalité en face et qui s'entête à traiter les effets plutôt que les causes, à replâtrer plutôt qu'à guérir le mal en profondeur.

Si les Etats-Unis ne révisent pas radicalement leurs valeurs et leur politique, s'ils persistent à refuser d'entendre le cri des malheureux, alors les blessés de la vie sombreront dans une révolte qui pourra surprendre par son ampleur et par ses conséquences.

Et les gangs, comme la « pègre », continueront de faire trembler l'Amérique.

---

[3]   Dans l'ensemble, municipalités et Etats sont plus soucieux d'orienter les dépenses en faveur des aides aux affaires plutôt qu'en direction du social. Au mieux, ils colmatent les brèches les plus criantes, ils ne traitent qu'un aspect, ce qui d'ailleurs peut aboutir paradoxalement à des effets inverses à ceux recherchés. Les petits programmes ne remplacent jamais les vraies solutions.

[4]   L'économie doit être au service des hommes, et non l'inverse ; l'argent doit être serviteur, et non maître tyrannique de la marche du monde.